LES
GRANDS
VIRAGES

Couverture
- Conception graphique:
  Violette Vaillancourt
- Illustration:
  Pol Turgeon

DISTRIBUTEURS EXCLUSIFS:

- Pour le Canada:
  AGENCE DE DISTRIBUTION POPULAIRE INC.*
  955, rue Amherst, Montréal H2L 3K4 (tél.: 514-523-1182)
  Télécopieur: (514) 521-4434
  * Filiale de Sogides Ltée

- Pour la France et l'Afrique:
  INTER FORUM
  13, rue de la Glacière, 75013 Paris (tél.: (1) 43-37-11-80)
  Télécopieur: 43-31-88-15

- Pour la Belgique, le Portugal et les pays de l'Est:
  S. A. VANDER
  Avenue des Volontaires, 321, 1150 Bruxelles
  (tél.: (32-2) 762.98.04)
  Télécopieur: (2) 762-06.62

- Pour la Suisse:
  TRANSAT S.A.
  Route des Jeunes, 19, C.P. 125, 1211 Genève 26
  (tél.: (22) 42.77.40)

LES GRANDS VIRAGES

Robert H. Lauer, Ph.D.
Jeanette C. Lauer, Ph.D.

Traduit de l'américain
par Jacques Vaillancourt

 LES ÉDITIONS DE L'HOMME

Données de catalogage avant publication (Canada)

Lauer, Robert H.

  Les Grands Virages

  Traduction de: Watersheds.
  Bibliogr.: p.

  ISBN 2-7619-0816-3

I. Habiletés de base. 2. Événements stressants de la vie.

3. Autodéveloppement. I. Lauer, Jeanette C. II. Titre

HQ2039.U6L3814 1989   158'.1   C89-096196-4

Édition originale: *Watersheds*
Little, Brown and Company
(ISBN: 0-316-51629-5)
© 1988, Robert H. Lauer et Jeanette C. Lauer

© 1989, Les Éditions de l'Homme,
Division de Sogides Ltée
Pour la traduction française

Bibliothèque nationale du Québec
Dépôt légal — 2ᵉ trimestre 1989

ISBN 2-7619-0816-3

À nos enfants,
Jon, Julie, Jeffrey et Kathy,
dont la naissance a, chaque fois,
marqué un grand virage dans notre vie.

Remerciements

Nous remercions ceux qui ont, de diverses façons, contribué à cet ouvrage:

- Nos étudiants de l'U.S. International University à San Diego, sans lesquels ce projet n'aurait pu être réalisé.
- Tous ceux qui nous ont gracieusement fait part des grands virages de leur vie et nous ont fourni d'innombrables renseignements on ne peut plus utiles. Nous avons changé leurs noms et certains détails de leur histoire afin de préserver leur anonymat. Toutefois, leur récits sont essentiellement véridiques.
- Mohsin Ladak, David Carson et Susanne Wagner, qui se sont occupés de classifier et d'organiser la documentation.
- Stan Corwin, notre ami et agent, qui nous a encouragés dès le départ à poursuivre le thème des grands virages de la vie.

I

FAIRE FACE
À L'INCERTAIN

Nous voguons sur un milieu vaste, toujours incertains et flottants, poussés d'un bout vers l'autre. Quelque terme où nous
pensions nous attacher et nous affermir, il branle et nous
quitte; et si nous le suivons, il échappe à nos prises, nous glisse
et fuit d'une fuite éternelle.

Pensées, Blaise Pascal

1

La certitude de l'incertitude

Le changement est l'une des certitudes de la vie. Il survient souvent sans qu'on l'ait voulu ou attendu. À un moment ou à un autre, nous devons tous faire face à une maladie soudaine ou à un accident, à une rencontre fortuite, à une occasion inattendue. Même quand le changement est délibérément recherché, certaines de ses conséquences peuvent être imprévues. L'incertitude et le changement sont notre lot. Mais ils constituent également des facteurs importants de notre développement... pour le meilleur comme pour le pire.

Dans *Le Meilleur des mondes* d'Aldous Huxley, le «contrôleur résidant» du monde occidental déclare que le changement est une «menace». Ceux qui détiennent le pouvoir ont le changement en horreur. Ils préfèrent la situation stable qu'ils connaissent aux incertitudes du changement. Dans *Le Choc du futur*, Alvin Toffler, lui, présente en 1970 une vision différente, mais toujours négative, du changement. Selon lui, non seulement nous devons faire face au changement, mais à un changement extrêmement rapide. C'est cette rapidité qui souvent traumatise les individus physiquement et moralement. Quelque sombres que soient ces deux conclusions, le changement n'en reste pas moins inéluctable.

Ces opinions soulèvent un certain nombre de questions. Devons-nous, comme Toffler le laisse entendre, être les victimes de notre monde en évolution? Jusqu'à quel point notre vie est-elle gouvernée par l'incertitude? Quels sont les effets des expériences et des événements inattendus? Pouvons-nous contrôler ces effets? Comment trouver la maturité et nous épanouir en tant qu'adultes dans un monde en évolution rapide où des expériences et des événements inattendus, non souhaités dans certains cas, viennent transformer notre vie? Pour mesurer l'importance de ces questions, il nous faut comprendre que chacun de nous a en lui le désir fondamental de se développer.

VIVRE, C'EST SE DÉVELOPPER

La plupart des gens ont envie de «vivre profondément et de sucer toute la moelle de la vie», comme l'a dit Thoreau. Nous voulons *vivre*, pas seulement exister. Nous savons qu'il ne suffit pas de respirer pour vivre. Le psychiatre suisse Paul Tournier parle, dans son œuvre, d'un homme venu le consulter un jour et qui lui avait dit: «Je suis venu vous voir parce que je cherche la vie.» L'homme était vivant, bien entendu, et d'un commerce agréable. Il faisait partie du monde complexe et ultrapressé de la diplomatie. Il était profondément affligé: il percevait ce monde comme artificiel et éprouvait dès lors un sentiment de vide. Vu de l'extérieur, il semblait posséder beaucoup; à l'intérieur, il avouait avoir fort peu.

Bien sûr, il n'existe aucune ordonnance simple à proposer à ceux qui viennent vous voir en quête de la vie. Il n'y a pas de consensus au sujet des besoins fondamentaux de l'homme. Freud a dit que l'homme avait besoin de travail et d'amour pour rester en bonne santé mentale. Si le travail et l'amour sont nécessaires, ils ne suffisent pas. En plus, nous éprouvons des besoins physiologiques de nourriture, de boisson et de repos, par exemple, ainsi que des besoins psychologiques comme ceux de sécurité, du respect de soi, de reconnaissance par les autres, d'appartenance, de contrôle et d'expériences nouvelles.

Quels que soient nos autres besoins, tout le monde s'entend pour dire que vivre — c'est-à-dire faire l'expérience de la plénitude de la vie —, c'est se développer. Nombreux sont ceux qui voient le paradis comme une île tropicale où ils pourraient profiter du soleil et s'adonner à leurs loisirs tous les jours sans connaître tous les soucis qui affligent la société moderne. Ce type de vie vous rendrait-il heureux?

Il y a quelques années, un écrivain eut l'occasion de répondre à

cette question pour lui-même. Il vécut pendant de nombreuses semaines dans une île du Pacifique. Les indigènes étaient heureux et
amicaux. Le soleil brillait tous les jours. Il y avait peu de travail à
faire. Un jour, toutefois, notre écrivain se rendit compte de quelque
chose d'inattendu: il s'ennuyait incroyablement. Dans son mécontentement naissant, il se mit à lire de vieux magazines américains qu'il
avait trouvés. Il comprit vite que les gens dont il était question
dans les articles qu'il lisait étaient engagés pleinement dans la vie,
alors que lui végétait et devenait de plus en plus nerveux et impa-
tient. Il fut heureux de quitter son «paradis» et de retourner à la
vie.

Le rêve de cet écrivain se brisa au cours d'une franche confrontation avec la réalité. Nous entretenons tous des rêves sur le paradis.
Ce peut être le petit village préservé du crime et des autres problèmes urbains. Ou encore la retraite sur la montagne qui promet
de nous isoler des soucis de la vie. Néanmoins, il est rare que la
réalité soit ce que nous avions espéré en rêve. Nous mourons d'envie
de nous enfuir dans le paradis que nous imaginons. Mais, une fois
conquis, ce paradis crée en nous malaise et ennui. Un ami nous a raconté comment, dans un pittoresque village de l'Ouest américain, il
avait passé un temps fou à chercher un exemplaire du *New York
Times*. Toute une journée, il s'était rendu dans les magasins, avait
contemplé des photos de sites historiques et, de façon générale,
avait pris grand plaisir à se sentir au Far-West. Puis il avait eu
envie de savoir ce qui se passait dans le monde. Comme l'écrivain, il
s'était rendu compte qu'un paradis dénué de ferment de la vie humaine n'existe pas.

Nous ne pouvons nous développer sans nous engager dans la vie.
Et nous ne faisons pas l'expérience profonde de la vie si nous ne
nous développons pas. «À quoi bon une longue vie, écrivit le mys-
tique médiéval Thomas a Kempis, si on n'en tire rien.» Si elle ne
s'accompagne pas du développement de l'être, une longue vie pourrait n'être qu'un long et vain exercice. Pis encore, pour certains la
vie n'est qu'un long et pénible chemin rythmé par des saisons
d'angoisse que viennent éclairer de rares moments de bonheur.
L'autre membre de la grande solution de remplacement, c'est le développement. Chacun de nous vit des moments où il aimerait interrompre le déroulement de la vie et maintenir son monde comme il

est. C'est impossible. La perfection statique n'existe pas. Seuls existent le processus, le mouvement, le changement, le développement. Ceux qui ne progressent pas doivent nécessairement régresser. Le développement ou le déclin, voilà la seule alternative. Celui qui veut préserver le *statu quo* défie la loi même de l'univers.

Qu'est-ce donc exactement que «se développer»? Quel est donc ce processus qui est au centre de la vie? Se développer, c'est, entre autres choses, être de plus en plus en mesure:

- d'établir un rapport affectueux et intime avec les autres;
- de s'accepter tel que l'on est;
- d'accepter les autres comme ils sont;
- d'assumer son propre comportement;
- de comprendre son monde de façon réaliste;
- d'exprimer ses sentiments spontanément et sans en être gêné;
- de se donner une philosophie positive de la vie.

Les gens qui se développent sont capables d'amour. Ils peuvent bâtir des relations dans lesquelles les autres sont tout aussi importants qu'eux-mêmes, ou presque. Ils prennent plaisir aux nouvelles expériences, comme à celles qui leur sont familières. Ces gens sont capables d'expériences qu'on pourrait dire mystiques. Un de nos amis nous accompagna un jour à un concert et resta comme en extase durant toute l'exécution d'une symphonie de Sibelius. À la fin de la soirée, il nous dit que la musique l'avait littéralement transporté au septième ciel. Un autre ami nous raconta que sa mère s'était toujours émerveillée devant les jardins de fleurs. Un jour, alors qu'elle était âgée de près de quatre-vingts ans, comme il la conduisait en voiture chez des parents, en chemin, elle lui demanda tout à coup d'arrêter la voiture. Ils venaient de passer devant un jardin et elle voulait aller s'y promener.

Il est clair que l'individu en développement s'épanouit et réalise de plus en plus son potentiel. Nous aspirons tous à nous développer dans ce sens parce que, comme l'a dit je ne sais plus qui, l'homme abhorre l'inachèvement autant que la nature abhorre le vide. (Au cours de son enquête sur les valeurs chères aux Américains, Daniel Yankelovich a découvert que la quête de l'épanouissement était «bel et bien un phénomène de masse touchant peut-être, d'une façon ou d'une autre, jusqu'à 80 p. 100 de tous les adultes du pays».) Nous n'avons pas encore répondu à la question déjà posée. Comment est-il possible de nous épanouir, de nous engager dans le processus de vie que nous appelons développement, quand des expériences et des événements inattendus interfèrent dans le déroulement de notre vie? Jouissons-nous vraiment d'un quelconque degré de contrôle sur ce qui nous arrive? Pouvons-nous orienter notre destinée? Ou sommes-nous limités à réagir aux événements extérieurs?

À notre avis, il est faux d'affirmer, comme certains, que la vie est une partie de dés. L'homme jouit d'un certain degré de contrôle. Toutefois, il est également faux de dire, comme William Henley dans son poème *Invictus*, que nous sommes les maîtres de notre destinée, les capitaines de nos âmes. Nous devons tous faire face dans notre vie à l'inattendu et, dans certains cas, à des choses non souhaitables. La question, c'est de savoir comment nous allons faire face à ces incertitudes et, ce qui est tout aussi important, quels seront les effets de ces expériences et événements inattendus?

LUTTER CONTRE L'INCONNU

«L'art de la vie ressemble plus à la lutte qu'à la danse, écrivait avec bon sens l'empereur romain Marc Aurèle, en ce sens qu'il nous faut, dans les deux, nous tenir prêts à affronter, sans nous laisser ébranler, à ce qui nous attend, ce que nous n'avions pas prévu.» Dans la vie, nous devons tous faire face à l'imprévu. Pourtant, pour certains, l'inattendu semble avoir une incidence extrêmement opprimante. Ivan Tourgueniev a illustré ce type d'interférence dans *Eaux printanières*.

Au début de l'histoire, le héros, Dimitry Sanin, a vingt-trois ans. Il est à Francfort, en Allemagne, en route vers la Russie, après des vacances en Italie. Sanin, en attendant son train, entre dans un magasin pour acheter de la limonade. Une jeune femme surgit de l'arrière-boutique en courant, le suppliant de venir l'aider au plus vite. Dans l'arrière-boutique Sanin trouve un garçon évanoui. Il lui prodigue les premiers soins et le garçon reprend conscience. Un médecin arrive et reconnaît que Sanin a fait tout ce qui était nécessaire pour secourir le garçon qui se révèle être le frère de la jeune femme. Sanin est ébloui par la beauté de celle-ci. Il ne peut refuser quand elle insiste pour qu'il revienne une heure plus tard afin qu'elle et sa famille puissent le remercier dignement.

Le bref retour de Sanin se transformera en un long séjour à Francfort. Il devient éperdument amoureux de la jeune femme, Gemma. Malheureusement, elle est déjà fiancée à un autre homme. Mais un autre événement imprévu se produit. Un jour que Sanin, Gemma et son fiancé mangent au restaurant, un soldat ivre insulte Gemma. Le fiancé tente d'éviter la scène, insistant pour que Gemma et Sanin quittent les lieux sans faire d'histoire. Mais Sanin ne bat pas en retraite devant le soldat. Il demande réparation et, finalement, se retrouve avec un duel sur les bras pour le lendemain matin. Ni Sanin ni le soldat ne sont blessés au cours du duel, mais toute cette histoire aura un effet sur Gemma: elle rompra ses fiançailles avec l'homme qui était incapable de protéger son honneur. Peu après, Gemma et Sanin se fianceront.

Sanin est follement heureux. Il décide de vendre son domaine en Russie et de déménager à Francfort, où Gemma se sentira plus à l'aise. Il réfléchit aux meilleures façons de vendre sa propriété quand d'autres événements imprévus se produisent. Par hasard, il rencontre une ancienne connaissance dans une rue de Francfort. La femme de celui-ci est très riche et l'achat de la propriété de Sanin pourrait l'intéresser. Sanin se rend à Wiesbaden et tente de la convaincre d'acheter son domaine. La femme d'affaires se révèle être une femme égocentrique et remplie d'elle-même, qui agit comme il lui plaît et qui prend possession de ce qu'elle désire. Elle désire Sanin. En quelques jours seulement, elle le séduit. Il rompt ses fiançailles et s'adonne à sa nouvelle passion. Par la suite, Gemma prend mari et déménage à New York. L'amour illégitime de Sanin finit par s'étioler. Il passe une grande partie de sa vie dans la solitude et le remords. À la fin du récit, il s'apprête à se rendre à New York où Gemma, devenue veuve, vit avec ses enfants.

Sanin n'était pas une victime impuissante face aux événements imprévus qui modelèrent son existence. Pourtant, le déroulement de sa vie refléta l'incidence continue de l'imprévu. C'est là ce qui rend les romans captivants. Mais cela arrive-t-il vraiment aux gens? Prenons le cas de Félicia. Mariée et mère de trois enfants adultes, elle travaille avec son mari dans l'immobilier. À certains égards, Félicia semble tout avoir. Elle a connu une enfance heureuse dans un foyer opulent. Son mariage est stable. Elle possède la sécurité financière. Mais Félicia est une femme écrasée. Elle doit lutter contre le sentiment d'être épuisée par tous les événements et toutes les expériences qui se sont imposés dans sa vie. Tout cela à un moment où elle s'attendait à vraiment autre chose.

«J'ai consacré des années à mon mari et à nos affaires, explique-t-elle, et à mes enfants et à leur vie. À ça, je m'y étais toujours attendue et je l'ai fait volontiers. Mais maintenant, il semble que tout et tous me posent des difficultés. À ça, je ne m'attendais pas.» Félicia commença à faire la liste de ses problèmes: «Ma fille a divorcé et est revenue à la maison. Nos affaires sont en récession. Mon plus jeune fils s'est cassé le cou dans un accident d'automobile. Ma mère souffre maintenant d'arthrite. Ma belle-mère a soudainement décidé qu'elle avait besoin de plus d'attention de la part de son fils et de moi-même. Et, pour couronner le tout, tous viennent chercher chez moi la solution à leurs problèmes. Je ne l'ai pas. Je suis simplement épuisée.»

Pour Félicia, une grande partie de la difficulté vient du sentiment qu'elle éprouve de subir une multitude de nouvelles responsabilités imprévues qui ne lui laissent pas de temps pour son développement personnel. Elle se sent obligée de tout régler pour son mari, ses parents, ses enfants, sa belle-famille et même ses amis. Elle est le produit des années 1950: élevée dans la croyance que le rôle principal de la femme consiste à élever sa famille et à faire ce que celle-ci lui demande. Mais Félicia a également été influencée par l'accent mis par le mouvement féministe des années 1960 sur la responsabilité qu'a la femme de s'éduquer et de se développer en tant qu'individu. Elle sent donc clairement qu'en se donnant tout entière à ceux qui l'entourent, elle ne consacre pas suffisamment de temps à son propre développement. «Je me suis toujours dit qu'une fois les enfants élevés le moment viendrait où je pourrais m'occuper de moi-même. Toutefois, ce moment n'est pas arrivé. Je m'attendais, à ce stade de ma vie, à être soulagée des grandes responsabilités. Mais il semble que celles-ci ne font que commencer à s'imposer.»

Quand Félicia nous fit part de ses sentiments, elle essayait de se détacher de certaines des responsabilités inattendues. Elle encourageait subtilement sa fille à se trouver un appartement. Elle essayait d'être moins affectée par les maladies de sa mère. Elle incitait sa belle-mère à s'intéresser à de nouvelles choses et à se faire de nouveaux amis. Félicia n'avait pas la tâche facile: «Je ne suis pas convaincue que ce détachement me convienne. Peut-être vais-je reprendre mon ancien rôle auprès des autres. Pas parce qu'ils ont besoin de moi, mais parce que moi j'ai besoin de croire que je leur suis indispensable.» Elle leva les yeux au ciel: «Dans un cas comme dans l'autre, je suis perdante, n'est-ce pas?»

Dans un sens, la lutte de Félicia n'est pas sans rappeler celle de Sanin. Pendant des années, tous deux ont dû faire face à des événements imprévus. Mais ni l'un ni l'autre n'a fait preuve de beaucoup d'ardeur. Ils se sont laissé porter par les courants. Aucun d'eux n'a eu assez de ressources pour se prendre en main et assumer sa vie. «Si j'étais capable de changer ma vie, avoua Félicia, je commencerais par dire à ma famille que le moment est venu de m'occuper de moi-même. Peut-être que je retournerais à l'université pour finir les études commencées avant mon mariage. Et peut-être pas. Peut-être que je me contenterais de ne rien faire, sinon d'aller à la plage et de déjeuner avec des amis. Mais, de toute façon, le choix serait mien. Laisser son destin dans les mains d'un autre est une grave erreur.»

Bien sûr, tout le monde n'est pas aussi ballotté par l'imprévu que Sanin ou Félicia. Personne, non plus, n'est obligé d'y céder aussi souvent. Toutefois, chacun de nous a une certaine lutte à mener. La manière dont nous engageons cette lutte peut faire toute la différence dans notre vie. Les gens réagissent de façons différentes à un même événement. C'est précisément cette différence de réaction qui fait que certains éprouvent une douleur émotionnelle persistante, alors que d'autres ont le sentiment enivrant du triomphe.

LE PRIX DU DÉVELOPPEMENT

Il existe plusieurs théories sur la manière de réussir à faire face au changement et à l'incertitude tout en se développant et en s'épanouissant. Certains semblent espérer se développer en se laissant ballotter par les événements. D'autres s'efforcent d'éviter les endroits, les expériences et même les relations qui les rendent vulnérables à la douleur. Ils espèrent se développer par l'inaction. Le développement est impossible pour qui se laisse mener par les vents du changement ou pour qui évite les risques et la douleur. L'effort et la vigilance sont le prix à payer pour le développement.

Un ami gallois nous raconta un jour que, durant la Deuxième Guerre mondiale, il travaillait dans une usine de matériel de guerre et que la direction avait accroché dans toute l'usine des affiches sur lesquelles cinq lettres étaient écrites: I N T Q M. Tout le monde, dit-il, en connaissait la signification: «Il N'en Tient Qu'à Moi». La direction recourait à ces affiches pour bien faire comprendre aux travailleurs que chacun d'entre eux devait travailler comme si tout l'effort de guerre du pays reposait sur ses épaules. Chaque jour ils devaient se dire: «La victoire dépend de ce que je fais aujourd'hui.» Dans un sens, cette anecdote est une métaphore applicable au développement personnel. Tout dépend de ce que nous faisons chaque jour. Nous pouvons, jusqu'à un certain point, façonner les expériences de chaque jour. Les fois où il nous est impossible de maîtriser les événements ou les expériences, nous restons quand même maîtres de nos réactions. Cela signifie que nos propres décisions et notre comportement servent à déterminer si les activités de la journée seront un morceau de temps dont on se souviendra à peine, une source de douleur persistante ou une occasion de développement.

En d'autres mots, nous nous développons parce que nous choisissons de nous développer. Le développement ne résulte pas seulement de la pertinence des réactions aux changements et aux incertitudes de notre vie à tous. Il nous faut aussi amorcer délibérément le changement. Nous nous développons quand nous affrontons, quand nous résistons et quand nous cherchons à atteindre, et non quand nous attendons, quand nous réagissons et quand nous nous adaptons. Philippe, trente-huit ans, occupe un poste de cadre dans une des 500 grandes sociétés listées dans le magazine *Fortune*. Il découvrit cette vérité non sans peine. Pendant de nombreuses années, Philippe n'avait pas une compréhension réaliste de son monde. Il croyait les «vérités» que son père lui avait enseignées.

La vie pour mon père était simple: le travail ardu et incessant menait à la réussite. J'ai été élevé dans la croyance qu'on était reconnu pour ses réussites. Je croyais qu'on remarquerait mon travail acharné et ma compétence, et qu'on m'en récompenserait. Il me fallait donc travailler très fort et attendre la récompense.

Mais, dans le premier emploi de Philippe, la récompense ne vint jamais.

J'ai gardé le même poste pendant plus de douze ans, sans jamais relâcher mes efforts, produisant toujours un travail excellent. Rien ne se passait dans ma carrière. Je savais que d'autres chefs, dont certains donnaient un rendement inférieur au mien, obtenaient des promotions en faisant de la petite politique de bureau. Pendant longtemps, j'ai dû supporter cette contradiction: d'une part, je croyais que le bon travail était récompensé et, d'autre part, j'observais quotidiennement la manière dont mes collègues obtenaient de l'avancement chez mon employeur.

Je devenais de plus en plus frustré et perplexe. Je n'allais nulle part et cet état de chose affectait le reste de ma vie, mon ménage et mon amour-propre. Finalement, j'ai pris la dure décision de quitter cette compagnie. C'était difficile, parce que mon poste représentait la sécurité. Je crois que j'y serais encore, si je l'avais voulu. J'ai travaillé pour une autre compagnie qui m'offrait un salaire de départ moindre et moins de sécurité, mais qui me donnait une occasion de me développer.

Ma vie s'est épanouie depuis. J'ai appris à prendre l'initiative d'aller de l'avant. Je crois fermement qu'il y a ceux qui observent les événements, ceux qui les font et ceux qui ne se rendent même pas compte qu'ils se produisent. Avant j'étais l'observateur. Maintenant, j'agis. Le seul regret que j'ai, c'est d'avoir attendu si longtemps avant d'agir.

Philippe a maintenant une perspective des choses beaucoup plus réaliste. Il comprend qu'il ne peut simplement s'asseoir et attendre que la «vie» vienne le récompenser pour son dur travail. Il a accepté d'assumer sa propre croissance. Sa décision de quitter la compagnie qui avait entravé son développement constituait un point tournant dans sa vie. Il a eu besoin de douze années de frustration avant d'apprendre la précieuse leçon: c'est en agissant que nous nous développons, pas en attendant ni en nous contentant de réagir.

La vigilance et l'effort sont donc essentiels. Nous ne nous développons pas nécessairement sous prétexte que nous survivons. Ni, non plus, en raison de la nature de l'événement ou de l'expérience. C'est-à-dire que ce qui semble maintenant être une expérience souhaitable pourrait se révéler neutre ou même négative, à long terme. Certains laissent échapper le bénéfice potentiel des expériences qu'ils ont souhaitées. De même, des expériences et des événements pénibles pourraient, plus tard, se révéler être des facteurs positifs de développement. Certains tirent profit des expériences malheureuses et s'en servent finalement pour leur propre bien-être.

Une expérience qui semble souhaitable, par exemple, pourrait être celle de gagner à la loterie. Gagner un million de dollars vous rendrait-il plus heureux? Cela vous permettrait-il de faire ce qui est nécessaire à votre développement et de vous épanouir? C'est ce que nous pensons tous. Cependant, un couple du Midwest américain, devenu millionnaire après avoir gagné à la loterie, rapporte avoir connu un certain nombre d'expériences négatives. Bien sûr, tous deux sont contents d'avoir gagné tout cet argent. Ils avaient toujours aspiré à la sécurité financière. Mais ils ont dû faire face à quelques difficultés imprévues. Ils n'avaient jamais pensé au nombre de gens qui voudraient profiter de ce million. Ils n'avaient pas envisagé que tant de leurs connaissances les presseraient de changer leur style de vie. Ils se trouvèrent, eux et les autres membres de leur famille, embarqués dans toutes sortes de disputes sur la meilleure façon de dépenser l'argent. «Paradoxalement, fit remarquer la femme, une des grandes leçons tirées de cette affaire, c'est que l'argent n'est vraiment pas tout ce qui compte.» Si l'argent régla leurs problèmes financiers, il créa d'autres difficultés. Le million ne suffit certes pas à satisfaire tous leurs besoins.

Bien entendu, la plupart d'entre nous conviendraient, en principe du moins, que l'argent n'est pas tout ce qui compte. Un jour, Henry Ford demanda à un de ses associés quels étaient ses objectifs dans la vie. L'homme répondit qu'il voulait amasser un million de dollars. Quelques jours plus tard, rapporte-t-on, Ford lui remit une paire de lunettes faite de deux pièces de un dollar en argent. Il dit à l'homme de les chausser et de lui dire ce qu'il pouvait voir.

«Rien du tout, répondit l'homme, les dollars m'empêchent de voir.» Ford lui dit qu'il avait voulu lui donner une leçon: si l'argent était son seul but dans la vie, il allait rater toutes sortes d'occasions plus importantes. Il devrait s'engager au service des autres, au lieu de se contenter de faire de l'argent.

Bien peu d'entre nous ne seraient pas d'accord là-dessus. Pourtant, nous ne sommes pas parfaitement convaincus par le gagnant à la loterie et par Henry Ford quand ils nous disent que l'argent ne nous rendrait pas nécessairement plus heureux. La plupart d'entre nous répondent aux lettres de «sweepstakes» qu'ils reçoivent et qui annoncent qu'ils peuvent avoir gagné le million ou davantage. Certains le disent: «Je sais que mes chances sont minces, mais le billet coûte si peu. On n'a rien à perdre.» Des millions de Nord-Américains continuent de regarder *La Roue de Fortune* et les autres jeux télévisés, afin de partager indirectement le plaisir des participants qui gagnent gros.

Peut-être ce couple gagnant du Midwest avait-il tort. Peut-être nous faut-il écouter un plus grand nombre de gens. Peut-être les expériences des autres gagnants sont-elles tout à fait différentes. Trois chercheurs, à la suite d'une étude portant sur les gagnants de loterie, sont arrivés à des conclusions qui nous font revenir sur terre. Des 197 gagnants de 50 000 $ ou plus qui ont été suivis, 7 avaient gagné un million de dollars. En général, les gagnants voyaient cette expérience comme un événement très positif qui avait apporté de grands changements dans leur vie (même si les trois quarts ont déclaré que l'argent n'avait pas changé leur style de vie). Les chercheurs demandèrent aux gagnants de se donner une cote de bonheur à ce stade particulier de leur vie, à un moment situé deux ans plus tard, ainsi que par rapport à sept situations usuelles: converser avec un ami, regarder la télévision, prendre le petit déjeuner, écouter une histoire drôle, faire l'objet d'un compliment, lire un magazine et acheter de nouveaux vêtements. Les chercheurs posèrent les mêmes questions à un groupe de non-gagnants vivant dans le même quartier que les gagnants.

Les gagnants ne se révélèrent pas plus heureux que les non-gagnants à ce moment-là, pas plus qu'ils ne s'attendaient à quelque grand état de bonheur dans l'avenir. En outre, les résultats indiquèrent qu'ils tiraient moins de plaisir que les non-gagnants des sept situations usuelles. Il est probable que les petits plaisirs quotidiens ne peuvent faire concurrence à la joie de gagner à la loterie. Si les gagnants firent l'expérience d'un moment de joie intense et exceptionnel, il semble qu'ils aient perdu quelque peu de leur capacité à prendre plaisir aux petites joies usuelles.

Notre propos n'est pas de dire que l'argent est une valeur non souhaitable. Après tout, ni Henry Ford ni les gagnants à la loterie n'ont donné leur argent aux autres afin de trouver le bonheur. Il s'agit ici de souligner le fait que ce qui semble être un événement souhaitable peut aboutir à des résultats inattendus et malheureux. Il se pourrait que les rêves soient beaucoup plus agréables avant qu'ils ne deviennent réalité. Gagner de l'argent peut bien résoudre certains problèmes et fournir mille occasions favorables, mais il ne met pas fin pour autant aux luttes de la vie.

Si un événement souhaitable peut avoir des conséquences moins que souhaitables, l'inverse est également vrai. Un événement malheureux peut avoir des conséquences positives à long terme, pour ceux qui font des efforts. Craig est âgé de cinquante-trois ans. Il enseigne la physique dans une école secondaire. Il y a une quinzaine d'années, il était dans la marine. À bord d'un porte-avions, il supervisait le groupe de génie aéronautique. Un jour qu'il était de service, il remarqua un jeune marin qui travaillait sur une pièce d'équipement. Celui-ci faisait tourner une turbine dans le mauvais sens. Craig sut immédiatement que les conséquences de cette erreur pourraient être désastreuses. Il s'élança vers le jeune homme en criant. Mais le feu éclata avant qu'il ait eu le temps d'arriver près de l'équipement. Le feu se propagea rapidement, faisant exploser plusieurs bombes à bord d'un des avions. Les bombes, à leur tour, accélérèrent la propagation de l'incendie.

Parmi tout le personnel qui se trouvait sur le pont au moment de l'accident, Craig seul survécut. Il avait perdu une jambe et souffrait de graves lésions internes. Les médecins de l'hôpital naval avertirent sa femme qu'il ne s'en tirerait sans doute pas. Il en réchappa. Il resta trois mois dans le coma et entra ensuite dans une très longue période de convalescence. Par la suite, la marine le transféra dans un hôpital situé plus près de chez lui, de sorte que sa femme et ses enfants puissent lui rendre visite. Neuf mois après l'accident, Craig quittait l'hôpital.

Le traumatisme résultant de cette expérience dura longtemps. Même quinze ans plus tard, Craig disait: «Je n'aime pas parler de ce que j'ai ressenti, de mes émotions, quand je suis sorti du coma. Je me suis tiré d'affaire en vivant une journée à la fois. J'ai eu beaucoup de cauchemars.» Certains survivent au pire, comme Craig, mais souffrent de blessures émotionnelles longues à guérir. Entre autres choses, les survivants de désastres ont tendance à sombrer dans la dépression et à être assaillis par des sentiments de culpabilité. En plus de devoir faire face à ces réactions, Craig devait accepter la perte de sa jambe.

Il utilisa le temps passé à l'hôpital pour évaluer sa situation. «J'avais beaucoup de temps à ma disposition pour penser à ce que j'allais faire de ma vie. Je me suis rendu compte que je ne voulais pas quitter la marine; j'ai donc demandé la permission de rester en service actif. J'ai dit à mes supérieurs que j'accepterais n'importe quelle affectation qui n'exigeait pas ma présence à bord d'un navire. On m'a fait instructeur. J'ai enseigné dans la marine jusqu'à avoir accumulé vingt ans de service actif. À ce moment-là, j'ai pris ma retraite. Puis je suis retourné aux études pour obtenir une maîtrise et enseigner aux civils.»

Nous ne voulons même pas imaginer des situations dans lesquelles, par exemple, des douzaines de personnes mourraient, nousmêmes perdrions une jambe et passerions des mois à l'hôpital. Pourtant, Craig a pu tirer parti de son accident et en faire quelque chose de positif pour lui. Cela ne veut pas dire que sa vie a été facile.

Bien sûr, cet accident a tout bouleversé dans ma vie. Le fait que je n'aie plus qu'une jambe m'a fermé beaucoup de portes. L'accident a mis mon ménage à dure épreuve. Heureusement, ma femme et moi avons pu résister aux tensions. Nous sommes encore heureux ensemble. Mais ma vie n'a jamais plus été la même après l'accident, ma santé non plus. Ma jambe me fait souffrir et je dois encore me servir souvent de béquilles. Le rythme de la vie est un peu plus lent quand on porte une jambe artificielle. Je ne puis me déplacer aussi vite qu'avant, ce qui me dérange énormément.

Malgré ses difficultés persistantes, Craig sent que l'accident a contribué à son développement. Le froncement de ses sourcils, quand il parle de l'accident, s'efface aussitôt qu'il en raconte l'aboutissement.

Cela m'a donné l'occasion de trouver un nouveau sens à ma vie. Je n'avais jamais prévu de prendre ma retraite de la marine si tôt. Je pensais qu'à ma retraite j'allais trouver un poste de mécanicien auprès d'une compagnie d'aviation. Évidemment, j'ai dû modifier mes projets après l'accident. Même si je n'avais jamais pensé devenir enseignant, j'aime beaucoup mon travail. Depuis l'accident, j'ai multiplié mes activités au sein de ma communauté. Je suppose que j'essaie de justifier le fait que je sois toujours en vie. Je veux être sûr de remplir toutes mes obligations tant que je serai sur cette terre.

Dure façon de se développer. Peut-être Craig se serait-il développé de toute façon. Certes, il ne se réjouit pas d'avoir été victime de cet accident, même si celui-ci a donné un nouveau sens à sa vie. Mais c'est un homme heureux. Notre propos n'est pas de dire que l'accident lui a été bénéfique. Il s'agit plutôt du fait que Craig a refusé de laisser un événement négatif vider sa vie de toute joie et que, par la suite, il a trouvé un nouveau sens à sa vie, pendant qu'il continuait de lutter contre le traumatisme brutal qui l'affligeait.

L'accident de Craig, comme la décision de Philippe de changer d'emploi, fut un *grand virage* dans sa vie. Nous définissons le grand virage comme étant tout événement ou toute expérience qui affecte de façon importante le cours d'une vie. Tous les grands virages ne sont pas faits d'événements pénibles ou dramatiques. Il arrive que le grand virage soit une situation ou un événement ordinaire qui, pour une raison ou pour une autre, devient un moment décisif au point de vue personnel. Voici un exemple. Nathalie est âgée de vingt-sept ans. C'est une danseuse au corps souple et à l'esprit exubérant, qui sourit volontiers et qui s'engage à fond dans la vie. Son grand virage, ce fut ses cours de ballet, durant son enfance, avec «mademoiselle Catherine, une Française de petite taille, à la longue queue de cheval auburn». Mademoiselle Catherine était un professeur exigeant qui insistait pour que ses élèves «marchent comme des danseurs, s'habillent comme des danseurs et se comportent comme des danseurs. Si nous arrivions en retard au cours, ou si nous ne nous conduisions pas comme elle le voulait, nous étions renvoyés pour la journée. Si notre conduite ne s'améliorait pas, nous étions renvoyés de son studio pour toujours. Elle avait vraiment une main de fer dans un gant de velours.»

Nathalie aimait passionnément le ballet. Même si aujourd'hui elle fait de la danse moderne plutôt que du ballet classique, les cours de mademoiselle Catherine marquèrent un grand tournant dans son développement: «J'ai appris beaucoup plus que la danse. J'ai appris à faire preuve de discipline, à tolérer la douleur, à travailler fort à ce que j'aime, à me relever et à continuer d'essayer.»

Ainsi, il existe de nombreux types de virages. L'individu peut faire en sorte qu'un événement inopportun, comme un accident, ou une expérience typique de l'enfance, comme des cours de ballet, devienne un grand virage dans sa vie. Ou encore, l'individu peut provoquer ce qui deviendra un grand virage pour lui, comme le fit Philippe quand il changea d'emploi. Les grands virages peuvent être des expériences ou des événements négatifs ou positifs. Et leurs résultats peuvent être négatifs ou positifs.

Heureusement pour nous, même s'il nous est impossible de décider de l'incidence d'expériences négatives ou positives, nous avons la main haute sur les résultats. Craig ne pouvait empêcher l'accident de se produire, mais il pouvait, et il le fit, le transformer en un grand tournant dans son développement personnel. Nathalie ne pouvait changer la douce tyrannie de mademoiselle Catherine, mais elle pouvait, et elle le fit, s'en servir comme tournant positif dans sa vie. Sanin et Félicia se sont laissé porter par la vague des événements, alors que Craig et Nathalie les ont dominés et transformés en occasions de croissance. Ce choix, il nous est offert à tous.

UNE PAUSE POUR S'ORIENTER

Nous désirons tous nous épanouir, vivre une vie pleine, heureuse et riche. L'épanouissement sous-entend le développement. Mais il est difficile de se développer quand l'inattendu vient bouleverser notre vie. Comme dans le cas de Craig, il se peut que le changement apporte avec lui un traumatisme qui risque d'avoir le dessus sur nous. Qui plus est, le changement est trompeur: des événements souhaitables peuvent ne pas donner le sentiment de contentement attendu. Même quand c'est nous qui provoquons le changement, il peut avoir des conséquences inattendues auxquelles nous devrons faire face. Comment donc l'individu peut-il être maître de sa vie?

Nous avons déjà parlé de la nécessité de l'effort et de la vigilance. Mais cette réponse est nettement insuffisante. Nous devons plutôt asseoir notre réponse sur l'expérience de centaines d'individus qui ont dû lutter contre l'incertain et tirer parti des occasions. Nous allons parler des événements et expériences critiques que les gens ont relevés dans leur vie. Nous avons amassé plus de six cents relations de tels virages. Nous allons essentiellement décrire trois choses:

- le type d'événements et d'expériences — négatifs comme positifs — susceptibles de constituer de grands virages dans la vie des gens, ainsi que les similarités et différences intéressantes entre les grands virages rapportés par des hommes et des femmes;
- la façon dont les gens font face aux événements et aux expériences attendus ou non, planifiés ou non (certains s'en servent pour leur développement personnel alors que d'autres ne réussissent pas à en tirer parti, soit qu'ils ratent une occasion ou qu'ils s'en tirent avec des cicatrices émotionnelles);
- la façon de se servir de l'information sur les grands virages, ainsi que certains principes d'ordre social et scientifique, destinés à provoquer le changement favorable au développement et à transformer les expériences et événements inattendus en grands virages positifs.

Évidemment, nous ne nous contenterons pas de faire une description des stratégies d'attaque; nous offrirons des réponses et des solutions qui vous permettront de vous rendre maître des crises imprévisibles de la vie. Il y a, pour venir à bout des difficultés, des moyens qui ne sont pas particulièrement utiles à long terme. Un homme nous confia un jour qu'il faisait face aux exigences

multiples et souvent contradictoires qu'on lui imposait en «se mettant l'esprit au point mort et en se laissant aller là où on le poussait». C'était là un mécanisme qui l'aidait à s'en sortir, mais qui
nuisait à son développement.

Il ne suffit pas que vous sachiez comment les gens se débrouil-
lent face aux événements et aux expériences. Vous devez apprendre
comment ils s'en servent pour se développer et ce que cela peut signifier dans votre vie à vous. Les gens dont nous parlerons ont eu,
comme nous tous, à faire face aux mêmes problèmes de développement, de changement, d'incertitude. Certains en sont sortis marqués, blessés, infirmes. D'autres ont été victorieux. Pourquoi? La
réponse à cette question vous permettra de devenir le maître de
votre propre vie.

2

Comment nous
nous développons

On dit qu'il y a, haut dans les montagnes de Suisse, un tombeau marqué de cette simple inscription: «Il est mort en grimpant.» Voilà une métaphore de la vie. À tout le moins, de la vie en épanouissement, qui n'est pas autre chose que l'effort constant pour atteindre de nouveaux sommets. Ce qui compte, ce n'est pas la hauteur à laquelle vous avez réussi à grimper, ni à quel point vous vous êtes développé, mais de quelle manière vous êtes arrivé là où vous êtes, et, plus important encore, comment vous pouvez arriver là où vous voulez aller.

LE CHEMIN DU DÉVELOPPEMENT

Les psychologues spécialistes en la matière ont relevé trois types principaux de facteurs de développement: ceux qui sont reliés à l'âge de l'individu, ceux qui relèvent de l'époque particulière dans laquelle il vit, et ceux qui sont imprévisibles. Les facteurs reliés à l'âge de la personne sont plutôt prévisibles parce qu'ils entrent normalement en jeu aux divers stades de la vie humaine. C'est-à-dire qu'ils ont tendance à se produire au même moment de la vie chez la plupart d'entre nous.

À chaque âge, nous devons affronter adéquatement certaines tâches, certains défis ou crises, pour que notre développement ne soit pas interrompu. Ces tâches se poursuivent durant toute notre vie. Du défi posé par l'enfance — durant laquelle nous devons apprendre à avoir confiance en notre mère et en notre environnement —, jusqu'au crépuscule de notre existence — où nous devons évaluer nos actions passées et accepter notre mort prochaine —, notre vie est jalonnée d'une série d'obstacles à surmonter. L'enfant à l'école primaire doit apprendre à s'ajuster dans le monde et à devenir capable de s'y débrouiller. Grâce aux interactions avec ses pairs, ses maîtres et ses parents, et grâce au feed-back qui s'ensuit, l'enfant pourra, si tout va bien, développer le sentiment de son efficacité personnelle. Dans la vingtaine, une lutte analogue doit être menée. Le jeune adulte est généralement sorti du nid et affronte la vie de façon plus ou moins indépendante. À ce moment, il est important de commencer à chercher sa direction dans la vie, d'avoir le sentiment de savoir un peu où l'on va, et d'y aller avec compétence.

Pendant la lutte occasionnée par ces «tâches» nécessaires au développement, nous sommes également soumis aux multiples influences historiques qui imprègnent notre vie. Ces facteurs sont communs à toute une génération d'individus. Par exemple, ceux qui ont grandi pendant la Crise ont en commun une expérience unique qui affecte le déroulement de leur développement. Ceux qui ont connu la guerre, une grave épidémie ou un bouleversement social majeur, comme une révolution, partagent aussi une expérience qui affecte leur développement. Ce n'est pas simplement l'expérience qui affecte leur développement. Ce n'est pas simplement l'expérience partagée qui compte, bien entendu, mais aussi le moment où elle s'est produite dans la vie de l'individu. Ceux qui se sont débattus durant la Crise en tant que jeunes chômeurs ont connu une expérience bien différente de celle de leurs enfants. Et l'expérience de leurs enfants diffère certainement beaucoup de celle des générations ultérieures qui n'ont eu connaissance des répercussions sociales et économiques de la Crise qu'à travers leurs lectures.

Enfin, les événements imprévisibles qui comptent dans la vie de l'individu, mais qui n'ont rien à voir avec son âge ou avec l'époque dans laquelle il vit, comprennent les maladies, les accidents, les divorces, la mort, l'obtention ou la perte d'un emploi, et les déménagements. Si ces expériences sont communes à tous, elles ne se produisent toutefois pas toujours au même moment de la vie de chacun. Comme dans le cas des expériences d'ordre historique, leur impact varie suivant le moment de la vie où elles sont vécues. La mort du père ou de la mère affectera différemment l'enfant âgé de dix ans que l'homme s'il est dans la soixantaine.

La nature de l'impact sur la vie de ces trois types d'influences est illustrée avec éloquence par le cas de Frank, expert-conseil d'une trentaine d'années, qui a eu pour clients des sociétés aussi importantes que AT & T et General Electric. Jeune, Frank voulait être joueur de football professionnel. Comme de nombreux jeunes Nord-Américains, il rêvait de devenir athlète professionnel. En fait, il rêvait d'être un joueur exceptionnel.

Je me souviens, quand j'étais jeune et que je me retrouvais seul à la maison, je jouais un match à moi tout seul. Je prenais mon ballon et, prétendant être un arrière, je fonçais vers la ligne. Puis je devenais un quart et faisais une passe de touché, pendant que mes adversaires se ruaient sur moi. J'ai joué des matches extraordinaires dans mon sous-sol, courant d'un bout à l'autre, en contournant mes adversaires imaginaires. Toujours, j'étais le héros.

La génération de Frank, comme celles qui l'ont précédée, a romancé la vie de l'athlète professionnel. Toutefois, elle diffère des générations précédentes par sa perspective sur le travail: la génération de Frank considère que le travail, c'est l'épanouissement de l'individu, pas seulement un chèque de paye. Frank a donc toujours cru que son travail allait être gratifiant et lui fournirait l'occasion de se développer. Très tôt, ce travail lui parut être le football. Comme il était fort et solidement bâti, il se fit de lui-même une image de «dur». L'athlétisme devint partie intégrante de son identité. Il fut la vedette de l'équipe championne de son école secondaire. Il fut recruté par l'équipe de son État et reçut bon nombre d'offres de bourses d'études.

Durant ses études universitaires, il en alla de même: il fut choisi comme athlète d'élite, le meilleur dans son sport, par une petite université et fut élu capitaine par ses coéquipiers; toujours aussi résolu, il rencontrait la réussite dans la poursuite de son objectif.

J'ai passé des heures innombrables dans la salle d'haltérophilie à travailler les habiletés fondamentales que je trouvais nécessaires. J'attachais peu d'importance à toutes les autres responsabilités et m'intéressais à peu de choses. Je jouais aussi le rôle de l'athlète et choisissais de ne m'associer qu'avec ceux qui entraient dans cette catégorie. J'ai réussi à me tirer d'une intervention chirurgicale au genou et j'étais bien préparé avant la date des essais.

C'est alors que le grain de sable enraya l'engrenage si bien huilé: Frank ne satisfit pas aux exigences et ne fut pas accepté comme joueur professionnel. Le rêve de sa vie se brisait. Le rêve d'adulation et de gloire de l'athlète s'évanouissait à la suite d'une décision d'entraîneur.

Bref, mon séjour au camp d'entraînement n'a duré que quarante-huit heures. La bulle a éclaté. Je devais trouver une autre direction. Je n'avais aucun plan de rechange pour le cas où la carrière que j'espérais en athlétisme ne se réaliserait pas. Le football n'était désormais plus une possibilité de carrière pour moi. Je suis retourné travailler à temps plein sur un quai de chargement, comme je l'avais fait pour payer mes études.

Mon amie, maintenant devenue ma femme, s'était efforcée de me faire voir l'envers de moi-même. Il ne m'était plus nécessaire de préserver l'image de dur que je m'étais créée. Il me semblait que ma vie était encore entourée d'un vaste espace vide. Après quelques mois de réflexion, j'ai décidé que je voulais davantage de la vie que ce que pouvait m'offrir mon travail. J'ai donc déménagé en Californie pour poursuivre mes études.

À réfléchir sur la situation et sur les événements qui ont donné lieu à cette expérience, je me rends compte maintenant de tout ce que j'ai manqué en traversant cette période de ma vie avec ma vision étroite des choses. D'abord, j'étais rempli de ressentiment, non seulement envers moi-même pour ne pas avoir réussi, mais aussi envers le monde entier. J'aurais bien aimé me présenter dans un autre camp et essayer de me faire accepter. Je croyais que tous les entraîneurs avaient tort. Toutefois, avec le temps, j'ai décidé que je voulais davantage de la vie que la simple pratique d'un sport. À ce moment-là, je me sentais comme si quelqu'un m'avait fait un croc-en-jambe, juste comme j'arrivais au but. Maintenant, je peux honnêtement dire que je suis heureux que cela se soit produit à ce moment-là. J'aime vraiment ce que je fais. J'y excelle. Et je n'ai pas besoin de le prouver en laissant quelqu'un me taper dessus.

Le développement personnel ressemble donc plus à une série de changements, de faux pas et d'à-coups qu'à des rails dirigés vers la maturité et l'épanouissement. Dire: «Chaque jour je m'améliore de toutes les façons» semble être une façon positive d'aborder la vie, mais l'expérience prouve que c'est une contradiction. La vie est une lutte constante, pas une voie facile. Certaines des forces qui influent sur nos efforts de développement sont attendues, d'autres ne le sont pas. Certaines sont ordinaires, d'autres nous semblent uniques sur le moment. Le résultat de tout cela, c'est que chacun de nous devient, comme le dit le psychologue Clark Moustakas, «une individualité unique et incomparable».

LES EMBÛCHES

Bart est un joueur de guitare basse qui fait partie d'un groupe rock et qui aime son travail. L'intensité avec laquelle il s'absorbe dans la musique et sa relation avec son auditoire révèlent que c'est un homme que son talent naturel destinait clairement à une carrière musicale. «Les gens croient que j'ai de la chance parce que je joue bien et que j'aime mon travail. Ils ne se rendent pas compte à quel point je travaille mon jeu et combien il est difficile de gagner sa vie dans ce métier. Ils ne savent pas combien de fois j'ai voulu tout lâcher pour trouver quelque chose de plus stable et pendant combien d'années j'ai été contraint d'avoir un autre travail pour vivre.» En d'autres mots, l'air de contentement de Bart masque le fait que le chemin menant à son but a été long et semé d'embûches.

Dans les années 1980, nombreux sont ceux qui ne s'attendent pas à ce que le chemin soit long ou difficile. «La vie est une plage», déclare la vignette dont certains ornent le pare-chocs de leur voiture. «Je vous garantis que vous cesserez de fumer après un jour seulement», promet la publicité d'un thérapeute. Certaines annonces à la télévision vous assurent un soulagement rapide des maux de têtes et des indigestions. Toute une gamme de séminaires et d'annonces nous offrent divers moyens de devenir riches rapidement, de l'immobilier à la vente par correspondance. Bart rejette la notion de la satisfaction instantanée.

De jeunes musiciens me demandent de les aider. Ils veulent connaître le succès et vite. J'essaie de leur montrer qu'ils doivent payer leur tribut. Ils doivent jouer chaque fois que l'occasion se présente, où que ce soit, n'importe quand. Et pendant qu'ils se cherchent des engagements, ils doivent trouver le moyen de gagner leur vie. Ils doivent accepter de travailler comme garçon, comme chauffeur de camion, comme n'importe quoi. Ils me regardent comme si je les avais trahis. Je leur énumère alors tous les emplois que j'ai eus: main-d'œuvre temporaire pour Manpower, vendeur dans un magasin de chaussures, garçon dans une gargote. La plupart du temps, ils ne me croient pas. Ils ne veulent pas atteindre leur but au prix d'efforts. Ils veulent que quelqu'un les y conduise en limousine.

Le chemin du développement est semé d'embûches. Comme le dit Bart, nous n'arrivons pas au but en limousine. Nous y arrivons en luttant, en surmontant les obstacles. Il faut que nous soyons conscients des embûches et que nous refusions de les laisser nous bloquer. Examinons les trois périls qui risquent de nous faire trébucher ou perdre notre chemin: l'adversité, l'ignorance et les réactions mal appropriées.

L'adversité peut-elle favoriser le développement? D'aucuns ont souligné que nous nous développons surtout à la suite de prétendues expériences de l'ineffable, ces moments extraordinaires durant lesquels tout notre être est transporté dans un sentiment exquis de plénitude. Il va sans dire que l'adversité peut nuire à notre bien-être physique et émotionnel. Des événements comme la perte d'un emploi, les difficultés conjugales, le divorce, la maladie d'un enfant ou les problèmes avec les parents peuvent engendrer l'angoisse et la dépression. Ils peuvent aussi donner l'impression qu'on est moins maître de sa vie et affecter les sentiments de satisfaction et d'optimisme.

D'autre part, il n'est pas dit que l'adversité doive être un obstacle insurmontable au développement. Nombre de psychologues prétendent que la souffrance est un moteur du développement et non un frein. Il y a généralement, c'est sûr, un traumatisme à court terme. Mais les conséquences à long terme peuvent être positives. Le divorce, par exemple, donne presque toujours naissance à de grandes difficultés émotionnelles à court terme et, souvent, à long terme. Pourtant, une étude portant sur une groupe de femmes divorcées a indiqué que, à la lumière du passé, au moins 80 p. 100 d'entre elles voient leur divorce comme un tournant positif dans leur vie. Elles ont appris à tirer parti de l'adversité pour leur développement, en voyant le divorce comme une nouvelle expérience de liberté, avec le sentiment d'avoir la chance de tenter un nouveau départ dans la vie.

Les hommes comme les femmes qui disent avoir connu des résultats positifs de leur divorce parlent de la stimulation offerte par les nouvelles expériences. Les femmes font des choses qu'elles n'avaient jamais faites auparavant: elles s'occupent de leurs propres affaires financières, effectuent de petites réparations dans leur maison, font l'expérience de n'avoir de comptes à rendre à personne de ce qui a été fait ou non fait dans la maison. Elles connaissent la satisfaction d'être financièrement autosuffisantes. De même, les hommes prennent plaisir à relever de nouveaux défis, à faire l'expérience d'une liberté nouvelle. Un homme nous dit un jour: «Le divorce a été pénible, mais j'ai vraiment pris plaisir à rentrer chez moi et à ne pas avoir à rendre compte de mon comportement, à ne pas me préoccuper de l'heure à laquelle rentrer et à ne pas me sentir obligé de manger à telle ou telle heure. Pour la première fois depuis des années, je me suis senti libre.»

Un autre péril: l'ignorance. Nous parlons ici des idées et des informations fausses sur nous-mêmes, sur les autres et sur le monde dans lequel nous vivons. Il est dangereux de croire que trouver ou non la plénitude dans la vie est fondamentalement affaire de chance ou de destin. Il est également dangereux de croire qu'il faudrait toujours échapper à l'adversité. De même, il est dangereux de refuser de voir que le développement fait appel à la lutte, à l'engagement et à la persévérance. Enfin, il est dangereux d'ignorer que les hommes et les femmes suivent des voies de développement quelque peu différentes.

Par exemple, une grande partie de la recherche sur le développement s'est concentrée sur les hommes. Les chercheurs ont souvent pris pour acquis que le modèle qui allait résulter de leur recherche serait celui du développement humain plutôt que celui du développement du mâle de l'espèce. Nous savons pourtant que les hommes et les femmes ne se développent pas de la même façon. Certains des défis à relever et des crises à régler sont les mêmes pour tous, mais d'autres diffèrent sensiblement.

Une des grandes différences entre le développement de l'homme et celui de la femme est reliée à la prétendue crise de la quarantaine. Dans le cas de l'homme, elle se produit effectivement vers cet âge: lorsqu'il prend conscience qu'il est mortel; lorsqu'il reconnaît que des portes se ferment, que de moins en moins de possibilités s'offrent, que des rêves restent irréalisés et sont probablement irréalisables; lorsqu'il redoute le déclin sexuel ou l'impuissance; enfin, lorsqu'il se pose de nombreuses questions sur le sens de la vie. Pour la femme, cependant, il ne semble pas y avoir de transition majeure dans la quarantaine. Comme Gail Sheehy le fait remarquer dans *Passages*, la femme a tendance à arriver à un point critique dans la vie plus tôt que l'homme, c'est-à-dire vers l'âge de trente-cinq ans. À ce moment-là, il se peut que la femme sente que la dernière occasion est venue d'accomplir certaines choses. Elle peut également connaître d'importants changements, comme de voir son benjamin commencer à aller à l'école, ou encore de constater la fin imminente de la période où elle peut avoir des enfants. Mais la femme dans la quarantaine ne semble pas souffrir des mêmes préoccupations que l'homme à propos de sa condition mortelle. De plus, elle s'intéresse davantage à la sexualité et elle a le sentiment d'en tirer plus de satisfaction. Les femmes disent faire l'expérience de l'incertitude et de l'insatisfaction beaucoup plus intensément dans la vingtaine que dans la quarantaine. En fait, vers la fin de la quarantaine et dans la cinquantaine, les femmes tendent à être davantage satisfaites de leur vie, de leur ménage et des développements positifs de leur personnalité comme l'aménité, l'assurance et la patience. Nous n'avons pas encore un modèle complet du développement de la femme, mais il est évident que les influences reliées à l'âge diffèrent de façon importante entre les hommes et les femmes.

Le troisième péril est relié aux deux premiers. Si nous ne faisons pas face à l'adversité de façon positive ou si, en raison de notre ignorance, nous ne réagissons pas adéquatement aux événements et aux expériences en raison de notre ignorance, nous mettons en danger notre développement. Ce qu'il faut absolument se rappeler, c'est qu'il y a toujours plus d'une manière de réagir à quoi que ce soit. Se sentir acculé au pied du mur, et sentir qu'on «ne peut rien faire d'autre» est rarement, si ce n'est jamais, un sentiment réaliste. Le péril est toujours là, bien entendu, mais l'occasion de faire autre chose aussi.

Rappelons-nous le cas de Craig et du désastre dont il a été victime. Craig avait-il quelque chose d'extraordinaire? Un accident pourrait-il avoir le même type de conséquences dans la vie d'un autre? Réponse: oui, mais pas nécessairement. Tout dépend de notre réaction à l'événement. Les événements négatifs peuvent avoir des conséquences positives. Quand on a demandé à un groupe d'étudiants de niveau universitaire de raconter une expérience très négative de leur vie et une autre très positive, et de parler des conséquences à long terme de chacune, environ 40 p. 100 ont rapporté que des événements négatifs avaient eu des conséquences positives.

Évidemment, on peut également dire que plus de la moitié d'entre eux n'ont rapporté aucune conséquence positive d'événements négatifs. Il ne s'agit pas ici de mettre de l'avant une philosophie simpliste de la vie, du type «tu peux si tu veux». Certains portent les cicatrices de l'adversité. Quand 80 p. 100 des femmes interviewées disent que leur divorce a eu des conséquences positives, il ne faut pas oublier les 20 p. 100 restants, pour qui il a été une expérience négative. Une étude dans laquelle on a suivi pendant dix ans soixante couples divorcés montre que, dans deux tiers de ces couples, seulement un des conjoints a profité de l'occasion pour améliorer sa vie de façon importante. Dans seulement six de ces couples, les deux conjoints ont pu améliorer leur vie de façon importante. Et les femmes qui étaient dans la quarantaine au moment du divorce ont éprouvé beaucoup plus de difficulté à y faire face que les femmes dans la vingtaine ou la trentaine. Beaucoup de ces femmes plus âgées ont continué d'éprouver ressentiment et solitude, même dix ans plus tard.

Tout le monde ne se remet pas parfaitement d'une crise. «Le temps guérit toutes les blessures», dit l'adage. Mais les chercheurs de l'Institut de recherche sociale de l'Université du Michigan rapportent qu'entre 20 et 40 p. 100 des gens ne se rétablissent jamais parfaitement d'une crise, faisant ainsi mentir l'adage. Il est donc important d'apprendre à affronter l'adversité et de connaître les moyens qui nous permettront de continuer de nous développer à travers toutes les situations et toutes les expériences.

GRANDS VIRAGES

Les grands virages, nous l'avons vu, sont les expériences et les événements qui affectent de façon importante le cours de notre vie. Il s'agit généralement d'événements imprévus, bien que des expériences reliées à l'âge ou au contexte historique puissent aussi être de grands tournants. Pour certains, comme Craig, un accident peut en être un. Pour d'autres, ce peut être un incident survenu durant l'enfance, une expérience d'ordre religieux, une décision cruciale, une rencontre ou quelque autre expérience d'un type fondamental. L'événement ou l'expérience marquants peuvent être négatifs ou positifs. Ils peuvent être traumatisants ou exaltants, ou encore n'éveiller que peu d'émotion. Leurs conséquences à court et à long termes peuvent être positives ou négatives. Elles peuvent laisser des cicatrices, comme elles peuvent être un tremplin pour le développement.

Une expérience du type grand virage peut se dérouler sur une longue période, comme ce fut le cas pour Craig et ses mois d'hospitalisation, ou pour Nathalie et ses années de cours de ballet chez mademoiselle Catherine. Ou elle peut se produire en quelques instants, comme ce fut le cas pour Paul, reporter sportif dans une grande ville de la côte Est. Paul immigra dans notre pays en tant que réfugié, dans les années 1950. Il avait six ans à l'époque. Ses expériences d'écolier incapable de parler notre langue furent douloureuses. Un bonne partie du temps, il devait soit se battre en réaction aux railleries des autres garçons, soit tout faire pour se les épargner. Il développa ce qu'il appelait une «mentalité de réfugié» qui «se manifestait dans les réflexions typiques suivantes: «Ne crée pas de difficultés», «Sois bien content d'être ici», «Ce n'est pas ton tour». C'est surtout ce dernier sentiment qu'il éprouva, durant les neufs premières années qu'il passa en Amérique du Nord.

Puis est venu juin 1967 et mon emploi dans un camp de vacances. Le poste le plus prestigieux du camp, celui de responsable de la plage, est devenu vacant. On me l'a offert, parce que j'étais qualifié et que je détenais tous les permis nécessaires. Une petite voix en mon for intérieur a fait son devoir et m'a dit: «Ce n'est pas ton tour de gagner. Tu n'es pas le meilleur. Laisse quelqu'un d'autre le faire. Peut-être un jour…» Puis, sans que je m'y attende, la lumière s'est faite. Tout s'est mis en place. «Un jour», c'était maintenant. C'était mon tour. Il fallait que je sois le «quelqu'un d'autre». C'est pourquoi j'ai dit oui.

Paul ne sait pas vraiment pourquoi la lumière se fit à ce moment précis. Mais ce moment changea sa vie. C'était comme s'il coupait le cordon ombilical qui le rattachait à son passé de réfugié.

La décision prise m'a permis de devenir moi-même, dans ce qu'était devenu mon monde et, en même temps, de respecter et d'apprécier la gravité du sacrifice fait par mes parents, pour moi. Cet événement a changé l'observateur hésitant et frustré que j'étais en un joueur de première ligne. J'ai, depuis, pris de nombreux risques. Pour le meilleur comme pour le pire, je me suis enfin rendu compte que, à chaque étape de la vie, la plus grande liberté et la plus intense joie viennent de notre capacité de choisir.

La décision de Paul peut sembler quelque peu insignifiante. Il s'agissait simplement pour un jeune homme de décider s'il allait accepter un poste dans un camp de vacances. Mais, pour Paul, ce fut un moment critique, un grand tournant qui lui fit découvrir tout un nouveau monde de croissance. Il n'y eut aucun drame, aucun choix déchirant. Seulement une lumière inexplicable qui lui révéla une orientation nouvelle.

Malgré l'importance des grands tournants dans notre vie, bien peu de temps et d'efforts ont été consacrés à leur étude. Dans notre propre tentative de les cerner, nous avons rassemblé les cas de grands tournants dans la vie de 632 personnes, au cours des dernières années. Non seulement nous avons demandé à chacune de nous raconter un grand tournant de sa vie, mais nous avons voulu savoir comment elle y a réagi, et quels en ont été les conséquences à court et à long terme. Les participants se divisaient en 315 hommes et 317 femmes et étaient âgées de dix-neuf à quatre-vingt-dix ans, la moyenne étant de trente-sept ans.

Quels types d'expériences ou d'événements ces gens ont-ils considérés comme grands tournants? Le tableau de la page 43 donne le pourcentage des réponses pour chacune des sept catégories. Les *problèmes interpersonnels* comprenaient leur divorce ou celui de leurs parents, la maladie ou la mort d'une personne chère, la violence, l'humiliation et les autres problèmes susceptibles d'émerger dans une relation amoureuse. Les *décision cruciales* avaient surtout à voir avec l'éducation, le travail ou la carrière. Les autres décisions pouvaient aller de celle d'une femme qui, enfant, avait décidé de ne jamais dépendre d'un homme (décision provoquée par l'observation du comportement de sa mère envers son père), jusqu'à celle d'un homme qui aurait décidé de cesser de fumer. Les *transitions sociales* étaient des changements d'environnement social: voyage, déménagement, adhésion à un petit groupe, conversion religieuse.

Les *relations importantes* étaient les relations positives formées avec amis, amants, conjoint et enfants (y compris avec un nouveau-né). Les *problèmes personnels* mettaient en cause des accidents, des maladies émotionnelles ou physiques, des comportements non souhaitables, comme l'abus de nourriture ou une toxicomanie. Les *changements de philosophie* se produisaient quand les gens étaient exposés à certaines œuvres profanes ou influencés par elles (Freud ou Marx, par exemple), ou quand des situations frustrantes les forçaient à réévaluer leur philosophie de la vie. Dans la catégorie *autres*, les 3,1 p. 100 des cas qui ne pouvaient entrer dans les premières catégories, on trouve des cas allant de celui de la femme qui découvrit que son nom légal n'était pas celui qu'elle croyait, à celui d'un homme qui souffrait d'un cauchemar persistant.

TYPES DE GRANDS VIRAGES

	Hommes	Femmes	Tous les répondants
Problèmes interpersonnels 19,8 %	34,5 %	27,0 %	
Décisions cruciales	29,7	16,7	23,2
Transitions sociales	19,3	25,2	22,4
Relations importantes	12,0	11,4	11,7
Problèmes personnels	12,5	8,4	10,5
Changements de philosophie	2,9	1,3	2,1
Autres	3,8	2,5	3,1

Si la gamme des expériences considérées comme grands tournants par les participants est très étendue, près des trois quarts de celles-ci entraient dans une de ces trois catégories: problèmes interpersonnels, décisions cruciales, transitions sociales. Freud a écrit sur l'importance du travail et de l'amour pour la santé émotionnelle. Il est évident que ces deux éléments sont capitaux dans la vie de chacun et que des changements dans l'un ou l'autre peuvent devenir des grands tournants qui changeront l'orientation du développement de l'individu.

William I. Thomas est l'un des nombreux sociologues qui tentèrent d'identifier les besoins fondamentaux de tous les humains. Au début du siècle, il écrivit sur notre désir commun de sécurité, sur celui de voir les autres réagir à nos actions et nous reconnaître, ainsi que sur l'envie de nouvelles expériences. Ces dernières entrent dans notre catégorie des transitions sociales. La notion d'un désir universel de nouvelles expériences contredit les vieilles idées selon lesquelles les gens résistent au changement et on ne peut enseigner de nouveaux tours à un vieux chien. Toutefois, cette notion s'intègre bien à la théorie du développement qui dure toute la vie.

Le psychiatre Robert Seidenberg a parlé du «trauma de l'ennui», situation dans laquelle l'absence de stimuli cause un traumatisme à l'individu. Il a traité une patiente qui avait souffert d'une dépression quand elle s'était rendu compte que, si un changement important ne se produisait pas dans sa vie, son avenir ne serait qu'une répétition de son triste passé. Cette femme souffrait d'une carence de changement. Ainsi, les nouvelles expériences qui nous amènent dans un nouveau monde social sont des facteurs de notre bien-être mental et, comme les expériences interpersonnelles et celles qui ont à voir avec la carrière, elles peuvent devenir de grands tournants.

Les hommes et les femmes n'ont pas rapporté avoir vécu les mêmes types de grands tournants. Comme notre tableau le montre, les femmes ont choisi les relations interpersonnelles beaucoup plus souvent que les hommes, alors que les hommes ont choisi l'éducation et la carrière beaucoup plus souvent que les femmes. Cela n'est pas surprenant, puisque les femmes ont tendance à être orientées davantage vers les besoins de ceux qui les entourent. Souvent, les femmes sont plus engagées que les hommes au point de vue émotionnel dans la vie des autres. Par conséquent, leurs grands virages mettront probablement en jeu des relations interpersonnelles. En fait, près de la moitié des femmes touchées par notre étude ont relevé une expérience interpersonnelle (soit un problème, soit une relation importante) comme grand tournant de leur vie.

En outre, les femmes ont plus tendance que les hommes à considérer une transition sociale comme grand tournant. L'expérience la plus commune citée fut celle d'un déménagement qui leur avait donné l'impression d'une plus grande autonomie et d'une plus grande indépendance. Par exemple, une femme nous raconta qu'elle avait déménagé à l'autre bout du pays, trouvé un travail et décidé d'y rester. Ses appréhensions initiales firent vite place à une nouvelle assurance: «J'ai appris à vivre seule, à gérer mon argent et ma maison. L'expérience m'a permis de devenir mentalement plus forte et plus dynamique. Je sens que je suis mieux équipée qu'avant pour surmonter les obstacles. J'ai eu la chance de mûrir et de devenir parfaitement autonome.»

Si les femmes «arrivent de loin», il reste qu'elles sont plus susceptibles que les hommes de douter de leur aptitude à devenir indépendantes et autonomes. Elles ont fréquemment considéré comme grands tournants des expériences qui les avaient forcées à devenir indépendantes. Le sentiment de pouvoir s'en sortir seules en tant qu'individus compétents est une expérience exaltante que beaucoup de femmes voient comme un progrès appréciable dans leur développement.

Quand les grands tournants se présentent-ils? À n'importe quel âge, même très tôt dans la vie. Dans son autobiographie, Lee Iacocca raconte un incident qui se produisit quand il était en sixième année. Ce fut l'une des trois expériences de son enfance qui lui firent le mieux comprendre la nature du monde des adultes. Il s'agissait de l'élection du capitaine de la patrouille scolaire, honneur qu'il convoitait. Il perdit par une marge de deux voix. Le lendemain, un de ses camarades lui dit remarquer que le nombre de votes dépassait le nombre d'écoliers dans la classe. Quand Iacocca fit part de cette anomalie à son maître, celui-ci lui conseilla tout bonnement d'oublier l'affaire. Ce fut, il s'en souvient, la première fois qu'il apprit que la vie n'est pas toujours juste.

Bonnie, acheteuse de bijoux pour un grand magasin à rayons, connut un grand tournant encore plus tôt dans la vie. Elle se souvient d'avoir pris à l'âge de sept ans la décision de ne jamais dépendre d'un homme. Elle avait observé à quel point sa mère se comportait en subalterne avec son mari. Quoi qu'elle fît, elle devait rentrer à la maison assez tôt pour que le souper fût prêt à six heures. Sa mère organisait toujours ses projets suivant les désirs du père de Bonnie, jamais selon les siens propres ou ceux de ses enfants. Les familles des amies de Bonnie semblaient toutes suivre le même mode de vie. Quant à elle, Bonnie trouvait l'arrangement odieux et elle décida que jamais elle ne le perpétuerait.

Pour ne pas répéter l'expérience de sa mère, Bonnie apprit à faire preuve d'assurance. «C'est souvent très difficile. Cette attitude me met souvent mal à l'aise: les femmes ne sont pas comme ça. Vous avez l'air rosse, mais après vous vous sentez bien. Il faut se relever plutôt que de se contenter d'essuyer les coups. Pas besoin de crier. C'est ainsi qu'on apprend à mieux se connaître et à mieux s'aimer.» La décision prise par Bonnie à l'âge de sept ans influença le cours de toute sa vie.

Bien sûr, chez la plupart d'entre nous, les grands tournants se produisent un peu plus tard. Environ 41 p. 100 des répondants ont signalé des grands tournants qui se passèrent quand ils étaient dans la vingtaine. Vingt-cinq pour cent des grands tournants se produisirent dans leur adolescence, 21 p. 100 dans la trentaine et 7 p. 100 dans la quarantaine. Le reste se produisit durant l'enfance (4 p. 100) ou dans la cinquantaine et la soixantaine (2 p. 100).

L'âge de la personne au moment où se produit un événement est important. Certains psychologues du développement avancent que des événements comme la mort d'un des parents ont le plus grand impact sur l'individu quand ils ne se produisent pas à l'époque où il est normal qu'ils se produisent. Cette conclusion est peut-être simpliste. Il n'y a pas que l'âge qui compte, mais la nature de la relation et les circonstances. Dans notre échantillon, 40 personnes ont rapporté comme grand tournant la mort de quelqu'un, dont 22, la mort du père ou de la mère. Mais 14 sur 22 étaient des adultes (plus de vingt et un ans) au moment du décès. Ed, prospère courtier en valeurs, témoigne d'une assurance dynamique qui donne une fausse impression des trente premières années de sa vie. Ed était âgé de 30 ans quand sa mère mourut. Il explique pourquoi ce fut pour lui un grand tournant.

J'ai eu une éducation très stricte. Mon père ne permettait à aucun de ses enfants de fumer, de boire, de jurer ni de jouer. Je méritais un long sermon chaque fois que ma grammaire était incorrecte ou que je gaspillais mon argent. On me laissait toujours entendre que je ne serais jamais grand-chose et que personne ne m'embaucherait si je ne prenais pas de meilleures habitudes de travail. Sa voix, je l'entendais toujours en mon for intérieur.

J'avais vingt-quatre ans et je vivais encore dans la maison familiale quand on découvrit chez ma mère une maladie rénale. Sa maladie et sa mort ont transformé ma vie. D'abord elles ont modifié ma relation avec mon père. Au début de la maladie de ma mère, j'évitais de me disputer violemment avec lui, de peur que ma mère n'en meure. J'avais peur que mon père ne me tienne responsable de sa mort. Je pensais ne jamais pouvoir supporter mon sentiment de culpabilité si cela se produisait.

À la même époque, je souffrais d'épuisement professionnel. Le marché était en récession et je devais travailler deux fois plus fort pour gagner la moitié de ce que je gagnais avant. J'envisageais sérieusement de quitter mon emploi. On aurait dit qu'un gros nuage noir me suivait partout où j'allais. Tout ce qui pouvait mal aller allait mal.

Ma mère est morte un mois après la fête que mon frère et moi avions organisée pour le quarantième anniversaire de mariage de nos parents et qui réunissait toute la famille. Ce que je craignais ne se réalisa pas. Après la mort de ma mère, mon père et moi nous sommes rapprochés. Nous nous sommes rendu compte à quel point nous avions besoin l'un de l'autre. Mon père nous était reconnaissant, à mon frère et à moi, de ce que nous avions fait pour notre mère. Il me dit qu'il n'avait jamais su à quel point j'étais mûr et responsable avant de me voir m'occuper de tout. Pas seulement de la fête d'anniversaire, mais aussi des funérailles, dont je me suis occupé entièrement. Je l'avais également aidé à s'acquitter des formalités. Dès lors, plus de sermons. Nous avons commencé à avoir les conversations normales entre un homme et son fils adulte. Pour la première fois de ma vie, nous parlions d'homme à homme. Nous parlions de tout, de sa solitude aussi bien que de mes aspirations. Je commençais à ressentir que j'étais libre d'être la personne que je voulais être.

À peu près en même temps, le marché boursier a repris. Mais le succès que j'ai connu alors n'était pas seulement dû à cette reprise. Je me suis rendu compte que j'avais finalement confiance en moi parce que je ne subissais plus la domination de mon père. Et c'est ainsi que mon efficacité au travail avait décuplé. C'est une ironie du sort que ma mère ait dû mourir pour que mon père ne me mène plus par le bout du nez. Mais c'est ce qui est arrivé. Sa mort m'a sauvé la vie et m'a donné une nouvelle liberté. Cette expérience a été une renaissance: les erreurs du passé étant effacées, je trouvais une nouvelle vigueur.

Nombreux sont ceux qui, comme Ed, découvrent que des expériences malheureuses peuvent avoir des conséquences bénéfiques. Nous possédons une énergie et une capacité incroyables pour ce qui est de tirer parti de l'adversité pour notre propre développement. Nous disposons d'assez de créativité et d'imagination pour transformer le banal et le dérisoire en grands tournants positifs. Ni l'inattendu ni l'ordinaire ne sont hostiles à notre développement. Non. Tout ce qui compose la vie est là, à notre disposition.

VAINCRE

Car la plus grande souffrance, tant qu'elle nous laisse nos moyens, n'affecte pas cette partie de l'âme qui consent à une bonne direction.

Simone Weil

Problèmes personnels
Les tourbillons de la vie

Voici ce que répondent quatre de nos connaissances quand on leur
demande comment ils vont. Chacun répond toujours de la même
façon: «Extrêmement bien», «Bien», «Mieux», «Mal». Chacun
d'entre eux a eu sa part de ce que nous appelons les «tourbillons de
la vie», ces épreuves, comme la maladie, qui nous affligent tous.
Mais chacun de ces quatre hommes a été affecté de façon différente.
Dans le cas de l'un d'entre eux, les tourbillons ont failli mettre fin
à son bien-être.

Nous pouvons dire que les problèmes personnels ont sur nous
un effet au moins comparable à celui qu'eut une légère maladie sur
une de nos connaissances. Quand on lui demandait comment il se
sentait, il répondait «vulnérable». Il est troublant d'accepter sa
propre vulnérabilité, d'accepter le fait que, à un moment ou à un
autre, des malheurs s'abattront sur nous. Il est également troublant
de savoir que certains d'entre nous s'effondreront alors ou même vi-
vront de longues années de désespoir tranquille. Les malheurs —
physiques et mentaux — affligent les gens riches et célèbres
comme les gens ordinaires. Nul n'y échappe. Pensons à Beethoven,
fulminant en vain contre sa surdité progressive; à Van Gogh, tourmenté par des démons invisibles; à Jack London, torturé par
l'inutilité de sa lutte contre l'alcoolisme; à Roy Campanella, passé
d'une carrière d'attrapeur étoile des ligues majeures de base-ball à la
geôle de son fauteuil roulant; à Betty Ford, se débattant pour remplir ses devoirs de femme de leader politique, tout en succombant
lentement au pouvoir de l'alcool; et aux millions d'hommes et de

femmes anonymes qui ont affronté les mêmes problèmes dans leur vie. Tous témoignent de la vulnérabilité de notre espèce.

Bien sûr, à certains points de vue, nous vivons mieux que dans le passé. L'espérance de vie a augmenté de façon spectaculaire. Au début du siècle, les gens vivaient en moyenne jusqu'à l'âge de quarante-sept ans. Aujourd'hui, nous pouvons espérer atteindre les soixante-quinze ans. Cette amélioration est due en grande partie aux progrès réalisés dans la lutte contre les maladies infectieuses. Mais nous souffrons encore de maladies chroniques. En moyenne, chaque Nord-Américain voit chaque année pendant une vingtaine de jours ses activités réduites par une maladie ou un accident. Un sur sept verra ses activités limitées par une maladie chronique comme une cardiopathie, l'arthrite ou l'hypertension. Les maladies et troubles mentaux font également des ravages. En fait, une étude portant sur les résidants de Manhattan a indiqué que seulement 18,5 p. 100 des répondants étaient exempts de symptômes relevant de la psychiatrie. Nous pouvons dire que, au bas mot, un Nord-Américain sur sept souffre à un quelconque degré de troubles mentaux, et qu'une proportion aussi élevée que huit sur dix présentent au moins de faibles symptômes relevant de la psychiatrie.

Même si nous acceptons la vulnérabilité de notre espèce, la plupart d'entre nous n'acceptent pas notre vulnérabilité personnelle. Les «tourbillons» n'arrivent qu'aux autres. James Irwin, l'astronaute qui fit partie de la mission Apollo 15 et qui conduisit la jeep lunaire, fut terrassé par une crise cardiaque quelques années plus tard. Il raconta qu'un des problèmes qu'il avait était le sentiment qu'un tel malheur ne pouvait lui arriver. Il n'était pas effrayé, seulement gêné et abasourdi d'avoir été frappé. Sa réaction est typique; peu d'entre nous s'attendent aux malheurs physiques et mentaux qui vont les frapper.

Les tourbillons de la vie nous menacent donc tous. Mais une menace ne constitue pas une défaite. Vulnérabilité n'égale pas effondrement. Heureusement, les maux physiques et mentaux peuvent avoir des conséquences bénéfiques. Notre développement ne dépend pas du fait d'éviter ces maux, mais de notre façon d'y faire face. Quand la chanteuse Pearl Bailey fut hospitalisée à la suite de troubles cardiaques, elle disposa de beaucoup de temps pour réfléchir. Elle connut également de pénibles expériences à l'hôpital. Son état physique fut aggravé par un incident fâcheux. Un jeune interne entra dans sa chambre un jour et lui demanda pourquoi elle ne se promenait pas dans les corridors comme son médecin traitant le lui avait conseillé. Elle lui répondit que son médecin ne lui avait pas indiqué de moment précis pour commencer ses promenades, il lui avait simplement dit qu'elle devrait le faire tôt ou tard. Elle en était alors au stade où elle tentait de rester en position assise sans se fatiguer trop vite. L'interne commença à crier: elle ne suivait pas les ordres. Il l'accusa d'être sournoise et récalcitrante.

Pearl Bailey répondit qu'elle ne pouvait pas se promener dans les corridors avant d'avoir repris des forces. Les gens la fatigueraient trop. «Quelles gens?» cria l'interne. Il ne s'était pas rendu compte que, comme elle était une vedette, les autres patients voudraient lui parler, ce que son médecin lui avait dit d'éviter.

Cet incident la bouleversa. Elle revécut les mêmes émotions quand elle le raconta à son médecin. Ce fut presque un désastre pour elle. Elle était si troublée au point de vue émotionnel qu'elle eut une rechute. Ensuite, elle se rétablit lentement, en tirant de bonnes leçons de l'affaire. Elle fit l'expérience de ce qu'elle appela la renaissance de sa capacité d'accepter les autres. Sa maladie avait été un grand tournant qui eut des conséquences positives pour elle. Nombreux sont ceux qui ont connu une telle expérience. Nous examinerons les diverses conséquences des afflictions physiques et mentales. Par la suite, nous traiterons des moyens dont les gens disposent pour transformer ces afflictions en expériences positives de développement.

CORPS BRISÉS, ESPRITS SAUFS

Peu de gens sortent indemnes d'une maladie ou d'un accident. Certains trouvent, comme ce fut le cas pour Norman Cousins, que même un événement qui met la vie en péril ne peut venir à bout de l'esprit. Dans ses mémoires, *La Volonté de guérir*, Cousins décrit en détail comment il a recouru simultanément à des médecins, à ses propres connaissances médicales et à de vieux épisodes de l'émission télévisée *Candid Camera* pour se rétablir d'une maladie qui aurait pu être fatale. Pour d'autres, les conséquences sont moins heureuses. Un certain nombre de ceux qui nous ont fait part de leurs grands tournants ont parlé des conséquences négatives à long terme des maladies ou des accidents physiques: dépression, angoisse, perte d'intérêt pour la vie, colère, amertume, confusion, sentiment d'isolement, d'impuissance et d'insécurité. Dans certains cas, ces émotions négatives étaient intensifiées par des difficultés pécuniaires et des tensions dans leurs relations.

Les problèmes mentaux et les problèmes physiques ne constituent pas des expériences entièrement indépendantes. Ils se produisent fréquemment ensemble et, en fait, l'un peut contribuer à l'apparition de l'autre. Par exemple, les conséquences négatives à long terme d'un accident peuvent se manifester sous la forme d'une légère névrose. Brandon, planificateur financier âgé de vingt-six ans, nous fit remarquer qu'il avait une peur bleue de se noyer et qu'il n'allait jamais dans l'eau dont le niveau lui faisait perdre pied. Cette appréhension, avoua-t-il, était due à un accident qu'il avait eu à l'âge de six ans. Il avait failli se noyer. Depuis, la peur de se noyer ne l'a jamais quitté.

Les accidents, particulièrement, nous rendent conscients de la fragilité de notre vie, de notre vulnérabilité devant l'inattendu. Mark est agent littéraire, il approche la quarantaine et s'occupe surtout de pièces de théâtre et de scénarios de films. Sa voix est douce, mais c'est un passionné. Depuis son grand tournant, qui a eu lieu quelques mois avant qu'il nous raconte cette histoire, il ne voit plus la vie de la même façon. Il fut victime d'un accident de la route qui aurait pu lui coûter la vie. Un conducteur roulant à haute vitesse venait en sens inverse; il perdit le contrôle de son véhicule qui traversa la ligne médiane et se dirigea droit vers la voiture de Mark. La femme de Mark, qui était au volant, réussit à éviter la voiture. Mais un camion, qui ne put faire de même, les emboutit. Une troisième voiture frappa le camion. La voiture de Mark passa à un cheveu d'être projetée dans un ravin profond. Mark et sa femme furent grièvement blessés. Mark souffrait de lésions au bas du dos et aux hanches. Sa femme avait des lésions au cou, aux épaules et au dos. Quatre mois après l'accident, ils devaient encore suivre une physiothérapie. Mais le traumatisme physique ne fut pas le pire.

Un des aspects les plus épouvantables de l'accident était le fait que je n'avais eu aucun choix. J'étais impuissant; je n'aurais rien pu changer, ni juste avant ni pendant l'accident. C'était un beau matin ensoleillé. Nous ne dépassions pas la limite de vitesse légale. Nous ne faisions rien de répréhensible. Un tel sentiment d'impuissance est frustrant et effrayant. Me rendre compte que ma vie et celle d'un être cher pouvaient être affectées sérieusement et de façon irréversible, en quelques secondes seulement, fut absolument bouleversant.

Ma réaction initiale après l'accident fut d'être reconnaissant: nous avions la vie sauve. Je sentais que j'avais eu de la chance de m'en tirer. Mais les séquelles de l'accident affectaient de plus en plus ma vie. J'étais angoissé chaque fois que je devais conduire. Je ressens encore de la douleur et je souffre de certaines limites dans mes activités. Mon sentiment d'avoir eu de la chance a fait place à l'appréhension et à la conscience d'être mortel. J'éprouve de la colère quand je pense que nous avons été blessés et devons endurer douleur et inconfort. J'ai peur que nous soyons affligés de certaines incapacités permanentes qui changeraient notre style de vie et nous empêcheraient de faire certaines des choses que nous aimons. Je n'aime pas éprouver ces sentiments-là.

Il se peut que Mark en arrive finalement à accepter sa situation. Peut-être un jour trouvera-t-il les ressources dont il a besoin pour transformer son traumatisme en facteur positif de développement. C'est le cas de nombreuses personnes. En fait, 85 p. 100 de ceux qui ont étiqueté un accident ou une maladie comme grand tournant ont également rapporté avoir bénéficié d'effets positifs à long terme. D'habitude, le sentiment initial est de percevoir comme négatif l'événement ou l'expérience. Mais ce sentiment fait bientôt place à l'acceptation et à l'action qui donnera lieu aux conséquences bénéfiques.

Certains se servent de l'accident ou de la maladie pour restructurer leur vie. Julio Iglesias était un joueur de soccer professionnel à Madrid, quand il fut victime d'un accident de la route qui le laissa paralysé pendant un an et demi. Sa carrière d'athlète était évidemment terminée. Une infirmière, qui sympathisait avec lui, lui donna une guitare, pour l'aider à tuer le temps à l'hôpital. Iglesias connut par la suite un succès phénoménal dans le monde de la musique pop. Avant l'accident, il ne nourrissait aucune aspiration d'ordre musical; il ne savait même pas qu'il était doué.

Même si les accidents ne produisent que rarement des résultats aussi spectaculaires, pour nombre de gens des conséquences positives — nouvelles perspectives, nouvelles qualités personnelles — naissent de traumatismes inattendus. L'accident ou la maladie les pousse dans une nouvelle direction de développement qui leur permet de mûrir et de s'épanouir. Comme le dit l'une des répondantes: «J'aime le genre de personne que je suis devenue. Je crois que je n'aurais jamais pu devenir ce que je suis n'eût été de ma période de maladie.»

Quand une maladie ou un accident nous force à prendre une décision, provoque un développement qui aurait pu être autrement impossible, il se peut que cela donne naissance à un sentiment de gratitude d'en avoir fait l'expérience. Stan, par exemple, amorça son grand tournant sous des haltères de 185 kilos. Il n'avait que dix-neuf ans et allait participer aux Jeux olympiques. Il avait déjà gagné sa place dans l'équipe des haltérophiles. Il décida de tenter un nouveau record dans sa catégorie de poids: l'épaulé-jeté de 185 kilos. Il plaça la barre en travers de ses épaules assez facilement, confiant en sa force, puis se baissa. Le juge lui fit signe de la tête. Stan lança donc son corps vers le haut. Pendant qu'il se relevait, il sentit une brûlure intense dans le genou gauche. La douleur enleva toute puissance à Stan: les haltères s'abattirent sur le sol.

La carrière d'haltérophile et d'athlète de Stan avait pris fin brusquement. Pendant qu'il gisait sur son lit d'hôpital la jambe dans le plâtre, il ressentait autant de douleur à écouter les pronostics de ses médecins qu'il en avait ressenti le jour de la compétition. Il se sentait comme si une partie de lui-même était morte. Il dut passer par les mêmes phases qu'une personne qui serait en deuil d'un être cher.

D'abord le refus. Je pensais que ce n'était qu'un cauchemar ou que ce n'était pas aussi grave que le disaient les médecins. Puis j'ai essayé de travailler aussi fort que possible en physiothérapie: pourtant tendons et ligaments ne réagissaient pas comme je

l'aurais voulu. Enfin, j'ai tenté de marchander avec les médecins: j'allais faire tout ce qu'ils demanderaient, subir toutes les
interventions et suivre tous les traitements, pourvu qu'ils me
garantissent que mon genou redeviendrait comme avant. Quand
je me suis rendu compte que rien n'y ferait, j'ai ressenti désespoir et regret en songeant à ce qu'allait être mon avenir.

Des mois plus tard, près de chez lui, Stan observait les essais
d'haltérophilie préliminaires aux Jeux olympiques, sa solide char-
pente enfoncée dans un fauteuil rembourré. Son entraîneur, lui-
même ancien athlète olympique, lui avait demandé quels étaient ses
projets. Il n'en avait aucun. Avant sa blessure, il avait espéré devenir entraîneur à son tour, à la suite d'une carrière en compétition.
Mais, à force d'observation et de réflexion, Stan sentit que de nouvelles pensées s'immisçaient dans son esprit, pensées qu'il ne serait jamais permis d'avoir avant l'accident.

Je me suis finalement rendu compte que ce n'était pas la fin
pour moi. À dix-neuf ans, l'haltérophilie m'était apparue pleine
d'éclat, de fascination. Pourtant, tous ceux qui m'entouraient
avaient l'air enlisés dans la vie. Mon entraîneur avait gagné des
centaines de médailles, mais n'avait pas d'emploi régulier et se
plaignait de sa condition. J'ai enfin commencé à envisager des
solutions de rechange. J'ai pensé à d'anciens travaux qui
m'avaient particulièrement plu. Ma perspective changeait. La
vie me semblait maintenant riche de possibilités. C'est à ce moment-là que j'ai pris la décision d'abandonner l'haltérophilie et
de me livrer à une autre passion: le travail social.

Stan accepta d'avoir perdu et passa à autre chose dans la vie. Il
avait déjà été conseiller dans un camp de vacances et entraîneur auprès d'enfants intellectuellement handicapés. Il savait qu'il aimait
travailler avec les gens. Il aimait aussi la compétition. Il savait
comment il allait pouvoir combiner ses deux passions. Quand il reprit ses cours l'automne venu, il changea d'orientation. Il abandonna
son majeur en éducation physique et entra en sciences politiques. Il
alla travailler dans l'entreprise de son père, mais il se plongea également dans le monde de la politique, sans tarder. Aujourd'hui, il

est conseiller municipal. Il a beaucoup de plaisir à travailler avec les gens et à lutter dans les campagnes politiques. Il aimerait plus tard se présenter à une élection à l'échelle nationale.

En rétrospective, Stan considère sa blessure comme une étape importante de son développement personnel.

> Même si cette période a été douloureuse et frustrante, même si elle a semé le doute dans mon esprit, elle m'a forcé à prendre du recul pour examiner minutieusement ma vie et évaluer mon avenir. Avant l'accident, je me contentais de suivre la voie la plus facile. Je n'avais jamais remis mon orientation en question. Ma blessure m'a permis de faire une pause et de réfléchir. J'ai dû m'adapter à ma blessure. Il a donc fallu que j'oriente ma vie différemment.
>
> En outre, il se peut fort bien que l'haltérophilie ait été pour moi une défense, une façon de me protéger. Abandonner le culturisme et l'haltérophilie de compétition m'a permis de m'adoucir et de laisser s'épanouir certaines qualités que j'avais toujours tenté d'étouffer. Je n'avais plus besoin de me faire passer pour un dur. Un grand poids fut enlevé de mes épaules, dans tous les sens.

Comme ce fut le cas pour Stan, David fut aussi poussé dans une nouvelle direction à la suite d'un traumatisme physique et émotionnel. Il dut faire face à une maladie rare, puis affronter une humiliation douloureuse. David est un grand rouquin qui a grandi à Pasadena, en Californie. Son père, chirurgien, entretenait une vision traditionnelle des choses. Sa mère, infirmière, avait cessé de travailler après la naissance de son premier enfant. Même si David n'avait jamais aspiré à devenir chirurgien comme son père, son ambition était sans limite. C'est à l'âge de vingt-cinq ans, au moment où il était devenu le nouveau directeur d'une société engagée dans la technologie médicale, qu'il buta contre un mur.

> C'était au début de 1972. J'étais enchanté. Je croyais que j'allais connaître une grande réussite. C'était une occasion inespérée pour moi. J'étais au septième ciel. J'ai commencé à travailler en mars. En juin, comme chaque année, j'ai dû aller pendant deux

semaines au camp de réservistes, dans le sud de la Californie.
Par la suite, ma femme est venue me rejoindre et nous avons
passé un week-end au Mexique.

Sur le chemin du retour, j'ai été pris d'une forte fièvre.
C'est ma femme qui a dû conduire jusqu'à la maison; j'en étais
incapable. Je pensais que je souffrais d'une mauvaise grippe. J'ai
consulté mon médecin qui en est arrivé à la même conclusion.
Quelque temps plus tard — je m'en souviens, c'était le soir de
la nomination de Richard Nixon — je regardais la télévision
quand mes mains et mes articulations se sont mises à me faire
mal comme si elles étaient en feu. J'avais tellement mal que ma
femme a dû me conduire à l'hôpital. Mes mains étaient toutes
tordues, comme si je souffrais d'arthrite.

David passa une semaine à l'hôpital. Il ne pouvait même pas
plier les jambes. Les médecins n'étaient pas sûrs de l'origine de sa
maladie, mais ils croyaient qu'il s'agissait d'arthrite. Le médecin
traitant ordonna à David de rester à la maison et de passer de six à
huit semaines au lit. Il s'inquiéta d'abord de son emploi. Il n'avait
pas accumulé suffisamment de temps de service pour avoir droit à
un congé de maladie. Mais son supérieur s'arrangea pour qu'il ob-
tienne un congé. Il embaucha, sur une base temporaire, une femme
pour faire le travail de David.

Une femme. Pour David, c'était une humiliation. À ce moment-
là, il avouait être macho. Quand il entendit parler de sa rempla-
çante, son monde sembla basculer.

Je me sentais menacé dans mon travail. À vingt-cinq ans, j'étais
invalide. Et remplacé par une femme. Je ne voyais vraiment pas
quel avenir m'attendait. Jusque-là ma vie avait été une rigolade:
aucun problème, aucun effort, aucun sentiment de vulnérabilité.

Pour la première fois, je me rendais compte que la vie et la
bonne santé ne tiennent qu'à un fil. J'avais entendu dire qu'on
commençait à se sentir mortel dans la trentaine. Et voilà que
moi, un type dans la vingtaine qui n'avait même jamais eu un
seul point de suture, je ne savais pas si je n'allais pas être arthritique le reste de ma vie. Et une femme m'avait remplacé au
bureau. C'était la goutte qui faisait déborder le vase. Je savais

que mon patron était un grand soutien pour moi, mais je ne savais pas ce que l'avenir me réservait dans cette entreprise.

Au bout de huit semaines, David essaya de retourner au travail à temps partiel. Mais il eut une rechute et dut être hospitalisé encore une fois. Après être resté longtemps alité, ils se rétablit complètement. Il rentra au travail et, depuis, il n'a jamais cessé de travailler à temps plein. Mais il n'est plus le jeune homme insouciant qu'il était quand il fut embauché.

Cette expérience m'a permis d'apprendre qu'une femme pouvait faire mon travail aussi bien que moi. Elle m'a rendu plus perspicace. J'ai enfin compris que je n'avais rien de spécial du seul fait que j'étais un homme.

En réfléchissant sur l'expérience, David sent qu'il a mûri de deux façons.

Avant, je présumais que j'allais vivre jusqu'à un âge très avancé, sans problème de santé. La maladie et l'incapacité n'étaient que des concepts abstraits. Maintenant, je me rends compte que la santé, c'est fragile, et que l'on doit apprécier la vie au jour le jour. Jusqu'à ce moment-là j'avais vu les femmes comme des infirmières, des secrétaires, des épouses, enfin, du personnel de soutien. Mon absence au bureau suivie de mon remplacement adéquat par une femme m'ont permis de me rendre compte que les femmes peuvent être des chefs solides, des personnes créatives et assurées. Depuis, je sens que j'ai toujours eu des relations de travail positives avec les femmes qui occupent des postes. Je pense que je suis un meilleur chef dans mon domaine que je ne l'aurais été autrement. Maintenant, je ne traite plus les femmes comme avant. Je travaille avec elles comme je le ferais avec les hommes.

Mon ménage va mieux aussi. Ma femme travaille maintenant dans les relations publiques. Il fut un temps où j'aurais refusé de la voir poursuivre une carrière. Cela aurait sûrement mené à des conflits entre nous. Je tremble à la pensée de ce qui aurait pu arriver à mon ménage si je n'avais pas changé d'attitude.

Un accident ou une maladie peuvent faire plus que nous pousser dans une nouvelle direction. Ils peuvent nous empêcher de poursuivre un cours dangereux. Stan aurait très bien pu trouver que participer aux compétitions et, ensuite, devenir entraîneur le satisfaisait. Il croit désormais que cette vie n'aurait pas été aussi satisfaisante que celle qu'il vit maintenant. David aurait très bien pu être un chef incompétent s'il n'avait pas appris à traiter les femmes en égales. Claire, d'autre part, enseignante dans une école privée pour enfants handicapés, croit que son grand tournant l'a empêchée de commettre une grave erreur.

Tout commença quand elle reçut un cadeau de mariage inattendu. C'était durant sa deuxième année d'université. Le mariage allait avoir lieu une semaine plus tard. Repoussant ses longs cheveux de ses yeux, Claire raconte son grand tournant, l'air absent, comme si elle revivait toute l'expérience. «Les invitations avaient été envoyées, le gâteau commandé, le traiteur réservé, la robe achetée, le voyage de noces planifié et l'appartement de mes rêves loué.» Son fiancé avait un bon emploi et gagnait bien sa vie. Elle se préparait à l'enseignement. Tout allait bien.

C'est alors qu'elle reçut le «présent» inattendu: un grave et soudain mal de dos. Elle se réveilla un beau matin pour se rendre compte qu'elle avait de la difficulté à marcher. Au volant de sa voiture, elle ne pouvait s'appuyer le dos contre le dossier car elle avait mal aux reins. Le soir venu, elle ne pouvait même plus se tenir debout.

Mon fiancé m'a emmenée d'urgence chez un médecin. Il voulait que quelque chose me tienne debout durant la cérémonie, après quoi on pourrait toujours s'occuper du problème. Cette solution était loin de plaire à mes parents. Le lendemain, ils m'emmenaient dans une clinique d'orthopédie où ils m'avaient déjà fait soigner, enfant, pour une affection des pieds. Maintenant, vingt ans plus tard, le même médecin me soignait. Il a découvert que j'avais deux disques détériorés qui devaient être enlevés immédiatement si je voulais pouvoir un jour marcher de nouveau.

La veille de mon mariage, j'allais être opérée. Le matin, avant l'intervention, mon fiancé est venu me voir pour m'annoncer qu'il ne pouvait supporter ce qui se passait. Il dit qu'il avait besoin de partir. Il irait camper dans tous les endroits prévus pour notre voyage de noces. Bien entendu, j'ai sombré dans la dépression. Et mes parents ont éclaté de colère. Ils demandèrent que le psychiatre de l'hôpital vienne me voir, parce que le médecin avait peur de m'opérer dans un tel état d'esprit et que l'intervention ne pouvait être reportée.

Claire assura à tout le monde qu'elle pouvait supporter l'intervention. Quand les aides infirmiers poussèrent son fauteuil roulant jusqu'à la salle de chirurgie, elle rencontra les parents de son fiancé. Ils étaient en larmes. «Il ne peut supporter cette affaire, lui dirent-ils. Il ne faut pas le blâmer.» Claire les dévisagea, n'en croyant pas ses oreilles. Tout ce qu'elle pensa à dire fut: «Bonne chose que l'un de nous deux puisse supporter l'affaire, sinon il n'y aurait personne ici à opérer.»

Quatre jours après l'opération, Claire retrouva sa lucidité. Elle dut passer une semaine au lit. Ses parents insistèrent pour qu'elle ne revoie pas son fiancé. Elle en discuta avec eux. À ce moment-là, elle ne désirait ni en parler ni y penser. Elle voulait d'abord se rétablir. Elle aurait bien le temps après de se soucier de ce qu'elle allait lui dire ou pas.

Il se fit que, durant son hospitalisation, ses sentiments envers son fiancé avaient beaucoup changé, ainsi que sa perspective de vie. Un jour, elle aperçut quelques enfants qui la firent pleurer. «Ils ne pourraient jamais marcher, alors que moi, oui. Peut-être que ç'a été le début de mon intérêt pour l'éducation des enfants handicapés.» À la même époque, elle en vint rapidement à la conclusion que son fiancé n'était plus rien pour elle. «Je ne ressentais ni amertume ni amour à son égard. En fait, j'étais heureuse que cette expérience m'ait empêchée de commettre une grave erreur.» À la réflexion, Claire se rendit compte qu'elle avait éprouvé des doutes et des appréhensions qu'elle avait refusé d'admettre ou simplement rejetés comme étant le trac que tout le monde ressent avant le mariage. Elle voyait désormais que c'était simplement sa propre résistance à la direction qu'elle avait prise.

Elle reconnaît qu'il s'agissait là d'une dure façon d'apprendre. «Je pensais que cela ne devait pas se passer comme ça. Je ne pouvais me rappeler qui m'avait dit qu'on grandissait, qu'on allait à l'université, qu'on y rencontrait un jeune homme parfait, qu'on obtenait son diplôme, qu'on se mariait et qu'on donnait naissance à des enfants parfaits. Rien n'était prévu pour les crises. Cette crise-là, j'avais de la peine à la mettre en perspective.»

En réalité, il fallut dix ans et toute une série d'événements qui «ne devaient pas se passer comme ça» pour que Claire finisse par accepter sa vie. Elle obtint son diplôme et épousa quelqu'un d'autre. Aujourd'hui, elle enseigne aux enfants handicapés et elle est profondément heureuse dans son travail comme dans son ménage. Elle est heureuse de vivre et remercie le Ciel de ne pas s'être engagée dans une union qui aurait été destructrice.

Ma vie n'est certes pas celle que promettent les contes de fées. Mais je suis heureuse. J'éprouve un sentiment de plénitude. Je ne permets plus que cette expérience fâcheuse me fasse souffrir. Ma plus grande douleur, c'est que ma maladie m'a empêchée d'avoir des enfants, ce qui, à un moment donné, avait été tout ce que je voulais de la vie. Je me suis fait une vie avec les enfants de mon école. Je les aime et je leur offre quelque chose qu'ils ne peuvent obtenir nulle part ailleurs. Notre relation est privilégiée.

TOURBILLONS ÉMOTIONNELS

Il est clair que les traumatismes physiques s'accompagnent de traumatismes émotionnels. Pour certains, cependant, la difficulté commence et se termine au niveau affectif. Ils luttent contre la dépression, l'angoisse, la crise de la quarantaine, la dépendance des drogues et autres problèmes. Fait intéressant, tous ceux qui ont rapporté comme grand tournant une lutte d'ordre émotionnel ont déclaré que les conséquences ultimes ont été positives. Toutefois, il y a eu un prix à payer.

Les tourbillons émotionnels sont souvent longs et douloureux. Pour celui qui en est la victime, ainsi que pour ses proches et pour ceux qui entretiennent des rapports avec lui, le processus semble sans fin et, quelquefois, sans espoir. Nous vivons dans une ère de solutions rapides, de thérapies à court terme. Nous nous attendons à des réponses minute. Nous éprouvons frustration, voire ressentiment à l'endroit de ceux qui semblent piétiner ou s'enliser dans leur bourbier, ou de ceux qui semblent se rétablir temporairement pour ensuite rechuter sans cesse.

Mais il n'y a pas de remèdes minute à la douleur émotionnelle. Notre vie n'est pas faite de progrès constants. Néanmoins, il est essentiel de se rappeler que l'on peut vaincre les difficultés émotionnelles comme les difficultés physiques. Même ceux qui ne voient aucune lueur d'espoir à l'horizon peuvent se débarrasser de leurs émotions néfastes et de leur comportement destructeur. Gina, par exemple, était âgée de trente-neuf ans quand elle commença un traitement contre l'alcoolisme, pour la troisième fois en trois ans. À ce moment-là, l'alcoolisme était devenu une question de vie ou de mort pour elle. Divorcée, elle habitait une petite ville du Midwest ou elle s'efforçait de faire vivre ses trois enfants grâce à son salaire d'acheteuse pour un petit détaillant.

Quand on parle d'alcooliques, on s'imagine immédiatement des gens aux yeux troubles, aux traits tirés et à l'allure indolente. Pas Gina. C'est une femme séduisante et de commerce agréable. Elle a échappé à certaines des conséquences de sa dépendance. Elle était au début de la trentaine quand elle a commencé à éprouver de la difficulté à contrôler sa consommation d'alcool: son alcoolisme résultait de ses problèmes conjugaux et du fait qu'elle fréquentait des amis qui avaient tendance à trop boire dans toutes les occasions. Elle avait bien tenté de cesser de boire par ses propres moyens, mais elle n'avait jamais pu tenir plus de deux semaines de suite.

> Je buvais un litre et demi par jour, versant l'alcool dans ma tasse de café au travail. Je ne pouvais passer plus de trois ou quatre heures d'abstinence sans être prise de tremblements. Les rares fois où j'ai cessé de boire tout à fait, je ne me suis pas rendu compte à quel point c'était dangereux. Il y avait beaucoup de risques que je sois prise d'une crise en raison de la soudaineté de mon abstinence, après avoir bu si longtemps de si grandes quantités.

Gina dit qu'elle ignorait toutes les ressources d'aide à sa disposition. Mais un jour, son employeur la força à prendre une décision: aller au centre de désintoxication ou perdre son emploi. Elle opta pour le centre.

J'ai commencé le traitement la première fois sans avoir à dire «aidez-moi», chose que je n'aurais pas dite à l'époque. La plus grande conséquence de cette première thérapie a été de me faire voir combien d'autres gens normaux souffraient du même problème. Cette découverte m'a soulagée d'une façon indicible. Après quatre semaines d'hospitalisation avec traitement, je suis partie, sûre d'avoir vaincu mon alcoolisme. Je dis «non, merci» à la postcure et aux Alcooliques anonymes.

Gina retomba vite dans son habitude destructrice. Ses difficultés conjugales et son problème d'alcoolisme s'alimentaient mutuellement: plus elle buvait, plus son ménage se détériorait; plus son ménage se détériorait, plus elle buvait. Elle finit par divorcer. Mais elle continua à boire excessivement. Deux ans après son renvoi du centre de désintoxication, elle commença un nouveau traitement. Elle resta sobre pendant huit mois, puis se remit à boire. Son comportement était néfaste non seulement pour elle, mais aussi pour ceux qui l'entouraient. «Mes enfants avaient plus ou moins cessé d'essayer de me «sauver». On me considérait comme une perdante. Ma dernière soûlerie dura près d'une semaine. Elle fut assez grave pour que je me rende compte qu'il m'était désormais impossible de me leurrer.» Gina sent que l'alcool a failli la tuer.

Une fois de plus, son employeur lui imposa un ultimatum: suivre le traitement ou perdre son poste. Mais cette fois-ci, Gina réagit différemment: elle en fut contente. Quand elle avait frôlé la mort, elle avait eu tellement peur que, dès lors, elle était prête à faire n'importe quoi pour rester sobre. Elle abandonna enfin l'idée qu'elle pouvait s'en sortir seule: «Je vais demander de l'aide, c'est décidé.»

Cette troisième fois, le traitement de Gina dura six semaines. Par la suite, elle s'engagea à passer trois mois dans un foyer de postcure et — enfin — à se joindre aux Alcooliques anonymes.

J'avais le choix. C'était mourir, devenir folle ou rester sobre. J'avais sombré trop profondément dans l'alcoolisme pour que le choix soit autre. J'ai choisi la sobriété parce que je veux vivre. C'est pourquoi, quand les gens me félicitent de ma force ou de ma résolution, je ne le prends pas comme un compliment.

Choisir de vivre est facile pour quiconque apprécie autant la vie que moi. L'un des aspects les plus hideux de mon alcoolisme, c'était que, en permettant à l'alcool de me prendre dans ses filets, j'avais cessé d'apprécier la vie chaque jour. Maintenant, je le fais de nouveau. C'est l'un des aspects positifs de la sobriété. Je considère mes neuf années de sobriété depuis mon traitement comme des années de vie en prime.

Les enfants de Gina s'étaient résignés à ce qu'elle fût sans espoir. Nombreux sont les employeurs qui l'auraient laissée tomber la troisième fois. Heureusement pour elle, son patron avait cru en elle. Une des leçons que Gina a tirées de sa lutte contre l'alcool et de ses traitements, c'est comment faire face au stress de la vie sans recourir à la chimie.

J'ai une espèce de système de sécurité en moi qui m'avertit quand je ne vis pas ma vie comme je le devrais: c'est l'envie de boire. Je ne parle pas ici de cette frustration occasionnelle que j'éprouve quand on ouvre une bouteille de champagne et que j'aimerais en boire comme tout le monde. Ni du rare désir de déguster un bon vin avec un repas gastronomique. Non. Je parle de l'envie de boire pour trouver le confort et le soulagement que l'alcool peut apporter. Une des choses les plus importantes que j'ai apprises dans ma dernière thérapie, ce n'est pas de lutter contre cette envie, mais d'apprendre à me connaître en la ressentant. Après mes nombreuses années de sobriété, cette envie d'alcool est devenue mon signal d'alarme. J'ai mis longtemps à découvrir qu'elle ne me prend que dans les périodes où je me sens mal dans ma peau, où mon amour-propre est malade.

Il est probable que les difficultés émotionnelles s'accompagnent de pertes irrécupérables. Gina reconnaît éprouver du regret pour ses années «perdues», même si elle apprécie les leçons tirées de son alcoolisme. Au moins, Gina sent maintenant que son orientation la satisfait davantage. Elle occupe maintenant le poste d'acheteur dans une grande société industrielle. Elle est contente de son travail et réussit à rester sobre.

Pour Scott, l'abus des drogues est un pis-aller. À un moment donné, il était étudiant en médecine. Aujourd'hui, il a encore le comportement envers les malades et l'énergie nécessaires à la pratique de la médecine, mais il ne poursuivra jamais cette carrière. Il se rappelle douloureusement qu'il ne lui restait que cinq mois avant d'obtenir son diplôme de médecine quand on l'a expulsé de l'école en raison de son abus de drogues et d'alcool. Ce fut une période difficile dans sa vie.

«Ma réaction immédiate à mon renvoi fut de me réfugier encore plus dans ma toxicomanie. J'étais bouleversé par ce qui m'arrivait. Me rendre compte que je ne serais jamais médecin, après toutes ces années de dur labeur, me déprimait à l'extrême. Ma consommation d'alcool et de pilules monta en flèche, ce qui me plongea encore plus profondément dans ma dépression.»

Par la suite, Scott chercha de l'aide et apprit à vaincre sa dépendance. Il se lança en affaires; il est maintenant propriétaire d'une petit chaîne de restaurants de repas rapides. Il sait que cette expérience a eu pour lui des conséquences positives et des conséquences négatives: «Ma dépression initiale et l'usage accru de drogues ont finalement fait place à une réaction beaucoup plus saine de ma part. J'ai enfin voulu qu'on me soigne. J'ai reconnu mon ressentiment et j'ai appris à l'affronter. J'avais pris le chemin de l'autodestruction, je me tuais lentement. Ma réadaptation m'a rendu la santé. Je me soucie de mon corps et je le respecte, ce qui n'était pas le cas auparavant.» Scott faisait également face à une dette importante, les prêts étudiants, accordés facilement aux étudiants en médecine, mais difficiles à rembourser par ceux qui n'ont pas de revenus de médecin.

Scott sait qu'il était nécessaire de changer, d'affronter les forces qui le maintenaient dans une dépendance destructrice envers les drogues. Il se plaint de ce que cette dépendance lui ait tant coûté. Toutefois, il dit ceci: «Je crois que tout changement est difficile à réaliser. Les grands changements dans la vie ne se produisent souvent qu'à la suite de dures souffrances, car la douleur est un puissant facteur de motivation. Dans mon cas, la perte était énorme — carrière, santé, amour-propre — avant que je n'accepte de demander de l'aide.» Scott n'est pas malheureux dans la vie, mais il éprouve certains regrets. Ce qu'il a perdu est irrécupérable.

Cependant, on peut toujours récupérer quelque chose. Dans le cas de Scott, ce fut sa santé, son amour-propre et le sens de l'humour: «J'ai connu au moins une expérience spécifique aux médecins. J'ai dû rembourser l'argent emprunté pour aller à l'école de médecine.» Comme Gina, il a acquis une perspective de lui-même qui lui permet d'éviter le piège mortel de la dépendance des produits chimiques. La connaissance et le contrôle de soi ne sont pas des gains à dédaigner dans la vie.

Une autre conséquence positive qui découle souvent de la maladie ou d'un accident, c'est l'attitude qui fait que l'on s'interroge sur le sens de la vie. Holly travaille comme secrétaire de direction pour le président d'une société de fabrication de meubles. Adolescente, elle connaissait des conflits intenses et constants avec sa mère. Finalement, Holly avait quitté le domicile familial pour vivre en appartement. Avant le déménagement, elle avait eu une période de dépression profonde. Dans sa lutte pour en sortir, elle avait commencé à tout remettre en question.

Pour la première fois de ma vie, je m'étais demandé si j'étais obligée de rester à la maison comme ma mère le voulait, ou si j'étais obligée d'écouter mes instincts. Je me suis demandé quelle vie je menais, si je devais me contenter d'accepter les réponses que me donnait ma mère. Celle-ci essayait de régenter ma pensée, mes croyances, mon comportement, même mes sentiments. Elle ne pouvait accepter que je remette en question ses croyances, ses valeurs à elle. Probablement que je ne l'aurais pas fait si je n'avais pas été si déprimée. La bouleverser ou pas ne me faisait ni chaud ni froid.

Le questionnement de Holly marqua le début de son développement. «Qu'est la vie, si on ne se pose jamais de questions?» dit-elle maintenant. Elle est du même avis que Socrate qui disait qu'une vie dans laquelle on ne remet pas les choses en question ne vaut pas la peine d'être vécue. «Il faut être prêt à contester les idées des autres.

Autrement, on n'est rien que des pions qu'ils déplacent pour arriver à leurs fins.»

La remise en question n'est pas affaire de cynisme. Il ne s'agit pas de faire de l'obstruction systématique (comme cet homme qui disait que tant et aussi longtemps qu'il ferait partie de tel groupe il n'y aurait jamais de décision unanimes). Il s'agit plutôt de ne rien tenir pour acquis, de rejeter l'obéissance aveugle à quiconque et de rester disposé à changer d'idée, quel que soit le sujet. Il ne faut pas se laisser tromper par les apparences. Holly a beaucoup lutté contre son envie de quitter le toit familial. Mais après son départ, elle a pu graduellement établir une meilleure relation avec sa mère. Holly eut enfin le sentiment de sa propre indépendance, de son autonomie en tant que personne. Elle n'est plus aux prises avec la dépression. Elle est résolue à se poser des questions pendant le reste de ses jours.

Pour Holly, le fait d'apprendre à remettre les choses en question fut l'avantage le plus important que lui procura sa période de détresse ont apporté des avantages bénéfiques multiples. Le grand tournant de Charles commença quand il était dans la trentaine, étape de la vie où la plupart des gens commencent à donner des signes d'impatience par rapport à ce qu'ils font dans la vie. Après avoir lutté afin d'en arriver à être des adultes efficaces, ils commencent à ressentir une certaine insatisfaction. Ils veulent faire davantage, être davantage, se lancer dans une nouvelle direction. Nombreux sont ceux qui mettent alors de côté ce qu'ils ont accompli dans la vingtaine pour s'engager sur une voie nouvelle, une fois dans la trentaine.

Charles mit fin à sa relation amoureuse, décida de changer de carrière et de déménager, rompant avec les amis qu'il fréquentait depuis six ans. Il changea même d'apparence physique en se laissant pousser les cheveux et en se grandissant grâce à des chaussures spéciales. Il lui fut très difficile de briser ses relations amoureuses et amicales, et de changer de carrière. Mais, avant ces changements, sa vie avait été difficile également. Après avoir atteint certains objectifs de carrière dans la vingtaine, il se retrouva à trente ans plus inquiet que satisfait. Il avait réussi à progresser, dans l'agence de publicité où il travaillait, jusqu'à un poste de direction. Mais au lieu d'avoir l'impression de réussir, il ne sentait que dépression et vide.

Il décida de remanier sa vie et de se lancer dans une nouvelle direction dans l'espoir de connaître le sentiment de plénitude qui lui avait échappé jusque-là.

Charles ne pouvait cependant pas s'en tirer tout seul. Il commença à suivre une thérapie, désireux de comprendre pourquoi il avait décidé de changer sa vie de façon si spectaculaire. Il arriva à le comprendre. La psychothérapie fut pour lui un grand tournant. Il peut dresser une liste presque infinie des avantages qu'il en a tirés.

J'ai appris à être fort et j'ai su pourquoi je m'étais toujours placé en situation d'impuissance. Aujourd'hui je m'interroge moins sur ce qui va m'arriver que sur ce que je *veux* qui m'arrive.

J'ai dû accepter le fait que ma famille et moi sommes distincts. Après l'avoir regretté un certain temps, j'ai enfin ressenti plus de liberté, moins de responsabilité envers elle, moins de culpabilité aussi.

J'ai appris qu'il existe d'autres façons de voir et d'aborder la plupart des situations dans la vie. La vie est remplie de possibilités. Cela m'a permis de me sentir davantage maître de mon destin.

Plutôt que de me laisser embarquer dans des relations, j'ai commencé à identifier les qualités que je désirais voir dans une compagne. Plutôt que de me contenter de moins, j'ai commencé à rencontrer des femmes qui correspondaient à ce que je voulais.

En général, la qualité de ma vie s'est améliorée au point de vue personnel et aussi dans mes relations avec les autres.

La lutte de Charles n'est pas finie. Il se peut fort bien que l'inquiétude et la dépression qu'il éprouva à trente ans reviennent plus tard le hanter. Un certain nombre de psychologues s'entendent pour dire que nous vivons dans une ère de mélancolie. W.H. Auden écrivit *The Age of Anxiety* en 1947. Il est vrai que les sentiments d'angoisse étaient répandus à cette époque, en raison surtout de la peur de l'annihilation atomique. Aujourd'hui, Auden aurait peut-être écrit plutôt sur la mélancolie, qui va du léger vague à l'âme à la dépression la plus profonde. De toute façon, il reste vrai que la dépression est l'une des maladies les plus courantes et qu'on a vu augmenter le nombre des déprimés au cours des dernières années.

Cependant, même la dépression peut être vaincue. Les gens ont lutté contre les effets de toutes sortes de maladies et d'accidents qu'ils ont fini par surmonter. Charles a trouvé l'aide cherchée dans la psychothérapie. D'autres ont utilisé divers outils et ressources pour relever le défi. Bien sûr nous ne pouvons éviter les tourbillons de la vie, mais nous pouvons les surmonter et même en tirer parti pour améliorer la qualité de notre existence.

4

Vaincre ses
problèmes personnels

Dans la pièce *Rossum's Universal Robots*, les fabricants de robots décident qu'ils doivent introduire la notion de douleur dans leurs créatures, sans quoi elles ne disposeraient d'aucun moyen de savoir quand elles ont été blessées ou quand elles sont en danger. De même, d'aucuns avancent que la peine et la douleur sont importantes pour les humains non seulement parce qu'elles les avertissent du danger, mais également parce qu'elles correspondent à des moments de défi et de développement.

Même les rats semblent avoir besoin de l'adversité pour développer leurs habiletés. Un psychologue a élevé des rats en laboratoire, dans deux environnements différents. Dans le premier, les rats disposaient d'eau et de nourriture et pouvaient faire de l'exercice, mais n'avaient ni problème à résoudre ni obstacle à surmonter. Dans le second, les rats faisaient face à des obstacles, à des impasses et à d'autres rats avec lesquels il leur fallait s'entendre. Les rats élevés dans le premier environnement ne purent jamais acquérir l'habileté de résoudre les problèmes que ceux du second acquirent très tôt.

Même si nous convenons de l'importance de l'adversité et de la souffrance pour le développement, nous sommes également conscients qu'ils peuvent jeter les gens dans le désespoir plutôt que de les lancer sur le chemin du développement. Les problèmes ne déclenchent pas automatiquement le développement. Il existe un nombre incroyable de naufragés sur cette terre. Nous avons rencontré beaucoup de gens que l'adversité a marqués profondément au lieu de les stimuler. Qu'est-ce qui fait la différence? À quelles tactiques recourent ceux qui réussissent à se débattre dans leur bourbier et à en ressortir plus forts et plus mûrs?

METTRE AU POINT UNE NOUVELLE PERSPECTIVE

Une maladie ou un accident vous donne souvent en abondance une denrée généralement rare: le temps libre. L'accident ou la maladie peut vous obliger à garder la chambre, vous libérer de vos responsabilités habituelles, ou les deux. Vous disposez alors de plus de temps pour réfléchir. Il y a plusieurs façons de réagir à la rencontre prolongée avec la vie mouvante et insaisissable de la conscience. Certains s'embarquent dans une longue période d'apitoiement sur leur propre sort. D'autres perdent leur temps dans des rêves futiles ou irréalistes. D'autres encore utilisent le temps de façon constructive et créative pour s'amuser, pour s'adonner à de nouveaux ou à de vieux passe-temps, ou pour repenser leur vie et mettre au point de nouvelles perspectives.

Une femme, qui avait été alitée et plâtrée de la taille aux pieds, nous raconta qu'elle avait décidé de s'essayer à la peinture à l'huile. Depuis, elle n'a jamais cessé de peindre. Un homme, en convalescence à la suite d'une mononucléose, utilisa ses jours d'inactivité à lire des livres de blagues et à noter ses préférées. «Ce livre est celui qui m'apporte le sourire aujourd'hui, déclare-t-il. Chaque fois que je me sens tourmenté ou déprimé, je sors mon carnet et je lis quelques blagues. Il est difficile d'avoir des idées noires et de mourir de rire tout à la fois.»

Certains se servent de leur période d'inactivité pour modifier leur perspective de la vie. Michel, pilote, approche de la trentaine mais ne paraît pas son âge. Son père était pilote aussi. Il passa donc une grande partie de son enfance dans les aéroports et dans les avions. Il adorait cela: «Toute ma vie tournait autour de l'aviation.» À un moment donné, il devint pilote de brousse. Un jour qu'il décollait avec ses passagers, un accident se produisit qui changea sa vie: l'avion se retourna. Heureusement, personne ne fut tué. Mais plusieurs passagers, dont Michel, furent blessés. Pendant quelques semaines, Michel fut incapable de piloter.

«J'ai fait une découverte remarquable, dit Michel. Les avions étaient tout ce que je connaissais. C'était ma profession et mon hobby tout à la fois. Je me rendais compte que, dans mon désir ardent de voler, j'avais ignoré toutes les autres facettes de ma vie. Je n'avais pas encore vraiment vécu.» Michel était résolu: il n'allait jamais plus se donner exclusivement à une chose. «L'aviation reste ma passion principale, mais elle ne sera jamais plus la seule.»

Michel mit au point une nouvelle perspective pendant qu'il réfléchissait sur ce que sa vie avait été avant l'accident. Il en arriva à la conclusion que personne ne devait jamais consacrer exclusivement sa vie à une chose. Il décida qu'il fallait au moins goûter à la délicieuse variété de possibilités offerte par la vie.

Brett, un jeune psychothérapeute qui semble si fragile qu'on le croirait incapable de résister à un coup de vent, parle le même langage quand il raconte un incident qui fut «ce qui lui arriva de mieux et de pire» dans la vie. C'était il y a quelques années. Brett eut la fièvre et souffrit d'une grave diarrhée. Déjà très mince, il perdit en quelques mois pas moins de 14 kilos. Il devint si faible qu'il ne pouvait travailler plus de quelques heures à la fois. Finalement, il consulta un médecin qui diagnostiqua une inflammation intestinale incurable. Pour seul traitement, un régime strict, et de nombreuses interventions chirurgicales destinées à l'ablation des parties d'intestins endommagées par l'inflammation prolongée.

Au cours des semaines suivantes, Brett continua de vivre comme un automate. Il essaya de poursuivre son travail, bien qu'il dût abréger le temps qu'il passait avec ses patients. Du point de vue social, il se replia sur lui-même, en raison de son incapacité de parler aux gens avec aisance, de son régime sévère et de sa gêne d'avoir l'air égaré. Les relations sexuelles avec sa nouvelle femme étaient rares et difficiles. «J'étais mou dans tout ce que je faisais. Je craignais de ne pouvoir sauvegarder ni ma pratique ni mon mariage. Tout cela me déprimait terriblement.»

Toutefois, Brett commença graduellement à se rétablir. Il fit des rechutes, mais de façon générale, il allait de mieux en mieux. Une partie de ses progrès consistaient à repenser sa vie. «J'ai commencé à réévaluer ma vie, à voir où j'allais. Je me demandais ce que je voulais vraiment. J'avais toujours pris la vie au petit bonheur, sans me faire de souci. Mais voilà que j'étais plongé dans l'insécurité, effrayé de ce que l'avenir me réservait. Il me fallait trouver moyen de me sentir en sécurité. J'en suis également venu à attacher beaucoup d'importance à certaines choses que j'avais toujours tenues pour acquises, comme les relations précieuses avec les autres ou comme le simple fait de se réveiller le matin et de se sentir bien dans sa peau.»

Comme ce fut le cas pour Michel, Brett avait remanié son échelle de valeurs et trouvé une nouvelle direction pour sa vie. Tous deux ont tiré parti du temps libre imposé par l'adversité pour examiner leurs points de vue et les réorganiser. Bien sûr, il n'est pas nécessaire que toute la période de convalescence serve à la pensée productive. Brett a passé une bonne partie de son temps, les premiers jours de maladie, à s'inquiéter et à envisager les pires éventualités. Une période d'inquiétude ou de douleur est chose courante. Ce qui importe, c'est de ne pas s'y enliser. Pour ce faire, il faut sans doute prendre la décision d'utiliser au moins une partie du temps disponible pour mettre au point une nouvelle perspective de vie.

UNE NOUVELLE PERSPECTIVE
POUR RÉORIENTER SA VIE

La nouvelle perspective est inutile si elle n'entraîne pas de nouveaux modèles de comportement. Pensons à la promesse faite à l'article de la mort et que l'on renie aussitôt rétabli. La réorganisation de l'échelle de valeurs et des priorités d'un individu est vaine si elle ne dépasse pas le stade de l'exercice intellectuel. Les gens qui se développent n'usent pas d'artifices intellectuels pour se leurrer eux-mêmes. Ils ne font pas de promesses ni n'établissent de nouvelles priorités pour les rejeter aussitôt que la vague de la vie les ballotte, un fois rétablis. Ils se servent de ces nouvelles perspectives pour réorganiser leur vie.

Il arrive qu'une telle réorganisation mette en jeu un engagement envers ce que l'individu considère comme important. La maladie ou l'accident donne le courage de prendre des engagements. Lisa est une jeune actrice qui a étudié le théâtre à temps partiel et joué dans des productions d'amateurs pendant qu'elle travaillait comme chef de bureau. Un accident d'automobile la laissa incapable de travailler ou de marcher pendant quatre mois. La façon dont elle raconte son histoire témoigne de l'abattement qu'elle a connu.

Les deux premières semaines, j'ai pleuré. Cet accident était la pire chose qui pouvait m'arriver. Je me sentais impuissante, désespérée, totalement malheureuse. Mais je me suis alors mise à penser. Je me suis rendu compte que cet événement me forçait à réévaluer ma vie. J'ai fait le point et j'ai eu la chance de voir clairement où je m'en allais.

Jusqu'à ce moment-là, j'avais toujours traité le théâtre comme quelque chose que je *pourrais* être capable de faire. J'avais trop peur de l'échec pour m'y engager vraiment. C'est pourquoi je travaillais dans un poste que je détestais de tout mon cœur, mais qui m'apportait la sécurité. Dans mon lit de convalescence, souffrante et pleine d'appréhension, n'ayant rien d'autre à faire que de me rétablir, je me suis rendu compte que la vie était trop précieuse pour me contenter de la laisser passer et que le moment était venu de prendre une décision. Je devais soit m'engager à fond pour devenir une actrice professionnelle, soit passer à autre chose. J'ai choisi le théâtre et je n'ai jamais regretté ma décision. Jamais.

Lisa n'est pas sûre que, sans l'accident et tout le temps que celui-ci lui a donné pour réfléchir sur sa vie, elle aurait eu le courage de prendre son engagement. Bien sûr, comme ce fut le cas pour Brett, les premières semaines après l'accident ont été pénibles. «Ces premières semaines, durant lesquelles je ne voyais rien de positif de l'accident, ont été absolument horribles. Je ne voudrais jamais les revivre», dit Lisa. Mais une fois qu'elle tira parti de sa convalescence pour mettre au point une nouvelle perspective, l'accident eut enfin un rôle positif dans sa vie. Non seulement elle se forgea le courage de s'engager dans une carrière d'actrice, mais elle assimila des leçons qui lui sont utiles dans son travail.

Cela m'a appris que l'engagement est le contraire de la peur, parce qu'il nous permet d'y faire face et de la vaincre. J'ai également appris à considérer que toute situation ou événement a son revers comme son avers. À chaque négatif correspond un positif.

Cette leçon a été extrêmement importante pour moi, parce que la vie d'une actrice est *remplie* d'événements apparemment négatifs qu'elle doit affronter. Maintenant, je participe à la formation d'autres actrices en les aidant à faire face à *leurs* expériences négatives.

En plus de tirer des avantages personnels de son accident, Lisa a aussi appris comment aider les autres. C'est ce qui arrive souvent. C'est-à-dire que, quand les gens réorientent leur vie, ils décident généralement l'une des choses suivantes ou les deux: ne plus s'imposer trop de responsabilités au détriment des choses qu'ils aiment ou s'engager d'une façon ou d'une autre à aider les autres. Confrontés à leur vulnérabilité et au fait qu'ils sont mortels, ils décident de ne pas laisser passer les choses importantes et reconnaissent que celles-ci comprennent des joies personnelles et un certain don d'eux-mêmes aux autres.

Ainsi, une femme fut hospitalisée pendant deux mois et demi, à la suite d'un accident d'automobile. Au début, elle voulait mourir parce que la douleur était trop intense. Mais elle se rétablit et s'engagea à mener une vie plus «satisfaisante» en travaillant dans des groupes communautaires comme les guides scoutes. Daniel, un comptable silencieux à l'air sévère, lui, se mit à appuyer un club de garçons de sa localité. C'est sa façon de venir en aide aux autres. Daniel veut aider les autres parce que, adolescent, il a frôlé la mort. En fait, à un moment donné il avait entendu un des ambulanciers dire qu'il *était* mort. Et il le serait probablement, n'eût été de l'intervention de deux étrangers.

Le grand tournant de Daniel s'amorça par un bel après-midi d'automne qui avait débuté comme une partie de plaisir. Lui et un ami se rendaient en voiture à une fête. L'air était frais. Ils roulèrent près d'un lac qu'ils pouvaient apercevoir à travers le feuillage aux couleurs de feu. Daniel se sentait merveilleusement bien. La vie était belle. Son ami lui fit remarquer que la voiture d'un autre groupe de participants à la fête les suivait. «Je ne veux pas qu'ils arrivent avant nous», dit l'ami, en poussant à fond sur l'accélérateur.

Bientôt ils roulaient à toute allure sur la route de campagne. Cent trente kilomètres à l'heure. La courbe. L'embardée. Quelques secondes d'images embrouillées. Un silence sinistre après l'impact. Daniel entendit gémir son ami. Il sortit de la voiture pour chercher du secours. Les jeunes gens de l'autre voiture qui s'était arrêtée s'approchaient de lui. L'un d'eux le saisit et lui dit qu'il saignait abondamment. C'était la première fois qu'il se rendait compte qu'il était blessé.

Je me suis mis la main sur la tête et j'ai senti couler le sang chaud. Puis j'ai regardé ma main rougie. Je m'inquiétais pour mon ami qui était sorti de la voiture et ne souffrait que d'une coupure à la tête.

À ce moment-là les occupants de l'autre voiture furent pris de panique et décidèrent de quitter les lieux.

Nous avons été abandonnés près de la voiture démolie, mon ami avec une blessure superficielle, moi saignant à mort à chaque battement de mon cœur. Et nous étions à des kilomètres d'un téléphone.

Mon ami a eu la présence d'esprit de nous faire monter près de la route. Heureusement, un jeune couple nous a aperçus et s'est arrêté. La femme a littéralement arraché la veste de son ami pour essayer d'en faire un bandage. Elle l'a enroulé autour de ma tête et a exercé une pression sur ma blessure. Ensuite, elle et son ami m'ont fait monter dans leur voiture. Elle a posé ma tête sur ses genoux pour réduire le flot de sang pendant que son ami roulait le plus vite possible pour m'amener au poste des Rangers le plus proche.

Je n'étais conscient de rien d'autre que de la tache de sang qui grandissait sur sa jupe et sur la banquette arrière de la voiture. Arrivés au poste, nous avons constaté que le téléphone était en dérangement et les Rangers partis en courant chercher un Ranger... ou un téléphone.

Je ne sais pas combien de temps a passé, mais sûrement pas beaucoup. La femme a essayé de me faire parler sans cesse, pendant qu'elle exerçait une pression sur ma blessure. Quand l'ambulance est arrivée, on m'y a rapidement placé et on m'a conduit vers l'hôpital. La dernière fois que j'ai vu mon couple de sauveteurs, c'est au moment où la porte de l'ambulance s'est refermée sur moi.

Quelque part, sur le chemin de l'hôpital, je les ai entendus dire que j'étais mort. Je n'ai pas fait l'expérience dont les gens parlent, au cours de laquelle l'esprit sort du corps et, d'en haut, regarde le cadavre. Tout ce dont je me souviens, c'est de les avoir vus travailler frénétiquement sur moi et de les avoir écoutés. J'étais tout à fait vide d'émotions, tout à fait détaché. À l'hôpital, on m'a emmené à la salle de chirurgie pour une intervention d'urgence.

Je me souviens de m'être éveillé au lit, à la maison, presque une semaine plus tard. J'ai d'abord pensé que j'avais fait un cauchemar, jusqu'à ce que je me rende compte que j'étais dans un lit genre hôpital et que toutes sortes de tubes sortaient de mon corps. Il paraît que j'avais cru que l'hôpital essayait de me tuer. J'avais lutté contre les médicaments et les attaches. C'est pourquoi on avait créé une sorte de mini-hôpital chez moi.

Daniel subit une série de cinq interventions. Il en reste encore une à venir. Mais, selon ses propres mots, il est «en aussi bon état qu'auparavant». Il réfléchit à l'expérience et est conscient de ce que tant de choses sont arrivées comme par miracle. «Les portières de la voiture auraient dû être presque impossibles à ouvrir; pourtant j'en ai ouvert une facilement. Mes blessures à la tête auraient dû me tuer sur le coup. Mon hémorragie aurait dû être mortelle aussi. La pression exercée sur mes blessures aurait dû enfoncer des fragments de crâne dans mon cerveau. Aucun de ces «aurait dû» ne s'est produit.»

Daniel réfléchit à tout cela pendant qu'il était alité. Il pensa également au jeune homme et à la jeune fille qui l'avaient aidé. «Nous n'avons jamais découvert l'identité du couple qui m'a sauvé la vie. Mais je me souviendrai toujours de leur grande bonté. L'accident, la sollicitude de ce couple et l'amour témoigné par mes parents m'ont enseigné qu'il y avait plus dans la vie que des parties arrosées de bière.» Daniel aime encore les parties, mais il veut que sa vie ne soit pas limitée à cela. C'est pourquoi, chaque semaine, il consacre quelques heures à faire du bénévolat comme conseiller dans un club de garçons.

ASSUMER SA VIE

Une des leçons intéressantes à tirer de l'histoire de Daniel, c'est qu'il n'a jamais manifesté la moindre amertume envers son ami dont la conduite imprudente avait causé l'accident. Au lieu de rejeter le blâme sur lui, comme il aurait été compréhensible qu'il le fît, Daniel a concentré son attention sur les moyens de faire face à sa situation.

Tout le monde n'est pas aussi sage que Daniel. À preuve, le cas de Jessica, spécialiste en informatique, qui a cité un accident comme grand tournant de sa vie. Sa réaction initiale fut d'essayer de trouver qui blâmer. Elle était sur le chemin de l'église quand l'accident se produisit. Aussi blâma-t-elle Dieu: «J'avais toujours été à l'église le dimanche. Mais pas après l'accident; je croyais qu'il aurait dû m'être épargné, puisque j'étais en route vers l'église.» Elle chercha finalement de l'aide auprès d'un psychiatre. Celui-ci la rassura: il était normal de penser comme elle le faisait et elle finirait par retourner à l'église et à revenir à ses sentiments antérieurs. C'est ce qui se produisit. Toutefois, maintenant Jessica ressent de l'amertume envers le système et la justice. «Je compatis vraiment avec les gens qui, sans faute de leur part, sont victimes d'un accident. On vous en fait voir de toutes les couleurs. À mon avis, il n'y a pas de justice. Parce que je n'ai pas été hospitalisée, j'ai de la difficulté à obtenir un règlement, même si j'ai toutes les factures pour prouver les dépenses occasionnées par les dommages et les traitements. Il faudrait avoir saigné à mort pour que des poursuites puissent être intentées.»

Jessica a d'abord rejeté le blâme sur Dieu, puis sur le système judiciaire. Mais blâmer les autres n'est pas une attitude productive. En fin de compte, comme l'a si bien dit Betty Ford à propos de son alcoolisme, tout revient au fait qu'il faut assumer sa propre vie. Même si nous ne sommes pas responsables de ce qui nous arrive, nous le sommes de nos réactions.

Un certain nombre d'athlètes professionnels se sont vu suspendre ou renvoyer à la suite de leur abus des drogues. Dans certains cas, ils ont tenté de minimiser la gravité de leur comportement ou de le justifier. Mais réagir hypocritement, c'est se dérober devant ses responsabilités. C'est ce qu'évita de faire Dwight

Gooden, lanceur étoile des Mets de New York, qui fut suspendu pour usage de cocaïne. Il entreprit un programme de réadaptation et, par la suite, revint lancer pour les Mets. À son retour, il assuma l'entière responsabilité et d'avoir pris des drogues et de s'en être tiré.

Assumer ses responsabilités signifie également refuser de se réfugier dans l'apitoiement sur soi-même et refuser de blâmer quiconque ou quoi que ce soit. Cela signifie également refuser de sombrer dans l'impuissance et le désespoir. Il faut agir de façon positive, comme Dwight Gooden l'a fait, pour se remettre sur le chemin du développement. Même quand on est restreint par des limites permanentes, il faut faire quelque chose de sa vie.

Susan, âgée d'une trentaine d'années, ne peut faire tout ce que nous pouvons. Mais elle est capable de faire beaucoup de choses, notamment son travail de décoratrice d'intérieur. Elle adore transformer la maison des gens et les lieux de travail en des «havres de gaieté». Le sourire permanent qui illumine son visage reflète son but dans la vie, en dépit de la maladie débilitante qui la limitera à jamais dans ses activités physiques.

Susan avait été une enfant active et en bonne santé jusqu'à l'âge de quinze ans. C'est alors qu'elle remarqua une faiblesse dans ses bras et dans ses jambes, accompagnée de malaise et de douleur à l'arrière du cou. Un neurochirurgien diagnostiqua son problème: une tumeur bénigne près de la moelle épinière, dans la région du cou. Il a fallu extirper la tumeur, mais pour ce faire, on a dû trancher les nerfs de la moelle épinière. Ces nerfs ne se régénèrent pas. Susan en ressortit partiellement paralysée en plus de voir la force de son corps diminuée. Au cours des six années suivantes, elle fit de nombreux séjours dans une maison de réadaptation, pour réapprendre à vivre malgré ses limites, qui lui causent encore de brefs moments de détresse.

Désormais, je ne peux plus courir, jouer au base-ball, patiner, faire du ski nautique, ni participer aux autres activités physiques que j'aimais. Quelquefois, je me sens déprimée quand je vois mes amis faire ce dont je suis maintenant incapable. Mais je me donne alors un petit sermon d'encouragement et ça me passe.

Susan s'interdit de s'apitoyer sur son sort. Elle se charge de trouver un sens à sa vie et de s'épanouir. Elle y parvient grâce à une carrière qui non seulement la satisfait profondément, mais qui aussi enrichit la vie des autres. En même temps, elle reconnaît que les progrès qu'elle a accomplis en vainquant son incapacité ne lui sont pas seulement attribuables à elle. Se prendre en charge ne signifie pas que l'on travaille tout seul. Susan a découvert que les autres pouvaient constituer une grande ressource au point de vue physique comme au point de vue affectif.

L'impact de mon incapacité sur ma vie n'a pas été aussi dramatique qu'il aurait pu l'être. Ma famille et mes amis ont toujours été là quand j'ai eu besoin d'aide. Je m'estime chanceuse: je sens qu'on se préoccupe de moi. Je ne suis pas seule dans ce bas monde.

PROFITER DES RESSOURCES DISPONIBLES

On a toujours le choix, parce qu'il y a toujours des sources d'aide à notre disposition. Sans le soutien de la famille et des amis, les conséquences de la maladie de Susan auraient pu être tout autres. L'ancien joueur de base-ball professionnel Roy Campanella, maintenant confiné dans un fauteuil roulant à la suite d'un accident, trouva en la foi une importante ressource. Il n'éprouva de désespoir et d'angoisse qu'après avoir pris conscience de son triste état. Il passa de nombreuses nuits à pleurer avant de sombrer enfin dans la bienheureuse inconscience du sommeil. Un jour, son médecin traitant vint lui rendre visite et lui parla sans détour. Il s'avoua désappointé du peu de progrès accompli par Campanella. Le médecin dit carrément à Campanella qu'une grande partie du processus de guérison lui incombait.

Roy Campanella craignait de ne plus jamais pouvoir quitter son fauteuil roulant, de ne plus jamais jouer au base-ball, de ne plus jamais marcher. Il se demandait à quoi il pouvait bien servir. Mais il savait que son médecin avait raison. Il savait également à qui demander de l'aide. Toute sa vie, il avait trouvé du réconfort dans la foi. Il demanda à son infirmière de sortir la Bible de la table de chevet et de lui lire le psaume XXIII. À partir de ce moment-là, Campanella prit du mieux. Aujourd'hui, même s'il ne quitte pas son fauteuil roulant, il sait que Dieu est de son côté. À un moment donné il avait envie de mourir; maintenant il affirme qu'il fait bon vivre.

Parmi les nombreuses ressources à notre disposition, les gens constituent l'une des plus importantes. Les Nord-Américains ont tendance à apprécier l'individu qui ne compte que sur lui-même. Mais cet esprit d'indépendance peut se révéler nuisible à notre développement quand nous refusons de profiter des ressources disponibles. Si rejeter le blâme sur les autres est une manifestation d'irresponsabilité, refuser l'aide des autres l'est aussi, d'une autre façon. L'individu en plein développement ne se prend pas dans le bourbier du blâme ou de l'isolement.

Les autres peuvent nous être précieux quand il nous faut faire face à toutes sortes de difficultés. Dans le cas d'Angela, il s'agissait d'une situation qui tourmente des millions de Nord-Américains: un excédent de poids. Elle pesait plus de 90 kilos. Elle avait bien essayé, de temps à autre, diverses méthodes d'amaigrissement: régimes, pilules, exercices, et même le jeûne. Le jeûne la rendait malade, mais ne lui faisait guère perdre de poids. Comme la plupart des obèses, elle maigrissait pendant un certain temps, puis reprenait tous les kilos perdus. Maigrir était d'autant plus difficile qu'elle avait tendance à trouver justification à sa corpulence: gérante d'un restaurant, elle était une réclame vivante pour les bons plats de son établissement.

L'ambivalence d'Angela par rapport à son poids changea toutefois soudainement. Son grand tournant commença au cours d'une soirée où une femme lui demanda la date prévue pour la naissance du bébé. Angela n'était pas enceinte. Elle quitta l'endroit extrêmement gênée. Mais que pouvait-elle faire? Tout ce qu'elle avait essayé avait échoué. Néanmoins, le lendemain, Angela entreprit un régime hypocalorique. Elle s'inscrivit également à des cours d'exercices. Elle demanda l'aide de son mari et de ses enfants. Ils devinrent un facteur important de ses progrès, parce qu'ils l'admiraient pour ses efforts et l'encourageaient à les poursuivre. «Il m'a fallu une année complète, dit elle, mais j'ai maigri de 40 kilos. Je ne suis plus la même intérieurement non plus. Je me sens mieux; j'ai plus d'énergie. Et, plus important encore, je suis devenue plus sociable et plus sûre de moi. J'ai finalement découvert qui je suis vraiment.»

En plus des parents et des amis, en plus même des étrangers comme la femme qui avait poussé Angela à agir, un thérapeute professionnel peut constituer une aide précieuse. Kathleen, à cinquante et un ans, était fort active et menait une carrière réussie dans l'immobilier, quand elle s'entendit dire ce qu'elle et de nombreuses autres femmes considèrent comme une condamnation. «Mon chirurgien m'a annoncé que j'avais un cancer du sein et que je devais prendre une décision quant au traitement le plus tôt possible. J'étais foudroyée. Cependant, je savais quel type d'intervention choisir dans mon meilleur intérêt.»

En fait, Kathleen n'avait d'autre avenue que de se soumettre à une mastectomie. Mais l'idée de cette intervention éveillait en elle des peurs, dont certaines, elle le savait, n'étaient pas rationnelles. Son mari ne la trouverait-il pas moins séduisante? Ne perdrait-elle pas certains attraits féminins auxquels elle attachait beaucoup d'importance? Ses clients et les vendeurs qui travaillaient pour elle ne sentiraient-ils pas qu'elle n'était plus la femme robuste et assurée qui avait réussi dans un monde dominé par les hommes?

Après l'intervention chirurgicale, Kathleen fit face à sa situation de la même façon que d'habitude: elle essaya de se convaincre de ne pas dramatiser la chose. «Reste de bonne humeur et vois les choses de façon positive, se dit-elle. Ne t'en fais pas. Le cancer est parti. Oublie-le. Tu dois te prendre en main, car personne d'autre ne peut le faire à ta place. Ni ta famille, ni tes amis. Tu ne peux te fier à personne d'autre que toi-même.» Kathleen n'avait jamais senti qu'elle pouvait chercher du soutien chez les autres dans les temps de crise personnelle. Elle devait régler ses problèmes seule. Mais cette fois-là, ça n'allait pas. Elle ne pouvait supprimer la profonde angoisse qu'elle ressentait, ni réprimer la peur qui l'envahissait. Elle ne pouvait non plus cacher complètement ses sentiments aux autres, en dépit de ses efforts. Elle ne révéla rien à personne, mais un ami perspicace lui suggéra un jour de consulter un psychothérapeute.

«Quand je repense à mon état d'esprit d'alors, dit Kathleen, je crois vraiment que ma décision de suivre une thérapie m'a sauvé la vie du point de vue physique, et aussi du point de vue affectif.» Kathleen a conservé un journal de son expérience en thérapie. Elle écrivit ce qui suit quelques mois après l'avoir entreprise.

J'ai subi une grave opération chirurgicale il y a quelques mois. Pendant quatre ou cinq jours, j'ai attendu le rapport de pathologie. Je ne savais pas si j'allais vivre ou si j'allais mourir quelques années plus tard. Je n'avais jamais été si vulnérable. Attendre. Des choses ont commencé à se produire en moi; des émotions dont j'étais consciente, mais que je n'arrivais pas à saisir. Était-ce l'incertitude de la vie? L'amour et le soutien de ma famille et de mes amis? J'ai besoin qu'on m'aide à comprendre. Pourquoi l'amour et le soutien de ma famille et de mes amis créent-ils de l'angoisse en moi? Est-ce que je me crois indigne de leur amour et de leur soutien? Ai-je peur du risque, ai-je peur de perdre quelque chose si je permets aux autres de se rapprocher de moi?

À ma sortie d'hôpital, je n'étais plus la même personne. Mon mur intérieur se fissurait. Mon âme était atteinte. J'avais toujours gardé les autres à bonne distance de moi, c'était plus sûr ainsi. Mais à l'hôpital, je n'étais plus maître de ce qui se passait. D'autres l'étaient. Je m'en suis bien sortie quand même. Qu'est-ce qui a fait craquer mes défenses? Le soutien, l'amour, la perte du contrôle de ma vie? Je savais que pour survivre tant au point de vue physique qu'émotionnel, il me fallait comprendre ce que je ressentais, moi qui ne me suis jamais permis de montrer mes sentiments. J'ai peur. Mais peur de quoi? Qu'est-ce qui peut donc se cacher derrière tous ces efforts pour repousser tout le monde et les empêcher de lire en moi? Puis-je prendre le risque? Je le dois, sinon je vais mourir. J'en suis convaincue. De quoi ai-je peur? Peur des autres, de la mort, de perdre. C'est pourquoi je dois me comprendre, me connaître et ne plus étouffer mon être affectif. Je ne peux plus le réprimer. Je dois sortir de moi-même, me faire entendre, guérir, vivre.

Que va-t-il m'arriver si j'entreprends ce voyage en moi-même? Vais-je m'en tirer? Qui sera là pour me soutenir si j'en ai besoin? Vous, mon thérapeute? Puis-je avoir confiance en vous? Assez pour croire que vous allez me soutenir dans ma douloureuse prise de conscience? Je vais m'ouvrir à vous, vous laisser entrer dans mon âme. Ensuite vous allez me quitter et je serai abandonnée encore une fois. Comment vous laisser entrer? Je ne dois plus être comme avant. Cela me tuerait. Il faut donc que je le fasse pour vivre. J'ai peur pour mes émotions. J'ai besoin d'aide. Je ne peux en sortir seule. Je dois savoir. J'ai besoin qu'on me rassure.

Kathleen permit qu'on lui vienne en aide. Elle entreprit le voyage nécessaire à sa survie. Aujourd'hui elle réfléchit au passé et considère son cancer et sa psychothérapie comme des étapes qui lui ont permis de devenir une femme «plus achevée». Elle sait que le cancer pourrait revenir; il n'y a que trois ans de passés depuis son opération. Mais pour elle, la maladie de la mort s'est révélée être la porte menant à la vie. «Le cancer, maladie synonyme de mort aux yeux de beaucoup, m'a donné une vie plus pleine, plus entière et plus authentique. Mes relations avec ma famille, mes amis et mon monde reflètent ma nouvelle confiance. Je fais l'expérience globale de toutes les facettes de ma personne. Je suis en évolution constante. Je comprends qui je suis dans mon monde et quels rapports je veux établir avec lui. Mon développement se poursuivra aussi longtemps que je vivrai.»

Grâce à son thérapeute, Kathleen a pu enfin tendre la main et tirer parti d'une ressource capitale quand il s'agit de résoudre des problèmes personnels: la famille et les amis. Pendant une grande partie de sa vie, elle s'était privée de ce puissant facteur de croissance. Les spécialistes des sciences sociales trouvent de plus en plus de preuves de l'importance des relations intimes pour notre bien-être physique et mental. En temps de crise, ceux qui ont des parents ou des amis qui les soutiennent s'en tirent beaucoup mieux que les autres. Par exemple, les personnes qui résidaient près de la centrale nucléaire de Three Mile Island, en Pennsylvanie, ont souffert de stress à la suite de l'accident qui s'est produit à la centrale. La grande intensité du stress a duré plus d'un an après l'accident. Ceux qui ont joui du plus grand soutien social de leurs amis et de leurs parents ont manifesté moins de symptômes de stress que les autres, du point de vue psychologique et du point de vue de leur comportement.

La recherche portant sur l'importance d'avoir des gens qui nous soutiennent autour de nous est si impressionnante que le ministère de la Santé mentale de la Californie a lancé une campagne dont le slogan est «Les amis, c'est la santé». Voici certaines des découvertes qui ont mené à cette campagne:

- Si vous vous isolez des autres, il est deux ou trois fois plus probable que vous allez mourir jeune. C'est vrai, même si vous prenez soin de votre santé en faisant de l'exercice et en vous abstenant de fumer.
- Si vous vous isolez des autres, vous risquez davantage de souffrir d'un cancer mortel.
- Si vous êtes divorcé, séparé ou veuf, vous courez de cinq à dix fois plus de risques d'être hospitalisé pour des troubles mentaux que si vous êtes marié.
- Si vous êtes enceinte et que vous n'ayez pas de bonnes relations personnelles, il y a trois fois plus de risques de complications au cours de votre accouchement, à stress égal, que chez les femmes qui entretiennent de solides relations personnelles.

Il est donc évident qu'amis et parents constituent un bon médicament. Ils peuvent nous aider à nous protéger de l'impact du stress et nous fournir le soutien dont nous avons besoin pour régler nos problèmes.

Le cas d'Alan, maintenant dans la quarantaine, illustre bien l'importance du soutien social. Alan est un homme énorme, à la voix pénétrante et au sourire facile. Il jubilait quand il a raconté son histoire, avec son accent texan bien particulier. Qui soupçonnerait qu'il eût jamais douté de lui? C'était pourtant le cas il y a quelques années à peine.

Alan réussissait bien comme directeur des ventes au service d'une société de Houston, au Texas. Mais il nourrissait un rêve qui n'avait rien à voir avec la vente de filtres à d'autres sociétés. La mer passionnait Alan. Chaque fois qu'il le pouvait, il louait un petit yacht et, avec sa femme et ses trois enfants, il partait en croisière dans le golfe du Mexique. Il rêvait de les emmener en croisière autour du monde. Quelle aventure fantastique ce serait pour eux tous!

Un jour, Alan se rendit compte qu'il pourrait se rapprocher de son rêve en quittant son emploi et en mettant sur pied son propre commerce de bateaux. Après tout, il en savait autant que n'importe qui au sujet des bateaux qui prennent la mer, il pourrait donc gérer son entreprise efficacement.

Ma famille s'est montrée enthousiaste. Nous avons convenu d'en faire une entreprise à laquelle tous participeraient. Et nous pensions qu'elle pourrait un jour nous donner l'occasion de faire ce voyage autour du monde. Savez-vous ce que j'ai fait? J'ai quitté mon emploi comme ça, obtenu un prêt et lancé mon entreprise.

Au début, la décision sembla sage. L'entreprise était florissante. L'exubérance d'Alan lui permettait d'effectuer autant de ventes que de clients possibles franchissaient le pas de sa porte. Le moment vint de prendre de l'expansion. C'est alors que le manque d'expérience d'Alan dans ce secteur lui causa des difficultés. Il prit trop d'expansion et connut de graves problèmes de caisse. Il tenta de compenser le manque en vendant ses bateaux à grand rabais, pour augmenter son volume d'affaires, mais il se retrouva avec une marge de bénéfice insuffisante. Il frisa la faillite. Mais il dut faire face à pire encore.

Pour la première fois de ma vie, j'ai perdu confiance en moi. J'ai vu nos rêves se briser. Je n'arrivais plus à dormir, parce que je sentais que je n'avais pas été à la hauteur et que ma famille en souffrait. J'ai commencé à me considérer comme un raté. Ma femme tentait bien de m'encourager, mais je suppose que j'avais l'air d'un homme qui était déjà mort. Un jour, elle m'a fait m'asseoir avec elle, puis elle m'a parlé. Je me souviens quasiment de chaque mot échangé.
«Chéri, parlons de ce qui te mine, m'a-t-elle dit.
— À quoi bon, nous savons tous deux ce qui ne va pas.
— Non, je crois vraiment que tu ne le sais pas.»
J'étais surpris. En fait, j'étais renversé. J'ai explosé et j'ai commencé à crier: «Notre entreprise est presque en faillite. J'ai tout raté et toi tu vas me dire que je ne sais pas ce qui se passe?»

La voix d'Alan se radoucit lorsqu'il raconta le reste de son histoire.

D'habitude, quand je criais devant elle, elle aussi se mettait à crier et on se disputait. Mais cette fois-là, elle est restée parfaitement calme. Elle m'a dit que si je ne savais pas ce qui n'allait pas, c'est que j'avais oublié ce qui comptait vraiment dans notre vie. Ce n'était pas l'entreprise qui allait mal, c'était moi. J'avais une dent contre moi-même et contre le monde entier.

«Nous pouvons supporter de voir notre entreprise aller à vau-l'eau, m'a-t-elle dit, mais tu dois cesser de te sentir coupable. Tu es un mari et un père extraordinaire. Tu ne dois jamais l'oublier. Souviens-toi qu'une personne comme ça ne peut jamais être un raté. À long terme, ça ne fait rien si tu perds l'argent investi dans notre entreprise. Ce qui compte, c'est que nous ne te perdions pas, toi. Alors, cesse de t'apitoyer sur ton sort et rappelle-toi que nous t'aimons et qu'Alan est vraiment un gars super.»

«Vous savez, dit Alan doucement, depuis ce jour je n'ai jamais cessé de croire en moi. Peut-être est-ce cette attitude qui a contribué à remettre à flot mon entreprise. Peut-être que mes clients et mes créanciers s'étaient rendu compte que je ne croyais même pas en moi-même. Ils se sont mis à croire en moi de nouveau et mon entreprise s'est redressée. J'avais reçu de ma femme un cadeau qui me rendrait riche pour le reste de mes jours.»

APPRENDRE À APPRÉCIER CE QUE L'ON A PLUTÔT QUE DE PLEURER SUR CE QUE L'ON N'A PAS

Dans le film *La Vie est belle*, George devient déprimé au moment où il est sur le point de perdre la banque que son père a mise sur pied. Bien qu'il ait une famille extraordinaire et des amis fidèles, il sent que sa vie n'a plus de sens. Il se rend sur un pont pour en finir avec la vie. Clarence, un ange, l'empêche de se jeter à l'eau et le ramène en ville, pour lui montrer ce que serait cette ville s'il n'était jamais né. George voit une ville tout à fait différente, une ville laide remplie de problèmes. Il est consterné par les scènes sordides que l'ange lui montre. George se rend compte alors à quel point sa vie a fait une différence. Son amour-propre lui revient. Il retourne avec sa famille et se sent reconnaissant envers la vie pour tout ce qu'il a.

À la fin, George ne perdit pas sa banque. Mais ce n'était plus cela qui comptait. Que la banque ait survécu ou non, George était maintenant un homme heureux. Ces miracles ne se produisent pas qu'au cinéma. Un soir, nous étions assis sur un banc public, dans un parc, attendant le début d'un concert en plein air. Deux hommes passèrent devant nous, bras dessus bras dessous. L'un était aveugle. Son ami lui demanda où il voulait s'asseoir. «Asseyons-nous à l'avant», répondit l'aveugle. Puis, dans un petit rire, il ajouta: «Nous verrons mieux de là.» L'aveugle, c'était évident, appréciait ce qu'il avait — son ouïe et son sens de l'humour —, plutôt que de pleurer pour ce qui lui manquait.

Ceux qui surmontent leurs difficultés personnelles apprennent à apprécier ce qu'ils ont. Ils ne perdent pas leur temps à pleurer sur ce qu'ils n'ont pas. Ils ne se retrouvent pas toujours dans l'impasse de l'apitoiement sur eux-mêmes. Du fait qu'ils mettent au point une nouvelle perspective et se prennent en main, ils continuent de chercher certaines des joies fondamentales de la vie et d'en profiter.

Alan nous dit avoir trouvé une nouvelle direction dans sa vie, après que sa femme l'eut débarrassé de son ressentiment contre lui-même.

Il a fallu un bon bout de temps avant que notre entreprise redevienne florissante. Pendant quelques mois, j'avais vraiment cru que nous allions faire faillite. Mais après la conversation avec ma femme, je savais que je pouvais faire face à la situation. Je savais que ma famille m'aimait et qu'elle me soutiendrait quoi qu'il arrive à l'entreprise. Retourner à la vente de filtres n'avait pas d'importance. Nous appréciions la vie, le simple fait d'être ensemble. Bien sûr, il aurait été triste de perdre notre affaire, mais nous n'allions pas nous contenter de pleurer. Nous passerions l'éponge. Il y avait bien d'autres choses à apprécier.

Cette famille n'a pas encore fait sa croisière autour du monde. Et leur entreprise, si elle est redevenue florissante, demeure précaire. Mais c'est un Alan heureux et sûr de lui qui nous a raconté son histoire. Il a appris à apprécier ce qu'il a, plutôt que de pleurer sur ce qu'il n'a pas ou sur ce qu'il pourrait avoir.

Quand Alan parle de son expérience, nous n'avons pas l'impression qu'il essaie de nous convaincre de quoi que ce soit. Nous n'avons pas l'impression non plus, comme cela arrive souvent, qu'il essaie de se convaincre lui-même. L'expérience d'Alan fut pour lui un véritable tournant dans sa vie.

C'est ce que nous sentons aussi, quand nous parlons à Darlene, dont les yeux brillent et l'esprit pétille. Elle est reporter dans un grand journal. Son charme est un élément important de sa personnalité, car il faut qu'elle arrive à convaincre les gens de se confier à elle. Mais ce charme est authentique, ce n'est pas de la manipulation. Elle est le type de personne qui se fait des amis rapidement et facilement. Les gens aiment être près d'elle. Ils se sentent bien grâce à elle. Il semble étrange qu'à un moment de sa vie elle ait été très seule. C'est à ce moment-là que s'amorça son grand tournant.

«Quand j'ai reçu mon diplôme universitaire, le journal d'une petite ville m'a offert d'écrire. J'étais enchantée, j'allais pouvoir écrire sur toutes sortes de sujets. Le personnel du journal était restreint, j'acquerrais donc de l'expérience dans presque tous les types de reportages.» Darlene fit une pause et sourit chaleureusement. «Je n'aurais jamais cru acquérir tant d'expérience. Je faisais régulièrement la critique littéraire. J'écrivais les chroniques de mes collègues partis en vacances. Je faisais quelques reportages locaux. Bref, j'ai appris à connaître toutes les facettes du métier.»

Darlene avait toujours vécu dans une grande ville avant d'aller travailler pour ce journal. Ses amis et sa famille lui manquaient, mais elle espérait se faire de nouveaux amis en peu de temps. Ses espérances s'évanouirent vite. Ses heures de travail étaient longues et, au journal, tout le monde avait au moins vingt ans de plus qu'elle. Elle était si résolue à donner le meilleur rendement dans chaque reportage, qu'elle n'avait pas le temps de se joindre à des organisations locales ou à chercher des amis en dehors de son travail.

Tard un soir, pendant qu'elle rassemblait des notes pour un prochain article, elle se rendit compte tout à coup de ce qui lui arrivait. Elle se sentait abattue, aussi décida-t-elle de remettre l'article au lendemain.

J'ai levé les yeux de mon bureau et je me suis demandé ce que j'allais faire. J'avais besoin de m'amuser un peu. Et soudainement j'ai pensé que je n'avais personne avec qui le faire. J'ai alors appelé une de mes meilleures amies dans mon ancienne ville, sachant qu'elle me témoignerait de la sympathie. Elle était sortie. J'ai appelé une autre ancienne amie. Elle était partie en voyage. J'ai raccroché et mon regard s'est fixé sur le mur. Un sentiment de solitude effroyable s'est emparé de moi. J'étais tout à coup déprimée. J'ai appelé mes parents. Cela m'a réconforté de leur parler, mais quand j'ai raccroché, j'étais toujours dans cette pièce sans âme qui vive.

Quand Darlene alla travailler le lendemain, son visage ne resplendissait plus comme d'habitude. Au bout de quelques heures, ses compagnons de travail s'en rendirent compte.

L'un d'eux m'a dit que je devais cesser de travailler de si longues heures. Un autre m'a demandé si je couvais quelque maladie. J'étais trop mal à l'aise pour leur avouer ma solitude. Ç'aurait été comme s'inviter soi-même à la fête de quelqu'un. J'étais là. Ils ne savaient pas ce qui me dérangeait, et moi je ne pouvais pas le leur confier. Je me sentais prise dans un piège. J'ai commencé à osciller entre la dépression due à ma solitude et la panique d'être prisonnière d'une situation déprimante. Je me demande maintenant ce qui me serait arrivé si je n'avais pas rencontré Ben.

Ben était un réparateur qui venait de déménager dans la petite ville. Aveugle depuis son service au Viêt-nam, à la surprise de tout le monde il avait appris à réparer les tondeuses à gazon. Il était venu dans cette ville, proche de celle où il avait grandi. Un réparateur aveugle, ça fait un bon sujet de reportage. Darlene fut chargée de l'interviewer.

J'ai été surprise d'apprendre qu'il avait été photographe. Cela signifiait que la vue était un sens particulièrement important pour lui. Pourtant, il semblait heureux et satisfait. L'interview est devenue une séance de thérapie pour moi. Je devais découvrir son secret. Comment s'était-il adapté? Il m'a raconté beaucoup de choses, mais il en a dite une qui m'est depuis toujours restée collée en mémoire: «Je ne peux rien y changer, mais je peux en tirer parti.» Il *avait tiré parti* de sa cécité pour développer ses autres sens et apprendre une technique que la plupart d'entre nous croiraient impossible pour un aveugle.

Quand je suis rentrée chez moi, je n'avais que son commentaire en tête. Je ne pouvais rien changer à ma solitude, mais je pouvais en tirer parti. Mais comment? C'est alors que j'ai pensé combien ç'aurait été beaucoup plus difficile si j'avais eu à tirer parti de la cécité plutôt que de la solitude. Si Ben avait pu exploiter une incapacité, je pouvais sûrement faire quelque chose de créatif avec ma solitude.

Les quelques jours qui suivirent, Darlene entreprit de faire de sa solitude une occasion de développement. Elle décida de lire certains livres qu'elle n'avait jamais eu le temps de lire auparavant. Elle mit au point un plan de carrière complet, avec objectifs et échéances. Elle se réserva un peu de temps pour écrire des histoires pour enfants, ce qu'elle avait toujours voulu faire. Elle commença à chercher des moyens de faire de nouvelles connaissances et de se faire des amis. Elle proposa même à son rédacteur en chef d'écrire un reportage sur les groupes de célibataires et sur la vie de ceux-ci dans sa ville.

Darlene se sentit vite moins seule. Elle avait regagné son enthousiasme face à la vie, et ses nouveaux projets la ravissaient. Elle était encore seule, mais elle avait appris à apprécier sa solitude plutôt que de pleurer sur son manque d'amis. Elle tirait parti de sa solitude. Par la suite, elle noua de nouvelles amitiés avec des gens de son âge; le reportage sur les célibataires lui avait ouvert bien des portes. «Cela a été une grande leçon pour moi. Depuis, je cherche toujours à tirer parti des situations plutôt que de les déplorer.» Voilà une excellente façon d'aborder la vie. Ne pleurez pas sur ce qui aurait pu être ou sur ce que vous avez voulu mais n'avez pas eu.

Considérez ce que vous avez et demandez-vous «Comment puis-je en tirer parti?»

Bien sûr, apprécier ce que l'on a plutôt que de pleurer sur ce que l'on n'a pas n'est pas une attitude réservée à des gens comme Alan et Darlene. L'histoire foisonne de personnages qui se sont lamentés sur leur sort. Dans la Bible, le roi Ahab avait un royaume. Mais il convoitait le vignoble d'un de ses sujets, Naboth. Il bouda jusqu'à ce que sa reine fît tuer Naboth et que le vignoble devînt sien. Il y aura toujours des Ahab dans ce monde. Ils envieront, ils convoiteront. Ils essaieront de nous exploiter et ils réussiront quelquefois à tirer avantage de nous. Mais ils ne seront jamais satisfaits. Ils n'éprouveront jamais le sentiment de plénitude qu'ils recherchent. Les gens qui se développent savent apprécier ce qu'ils ont; ils ne perdent pas leur temps à pleurer sur ce que les autres ont et qu'eux n'ont pas. Pour apprécier ce que vous avez, il vous faut transcender les vicissitudes de ce bas monde.

5

Les relations qui améliorent la qualité de la vie

Que voulez-vous de la vie? Quelles que soient les attentes qui figurent sur votre liste, vous les y avez mises parce que vous croyez que leur réalisation ajoutera à votre bien-être. La plupart d'entre nous veulent des choses qui augmenteront leur bonheur, leur fierté de réussir, leur sentiment que tout va bien. Inversement, la plupart d'entre nous préfèrent éviter les sentiments de dépression, de solitude ou d'angoisse. Mais qu'est-ce qui va nous apporter ce que nous désirons et réduire au minimum ce que nous voulons éviter? Deux chercheurs d'une université californienne sont partis à la recherche de la réponse à cette question, auprès de gens vivant à Londres, à Los Angeles et à Sydney, en Australie. Ils ont découvert que la qualité des relations qu'entretient un individu est essentielle à son bien-être. L'intimité avec nos amis, les bonnes relations avec notre famille et les relations conjugales harmonieuses contribuent largement à notre bien-être.

LA TRAME DE LA VIE

Les relations personnelles sont la trame de la vie. C'est grâce à elles que nous apprenons à penser, à sentir et à nous comporter de telle ou telle façon. Ce sont les éléments qui influencent la construction de nos rêves et de nos aspirations. Ils sont le champ dans lequel nous trouverons nos plus grandes satisfactions et la réalisation de nos aspirations les plus profondes.

Toutes sortes de relations affectent le cours de notre vie. Pour certains, c'est un parent qui joue un grand rôle. Barbara Jordan, Texane charismatique anciennement membre du Congrès américain, attribue une grande partie de ses réussites à l'influence de son grand-père. Elle a toujours sur elle trois photos de lui. Elle se souvient qu'il ne voulait pas qu'elle soit comme les autres enfants. Constamment, il essayait de lui inculquer le désir d'être elle-même, de dépasser l'ordinaire, de poursuivre son propre chemin. Elle met en pratique la philosophie qu'il lui a insufflée et se le rappelle avec tendresse comme étant l'une des grandes inspirations de sa vie.

Nos proches ne sont pas les seuls à nous influencer. Un enseignant, une connaissance ou même un étranger peuvent avoir un impact profond sur notre vie. Norman Mailer s'était inscrit à Harvard comme étudiant en génie, parce que sa mère, qui avait souffert durant la Crise, voulait que son fils ait un diplôme qui lui rapporte plus tard. La première année, Mailer suivit un cours d'initiation à l'écriture. À l'époque, beaucoup d'écrivains célèbres enseignaient dans cette université. Mailer trouvait l'atmosphère stimulante. Même s'il étudiait le génie, il consacrait nombre d'heures à la lecture et à l'écriture de fiction.

Comme examen final à ce cours d'écriture, les étudiants devaient rédiger un court roman. Mailer obtint la note A+, note rarement donnée qui le rendit célèbre sur le campus. Le compagnon de chambre de Mailer raconta plus tard que celui-ci devait beaucoup à son professeur, car ce fut cette note qui marqua ses vrais débuts d'écrivain: elle lui avait donné de l'assurance et avait permis que son talent fût reconnu. Pour plaire à sa mère, Mailer décrocha son diplôme d'ingénieur. Mais à partir de sa première année d'université, Mailer, influencé par les écrivains de Harvard et par ses expériences en classe, poursuivit le chemin de l'écriture.

Les relations comptent dans tous les aspects de notre vie. Nous avons vu que les relations intimes avec les autres constituent l'une de nos ressources principales dans les temps de crise personnelle. Les bonnes relations sont plus qu'un baume. Elles nous protègent et elle nous nourrissent aussi. Elles facilitent notre croissance. Peut-être ceci explique-t-il pourquoi tant de Nord-Américains sont en quête de liens plus serrés avec les autres. La prépondérance grandissante du «moi» et la mobilité géographique qui cause la rupture des relations établies font que des millions d'entre nous sentent tout à coup un vide profond dans leur existence.

Il y a fort longtemps, le célèbre psychologue américain William James écrivit qu'il n'y avait pas de «punition plus diabolique» pour l'individu que de vivre en société et d'être traité comme s'il n'existait pas. Se sentir «indigne d'attention» est ce qui peut arriver de pire à l'homme, pire que la torture physique. Une chanson populaire déclare que les «gens qui ont besoin des autres» sont les plus chanceux des gens. Ce n'est pas vrai. Nous avons tous besoin des autres. Les chanceux, ce sont ceux qui reconnaissent leur besoin et qui s'appliquent à développer des relations enrichissantes. Où? Dans les amitiés, dans le mariage, dans les enfants et dans ces rencontres occasionnelles et fortuites qui font penser à la visite d'un ange salvateur.

L'AMITIÉ: DONNER ET RECEVOIR

Les relations, c'est exigeant. L'amitié requiert que l'on donne, que l'on investisse temps et énergie, que l'on fasse des compromis, que l'on surmonte certaines situations irritantes ou qu'on les désamorce et que l'on offre de mille façons son soutien, quand l'autre en a besoin. Mais l'amitié, c'est plus que donner. En général, on tire des bienfaits inestimables des amitiés, notamment une sensation générale de bien-être, un plus grand respect pour soi-même et une source instantanée de soutien (en temps de crise les gens se tournent tout aussi souvent vers leurs amis que vers leur famille). Pour certains, les bienfaits tirés d'une amitié sont tels que l'expérience devient un grand tournant.

Seni est un jeune savant arrivé aux États-Unis au début de la vingtaine, pour y étudier pendant deux ans. Quand il avait commencé à fréquenter l'université dans son pays natal, il avait peu à peu fait une découverte bouleversante à son sujet: il se sentait attiré par les hommes plutôt que par les femmes. Durant cette première année d'études, il connut plusieurs expériences homosexuelles. Ses amis se rendirent compte de son orientation et y réagirent négativement. Certains le méprisaient, d'autres se moquaient de lui. Sa réaction était prévisible.

J'ai commencé à me replier sur moi-même, à éviter l'interaction avec mon entourage. Mais cela n'a pas réglé mon problème. J'ai souvent envisagé le suicide, mais il me faisait peur. J'ai décidé de consulter un psychiatre. Je voulais deux choses: cesser de penser au suicide et changer d'orientation sexuelle.

Seni travailla pendant un certain temps avec son psychiatre et arriva à éliminer son envie de se suicider. Mais il n'y avait aucun changement dans son orientation sexuelle. Après un temps, il conclut qu'il devait accepter son homosexualité et vivre avec. Dans son cas, cela voulait dire qu'il devait continuer de réduire au minimum toute relation avec les autres et concentrer son attention sur ses études. Il avait bien sa famille, mais il ne pouvait prendre le risque de lui révéler son homosexualité. Ses parents le considéraient comme un étudiant travailleur qui se préoccupait plus de réussir à l'université que de s'engager dans des relations amoureuses.

Seni obtint son diplôme avec grande distinction. Il réussit si bien dans son travail que son employeur l'envoya dans notre pays pour se perfectionner. En préparation à son séjour parmi nous, il s'inscrivit dans un institut de langues. Il y rencontra un groupe de gens plus tolérants que ceux qu'il avait connus.

Pour la première fois, j'acceptais mon homosexualité. Je me sentais sûr de moi-même dans mes rapports avec les autres. J'ai appris qu'il existe toujours un endroit où nous sommes acceptés par quelqu'un sans être jugés ni critiqués. À l'institut, j'ai rencontré des amis qui m'acceptaient comme j'étais. J'étais moins replié sur moi-même, je pouvais retrouver le bonheur.

Seni fit l'expérience d'un des bienfaits les plus importants de l'amitié: l'acceptation de soi. Cette expérience le sortit de son isolement et le remit sur le chemin du développement. Un autre bienfait de l'amitié qui peut constituer un grand tournant, c'est qu'elle peut nous faire trouver notre voie. Nos amis peuvent voir en nous des choses que nous ignorons et nous mettre sur une voie dans laquelle, autrement, nous ne nous serions pas engagés. Nos amis peuvent donner généreusement de leur temps et de leur énergie pour nous aider à emprunter cette nouvelle voie. Certains trouvent une nouvelle façon de vivre simplement grâce à l'attention persévérante d'un ami.

Les amis qui sont disposés à faire tant pour nous et à croire si fortement en nous sont, bien sûr, peu nombreux. Mais ils existent. Et quand nous avons besoin d'aide, ils semblent prêts à faire tout en leur pouvoir pour protéger notre bien-être ou pour nous faire sortir du chemin qui pourrait nous détruire. Éric, producteur à la télévision, a trouvé tout cela chez un ami qu'il s'était précédemment aliéné. Quand Éric chercha secours chez l'ami qu'il avait perdu, il se trouva entre des mains qui ne le lâchèrent pas avant que le péril qui le menaçait ne se fût dissipé.

Éric avait grandi dans l'aisance. Ses parents lui avaient toujours donné tout ce qui peut s'acheter avec de l'argent. Mais ils étaient peu prodigues de leur temps et de leur amour. Éric se sentait négligé par eux. Il tenta d'attirer leur attention de diverses façons, notamment en se suralimentant et en devenant obèse. Ses parents ne l'avaient privé de rien consciemment, mais ils semblaient incapables de lui donner la seule chose qu'il désirait: du temps et de l'intérêt pour ce qu'il faisait. Dans sa quête d'amour et de sécurité, Éric eut recours aux drogues, pendant qu'il était encore au secondaire. Il se mit à fréquenter un groupe d'étudiants qui faisaient également usage de drogues. Aaron, son ami de longue date, avait refusé de faire comme lui. À mesure qu'Éric s'attachait davantage à son groupe de camarades drogués, il voyait de moins en moins Aaron.

À la fin de ses études secondaires, Éric était devenu dépendant des drogues. Ses parents, indifférents comme toujours, n'étaient pas au courant de son habitude et l'alimentaient à leur insu en lui donnant tout l'argent qu'il demandait. Éric dut également se faire revendeur pour augmenter ses revenus. Un beau matin, il dut affronter les périls résultant de sa dépendance des drogues.

Je suis sorti de mon lit et je suis tombé face au sol. J'ai eu des sueurs froides. Je ne pouvais plus bouger. J'avais besoin d'une dose de drogue et vite. Cela m'a fait si peur que j'ai pris sur-le-champ la décision de ne plus toucher aux drogues. J'avais réussi à me convaincre que je n'étais pas toxicomane sous prétexte que je ne prenais jamais de drogues à la maison, mais seulement avec mes amis.

J'avais vraiment l'intention de renoncer à mon vice, mais je savais que ce serait difficile. J'ai appelé Aaron et lui ai demandé son aide. Il me l'a donnée. Pendant un certain temps, je ne touchais plus à la drogue quelques jours, puis je faisais une rechute. Aaron a passé beaucoup de temps avec moi à essayer de m'encourager. Mais je ne semblais pas faire de progrès.

Les vacances de Noël approchaient. Beaucoup d'entre nous allaient skier toute cette semaine-là. Je savais que les occasions dangereuses ne manqueraient pas, mais je pensais que je serais capable de dire non. Aaron m'a demandé de me rendre à la montagne avec lui. Nous allions rester ensemble, disait-il, de sorte qu'il puisse m'empêcher de consommer des drogues cette semaine-là. J'ai dit oui.

Aaron est venu me chercher à la maison. Après une randonnée d'une heure en voiture, je lui ai demandé s'il savait où il allait. Je m'étais rendu compte qu'il n'allait pas dans la bonne direction. Il me dit qu'il avait emprunté de ses parents les clés de leur chalet de montagne et que c'est là que nous irions skier. De cette façon, je ne serais pas tenté de me tenir avec le même groupe de drogués de mon école.

Cette idée ne m'enchantait pas. J'ai insisté pour que nous rejoignions les autres. Aaron a refusé. J'ai cédé. Nous sommes restés dans le chalet toute la semaine. La semaine a été dure, infernale quelquefois. Mais Aaron me roula dans la neige bon nombre de fois et nous avons bien skié. À la fin de la semaine, nous avons appelé nos parents pour leur dire que nous allions rester au chalet deux jours de plus. Une fois chez moi, Aaron m'a regardé jeter dans la cuvette les drogues qui me restaient. Ç'a été la dernière fois que j'en ai eu dans les mains.

LE MARIAGE: MÉTAPHORE DE L'AMOUR

Quelqu'un a dit que le mariage était une métaphore de l'amour. Il peut également être le creuset de toutes les douleurs. Au mieux, il nous permet de découvrir tous les avantages qu'offre une relation intime. L'actrice Candice Bergen eut peur d'être limitée par le mariage. Ce ne fut pas le cas: après quelques années, elle déclara que son union avait grandi et enrichi sa vie. Elle avait cru que le mariage était un point d'arrivée. Elle découvrit qu'il s'agissait plutôt d'un point de départ, d'une initiation à une nouvelle vie d'aventure et de plénitude. De même, Willard Scott, le météorologue exubérant du journal télévisé, compare le mariage à un régime de retraite. On investit tout en lui et on découvre que «l'argent devient or et l'or, platine».

La plupart des gens seront mariés à un moment ou un autre de leur vie. Tous ne connaîtront pas les mêmes expériences que Candice Bergen ou que Willard Scott. Mais pour certains, ce sera le cas. L'expérience sera si totale, si enrichissante, qu'ils décriront le mariage comme étant un grand tournant de leur vie. Ceux qui voient le mariage comme une expérience positive parlent des bienfaits qu'ils en ont reçus: développement personnel, souci de l'autre, bonheur, amour et idéal de vie.

Citons l'exemple de Grant. Recruteur dans une université privée, il est marié depuis quarante ans. Grant est un militaire à la retraite âgé de près de soixante ans. Même s'il se tient encore aussi droit que le général Patton, on peut lire sur son visage une douceur chaleureuse. Grant rencontra sa femme à la fin de son adolescence. Il était déjà dans l'armée et, en fait, il avait décidé d'y faire carrière. Il avait également décidé de se marier jeune, cinq mois après avoir rencontré Cindy, sa future femme. Les mariages d'adolescents sont fragiles. Les possibilités de rupture sont beaucoup plus élevées que dans le cas des gens qui s'épousent un peu plus tard dans la vie.

Il n'est donc pas surprenant que l'union de Grant ait connu des moments de tension. Lui et sa femme avaient beaucoup de choses à apprendre et beaucoup d'ajustements à faire à mesure que l'âge les transformait.

Entre autres choses, les fréquents déménagements imposés aux militaires mettent les ménages à rude épreuve. Il y a eu des moments où Cindy me disait qu'elle ne croyait pas pouvoir supporter un déménagement de plus. Se faire des amis pour chaque fois les perdre après quelques années est difficile. Au début, ces tension creusaient un fossé entre nous plutôt que de nous rapprocher. Mais avec le temps nous avons appris à nous aider mutuellement pour passer au travers des difficultés. Nous avons appris comment les affronter en tant que couple, plutôt que de les affronter individuellement et de s'affronter l'un l'autre par surcroît.

Malgré les temps difficiles, Grant considère son mariage comme une relation amoureuse chaleureuse qui a survécu à une quarantaine d'années. La décision de prendre femme fut pour lui un grand tournant.

Cela a changé ma vie. Je suis devenu moins égoïste. J'ai appris comment donner de moi-même. J'ai également appris ce que sont les vrais avantages d'une relation d'amour dans laquelle les partenaires ont le souci l'un de l'autre et s'aident à grandir.

Grant nous a parlé des diverses façons dont le mariage l'a changé.

En tant qu'officier, j'attendais que mes hommes obéissent aux ordres. Pendant un bout de temps, j'attendais la même chose de Cindy. J'attendais qu'elle prenne soin de ma maison et de mes besoins personnels sans poser de questions. Cindy se plaignait de mon comportement de sergent instructeur, mais je n'y faisais guère attention. Un jour que je rentrais à la maison, je l'ai vue qui remplissait une valise. Je lui ai demandé ce qu'elle faisait. Elle a répondu qu'elle me quittait.

J'ai ressenti la même chose que si un de mes hommes me disait carrément qu'il prenait un congé sans permission. Je lui ai ordonné de défaire la valise. Elle a refusé. Il semblait que l'officier avait rencontré son égal. J'ai décidé alors de la traiter comme ma femme plutôt que comme un simple soldat. Je l'ai implorée de parler avec moi de nos problèmes. Elle a accepté et nous avons discuté longuement de mes attitudes et de mon comportement. Elle m'a dit que je devais cesser d'être un officier quand je rentrais à la maison, où je devais devenir un mari. Dans cette union, je devais selon elle donner et non pas seulement prendre. Je devais me préoccuper d'elle autant qu'elle de moi. Cela a été toute une discussion. En conclusion, j'ai promis de faire tout ce que je pouvais pour m'améliorer et elle a défait sa valise.

Surpris et ébranlé par l'ultimatum de sa femme, Grant prit la résolution de changer. Il s'avoua à lui-même, à contrecœur d'abord, qu'il avait été insensible aux besoins de Cindy. Il jura de tout faire pour préserver son mariage. Ce faisant, il devint plus attentif aux autres dans toutes ses relations. En fait, c'est en résolvant ses problèmes avec l'aide de sa femme que Grant devint la personne généreuse qu'il avait toujours cherché à être. Mais son mariage fut un grand tournant d'une autre façon aussi. En plus de les aider à faire face à leurs difficultés de couple, le fait d'affronter les difficultés extérieures ensemble aida Grant à apprécier toute la richesse d'une relation stable.

Au cours d'une de mes affections, nous avons rencontré un autre couple avec qui nous nous sommes liés d'amitié. Ils s'étaient lassés quelque peu de leur mariage et avaient commencé à participer à des échanges de couples. Ils ont tenté de nous convaincre de faire comme eux, mais nous ne mangions pas de ce pain-là. Bientôt, la situation était devenue telle qu'il nous fallait soit nous joindre à eux, soit mettre fin à notre amitié. Cindy avait toujours détesté quitter ses amis ou les perdre. Notre ménage a traversé une crise. Seulement, cette fois-là, la crise ne nous a pas séparés. Elle nous a rapprochés.

Nous avons décidé de mettre fin à cette amitié et de trouver d'autres façons de nous amuser. Chacun de nous s'est efforcé de trouver des moyens de rendre l'autre plus heureux. C'était comme si nous nous courtisions encore une fois: nous essayions de plaire et de nous faire plaisir l'un à l'autre. Nous avons tous deux appris à quel point nous pouvions enrichir notre relation si nous nous étions mutuellement attentifs.

Comme le découvrit Grant, une relation conjugale peut provoquer des changements profonds en nous. La sagesse populaire veut que l'on ne se marie pas dans l'intention de changer de partenaire. Ce n'est que partiellement vrai. Ceux qui croient que le mariage rendra sobre le buveur invétéré ou donnera une conscience sociale à celui qui a tendance à être psychopathe vont faire face à un amer désappointement. Mais il existe dans le mariage un processus d'éducation mutuelle dans lequel chacun des conjoints est à son tour maître et élève. Un homme peut enseigner à sa femme à mieux faire valoir ses idées. Ou une femme peut enseigner à son mari à être plus sensible. Dans les mariages réussis, cela s'accomplit au moyen de petits rappels et par un modelage du comportement. Ainsi, le mariage fait appel à un certain degré de «ré-forme» du conjoint qui est et possible et nécessaire pour que le mariage dure et soit satisfaisant. C'est un des répondants qui nous dit un jour: «Je ne suis pas ce que je devrais être, ni ce que je pourrais être. Mais, grâce à ma femme, je ne suis plus ce que j'étais.» Chacun d'entre nous change avec le temps. Le but de l'éducation mutuelle est d'aider les conjoints à changer de façon que tous deux deviennent des partenaires encore plus compatibles.

Les changements apportés par le mariage peuvent être radicaux. Un homme, marié depuis cinq ans, nous a confié ceci:

> Il serait difficile pour moi de spécifier ce qui a changé dans ma vie, parce qu'il n'y a rien qui n'a pas changé. Du plus simple, comme m'habiller, manger ou dormir, au plus complexe, comme penser, croire et imaginer, rien n'est plus pareil. Je ne suis plus le même. La qualité de ma vie s'est améliorée de façon spectaculaire. Je me sens mieux dans ma peau de bien des façons. Je me sens mieux dans mes relations avec les autres. Je me respecte davantage, je suis en meilleure santé et en meilleure forme. Je tire plus de plaisir de mes loisirs et de mon temps libre. Je vis plus intensément qu'avant. Je pense pouvoir affronter l'adversité avec moins d'angoisse. Dans ma relation de profond partage avec ma femme, je sens que j'ai grandi comme individu et comme être humain.

Que les changements soient multiples ou non, ils ne se font jamais en douceur. Ceux qui considèrent leur mariage comme un grand tournant ne le voient pas comme étant une relation exempte de difficultés. Pour eux, ce n'est pas un long voyage exaltant vers la réalisation de toutes leurs aspirations. Le mariage est pour eux une des expériences les plus importantes de leur vie, une expérience qui, tout compte fait, s'est révélée un facteur crucial de leur développement et de la qualité de leur vie.

Julie, préposée aux prêts dans une société de prêts hypothécaires, est âgée d'une trentaine d'années. Elle est mariée depuis sept ans. Comme ce fut le cas pour Grant, elle courait beaucoup de risques de voir échouer son mariage, mais pour d'autres raisons. Julie grandit dans une famille traditionnelle, où les femmes étaient pour ainsi dire au service des hommes. Elle apprit tôt dans la vie que les femmes devaient être leurs subalternes. Les vingt premières années de sa vie, elle joua le rôle féminin traditionnel. À l'école secondaire, c'était une meneuse et elle faisait partie du club d'économie ménagère. Mais à l'université, on lui fit connaître le sport de l'aviron et elle se joignit à l'équipe féminine de vitesse. Elle devint fière d'être une femme forte, mentalement et physiquement. Elle écouta d'autres étudiantes qui étaient féministes. Pour la première fois, elle se rendit compte des iniquités sociales entre hommes et femmes. Elle résolut de lutter pour les droits de la femme. Ce qui entraînait, entre autres conséquences, qu'elle ne jouerait jamais le rôle traditionnel de la femme dans un mariage.

Les opinions de Julie sur le rôle de la femme créèrent certains problèmes quand elle se maria. «J'étais habituée à faire les choses à ma manière et à mon rythme. Il nous a fallu nous accoutumer l'un à l'autre et analyser ce que le mariage voulait dire pour chacun de nous.»

Julie et son mari continuent de travailler dans ce sens. Aujourd'hui encore, la lutte n'est pas gagnée, mais ils sentent que leur union est forte et satisfaisante. Julie voit une analogie entre le sport de l'aviron et le mariage: les deux mettent en jeu une tâche exigeante et requièrent un engagement sérieux, mais en même temps peuvent donner un sentiment de plénitude et de joie. Julie est tout à fait attentive aux besoins de son mari, mais elle prétend aussi être une femme forte et indépendante. Elle a réussi à préserver son autonomie tout en s'engageant avec enthousiasme dans sa relation conjugale. «Ma vie, dit-elle, semble plus riche et plus stable. L'impact de mon mariage sur ma vie est extraordinaire, difficile à exprimer par des mots.»

Un incident, qui illustre bien les bons et les mauvais côtés du mariage de Julie, se produisit au cours des premiers mois de son union, quand elle et son mari discutaient du partage des tâches domestiques. Ils négocièrent la plupart de celles-ci, vu l'attitude antitraditionnelle de Julie. Son mari se fâcha un jour, parce qu'elle n'avait pas fait sa lessive cette semaine-là.

Je lui ai dit que je n'avais pas eu le temps et demandé, par ailleurs, pourquoi la lessive m'incombait. Il m'a répondu que, dans la plupart des ménages, c'est la femme qui la faisait. Je lui ai rétorqué que je n'étais pas comme la plupart des femmes. Je prendrais soin du gazon et il s'occuperait de la lessive. Je n'aimais pas faire la lessive. Il a crié que j'étais en train de m'entêter comme d'habitude à prouver que je pouvais faire la même chose que n'importe quel homme. Nous avons discuté à haute voix pendant un bon moment. Puis soudainement il s'est tu et m'a regardée.

«Préfères-tu vraiment tondre le gazon plutôt que faire la lessive? m'a-t-il demandé.

— C'est sûr.»

Il m'a ensuite complètement désarmée.

«Si tu me montres comment faire, je m'occuperai dorénavant de la lessive, dit-il.

— Tu es vraiment sérieux?

— Oui, vraiment. Quand je t'ai épousée, je savais que tu n'étais pas une femme ordinaire. Mais il m'arrive de l'oublier et de m'attendre à ce que tu sois comme ma mère. Notre relation compte trop pour moi pour que je me dispute au sujet de la lessive.»

Une trentaine de minutes plus tard, nous avons fait l'amour passionnément. Dans le lit, en réfléchissant à l'incident, je me suis rendu compte à quel point cet homme m'aimait vraiment; à quel point il était attentionné et sensible. Il était disposé à me laisser être moi-même et à poursuivre mes propres objectifs tout en m'aimant. Il ne me forcerait jamais à devenir comme les autres femmes. Je me suis dit que c'était un vrai trésor que j'avais pour mari. Vous voyez comme mon mariage m'enthousiasme.

Les expériences de Julie mettent en évidence le fait que, dans le cas de certains au moins, le mariage contribue à la santé physique et mentale, ainsi qu'au bien-être général. Le mariage exige beaucoup plus des individus que l'amitié, mais ses récompenses sont énormes pour les couples qui réussissent à aplanir leurs différences et à passer outre aux contrariétés tout en entretenant une relation enrichissante. Pour certains, les récompenses sont telles que le mariage constitue un grand tournant dans leur vie.

LES ENFANTS: ENSEIGNER ET APPRENDRE

Comme c'est le cas pour le mariage, le fait d'avoir des enfants n'a pas les mêmes conséquences pour tout le monde. Comme celui de se marier, ce fait exige beaucoup de l'individu. Un père nous a dit ceci:

> Je me souviens d'avoir alterné avec ma femme la charge de nourrir notre troisième enfant la nuit. Et je me souviens d'avoir pensé que je devenais trop vieux pour ce type de chose. J'avais vingt-huit ans à cette époque. Je n'échangerais ma famille pour rien au monde, mais trois enfants, ça suffit. Avoir des enfants requiert une somme d'énergie incroyable de la part des parents.

Pour leurs enfants, les parents sont enseignants, gardiens, éducateurs et amis. Mais ce n'est pas une relation à sens unique. Les enfants peuvent également enseigner à leurs parents. Et il arrive que ces leçons soient si importantes qu'elles constituent des grands tournants dans la vie des parents. La naissance d'un enfant peut contribuer au développement personnel et au bonheur général des parents. Être parents fournit une nouvelle capacité d'aimer, un sens accru des responsabilités et un nouveau but dans la vie.

L'impact d'une naissance sur la vie des parents dépend évidemment du moment où elle se produit. Les grossesses peuvent être accidentelles ou voulues. Il se peut qu'un enfant naisse à un moment inopportun de la carrière d'un des parents. Ce facteur d'opportunité est intéressant à observer dans le cas des hommes divorcés d'âge moyen qui ont déjà des enfants, qui épousent une jeune femme qui n'en a pas et qui fondent une seconde famille. Contrairement au père dont nous avons déjà parlé et qui disait que trois enfants, ça suffisait, un certain nombre de ces pères de secondes familles parlent avec enthousiasme de la naissance.

La première fois, je n'ai pas assisté à la naissance. À l'époque, l'homme faisait les cent pas dans la salle d'attente jusqu'à ce que l'on vienne l'informer que le bébé était né. Cette fois-ci, j'étais là avec ma femme et je l'ai aidée. C'était fantastique. Je n'aurais jamais cru qu'être père à nouveau pourrait me ravir à ce point. Je suis passé à côté de quelque chose à la naissance de mes deux premiers enfants. Cette fois-ci, je suis le partenaire de ma femme. J'ai l'intention de ne rien manquer.

L'expérience de la naissance est en soi un événement inoubliable. Une banquière de cinquante-quatre ans se rappelle la naissance de son premier enfant comme d'un grand tournant dans sa vie. Professionnelle accomplie, elle déclare: «L'expérience la plus exaltante de ma vie a été de voir un nouvel être humain, une partie de moi-même, pour la première fois. Ce moment a été extraordinairement touchant et continue d'être une expérience merveilleuse et gratifiante.» Son fils, maintenant dans la vingtaine, est marié et poursuit une carrière. Sa mère considère encore le moment de cette naissance comme un sommet de sa vie qui continue de l'enrichir.

Il est intéressant de noter qu'un nombre plus grand d'hommes que de femmes ont déclaré que la naissance d'un enfant avait constitué un grand tournant dans leur vie. Par exemple, Khiet, bouddhiste, ingénieur en programmation dans une société d'électronique, a voulu participer pleinement non seulement à la conception du fœtus, mais aussi à son développement. Il se rappelle la naissance de son premier enfant comme s'il y était.

Du moment où on a annoncé que ma femme était enceinte jusqu'à l'accouchement, j'ai souvent examiné dans des ouvrages médicaux les photos qui illustrent le développement du fœtus. Comme j'ai toujours eu l'habitude de me lever tôt le matin, je me levais pour examiner les photos et imaginer à quel stade de son développement notre enfant était arrivé.

Quand le ventre de ma femme est devenu plus gros, j'ai commencé à le tâter et à l'écouter, pour faire l'expérience du développement de mon enfant d'une façon plus personnelle. Durant toute la grossesse, j'ai frotté le ventre de ma femme sept fois, dans un mouvement circulaire, en récitant les sept noms de Bouddha, pour garantir la naissance d'un enfant sain.

Quand vint le temps de l'accouchement, Khiet dut faire face à un obstacle imprévu. Il était censé être autorisé à se trouver dans la salle d'accouchement avec sa femme, mais il reçut l'ordre de s'en aller dans la salle d'attente. Il y resta pendant des heures, rempli d'appréhension. Le médecin arriva enfin et l'informa que le bébé devrait venir au monde par césarienne.

Cela signifiait que je ne pouvais être auprès de ma femme durant la naissance, événement que nous avions planifié et dont nous avions parlé durant toute sa grossesse. J'ai signé les formules de consentement à l'opération. J'ai attendu à l'extérieur de la salle d'opération, en essayant de voir ce qui s'y passait par les petits carreaux de la porte.

L'opération terminée, je me suis rendu devant la salle où l'on avait apporté ma fille. À travers les grandes fenêtres, j'ai observé tous les gestes des médecins qui préparaient ma fille à la vie. Les larmes aux yeux, j'ai compté ses orteils et ses doigts et j'ai vérifié si cette enfant avait bien tout ce qu'elle devait, et au bon endroit.

Deux ans plus tard, Khiet eut un fils. Les deux enfants sont maintenant adolescents. Khiet parle d'eux avec beaucoup d'amour.

Ma fille s'est transformée en une charmante jeune femme et en une amie proche. Son développement et sa croissance sont un souci constant pour moi et le seront toute ma vie. Mon fils est pour moi une source infinie de joie. Mes deux enfants ont changé ma vie, en ce qu'ils m'ont permis d'assumer la responsabilité paternelle de prendre soin d'eux et de les élever pour qu'ils deviennent deux êtres indépendants.

Il est évident que les enfants de Khiet lui ont donné une raison de vivre. Pour beaucoup de parents, l'arrivée d'enfants les force à redéfinir leurs buts dans la vie. En vérité, la naissance d'un enfant peut révolutionner tous les aspects de la vie. Richard, architecte, gagne sa vie grâce à son esprit créatif. Quand on lui demanda d'identifier un grand tournant dans sa vie, son visage généralement sérieux s'ouvrit en un large sourire. Il évoqua le geste le plus créatif de sa vie: avoir conçu son fils. Cette naissance, qui se produisit il y a une trentaine d'années, transforma totalement la vie de Richard.

Certains des changements étaient effectivement ceux auxquels nous nous attendions, comme changer les couches. Je ne m'étais jamais attendu à ce que tout notre style de vie change. Nous ne pouvions plus sortir sur un coup de tête. Je commençais ma carrière et je n'avais pas les moyens de payer une gardienne et un repas au restaurant.

Mais il y a plus. Moi, j'ai changé. Je suis devenu conscient du fait que j'étais mortel. J'ai pris conscience de ce qu'un jour je mourrais, mais que mon fils serait encore là. Et cette pensée me dérangeait. Pas parce que j'allais mourir, mais parce que mon fils et moi allions être séparés. L'effet le plus profond de l'arrivée de mon fils a été de me donner une nouvelle valeur ainsi que la responsabilité de la vie à la création de laquelle j'avais participé. Mon fils m'a donné un idéal plus noble et une nouvelle voie à suivre.

Une naissance peut également forcer bon nombre de gens à faire face à des questions plus vastes. Ils les résolvent et en ressortent changés. Transportés par l'exaltation de voir naître un enfant, ils se trouvent tout à coup pris dans l'enchevêtrement de leur propre vision du monde. Ils repensent et retravaillent leur philosophie de la vie, et se retrouvent dans une voie légèrement différente de celle qu'ils avaient suivie.

Prenons le cas de Michelle, une avocate séduisante et géniale. Michelle s'est lancée dans les tâches domestiques tôt dans la vie, mais tard dans sa carrière. Elle se maria adolescente. Elle entra finalement au collège à l'âge de trente ans, obtint son diplôme, puis s'inscrivit à la faculté de droit.

Les premières années de son mariage, Michelle joua le rôle traditionnel de la femme. Pendant que son mari travaillait, elle restait à la maison et portait des enfants: trois en trois ans. Les enfants furent pour Michelle de grands tournants dans sa vie, mais d'une autre façon que pour Richard ou Khiet.

J'étais inexpérimentée. Je n'avais jamais vu un nouveau-né avant de voir le mien à l'hôpital. Cela m'a forcée à m'adapter à une nouvelle réalité. Cela a été une partie difficile de ma vie. J'ai été obligée de mûrir rapidement pour prendre soin de mes enfants. Je me suis rendu compte que je devais me sentir moi-même plus en sécurité, si je voulais être assez solide pour prendre soin de mes enfants.

J'ai survécu. Et j'ai appris. J'ai acquis une quantité impressionnante de connaissances qu'autrement je n'aurais pas eues. Je sens que j'ai plus d'empathie pour les autres — cela m'aide avec mes clients — et une meilleure compréhension de moi-même. Je suis à même de déclarer à mes deux filles avec assurance qu'elles peuvent arriver à tout ce qu'elles veulent, à condition d'y travailler.

L'ANGE SALVATEUR

Il existe des relations qui contribuent énormément à notre bien-être, même si elles ne sont pas intimes. Il peut s'agir d'un étranger, d'une connaissance ou de quelqu'un comme un professeur ou un mentor avec qui nous entretenons des relations plus ou moins formelles et qui se révèle être un ange salvateur dans notre vie. C'est-à-dire que la rencontre avec cette personne nous transforme.

Nous avons parlé précédemment du géant du base-ball Roy Campanella, victime de paralysie, et de sa lutte. Un des souvenirs les plus vivaces qu'il ait gardés des premières années suivant son accident est celui d'une rencontre avec une vieille femme en Floride. Campanella était assis dans son fauteuil roulant, sur un terrain de base-ball, quand il aperçut une vieille femme infirme qui gravissait tant bien que mal une rampe d'acier. La femme portait des supports aux deux jambes. S'appuyant sur une béquille, elle monta de peine et de misère et arriva près de Campanella. Haletant après de si durs efforts, elle le regarda un moment, puis prit sa main impuissante dans la sienne. D'une voix usée par les souffrances et par l'âge, elle le remercia de lui avoir donné le courage de continuer de vivre.

Elle avait été patiente au même hôpital new-yorkais que lui. Une attaque d'apoplexie avait paralysé un côté entier de son corps. Elle avait perdu la volonté de vivre. Mais les médecins de l'hôpital lui avaient parlé de Campanella comme d'un exemple de courage et de confiance face à l'adversité. L'histoire de Roy Campanella l'avait inspirée au point qu'elle avait décidé de déployer tous ses efforts pour vivre. Et elle avait fait le voyage de plus de 1500 km pour le rencontrer et le remercier de vive voix. Cette étrangère était un ange salvateur, qui lui rendait une partie du courage et de l'inspiration qu'il lui avait inspirés.

Pour Jeb Magruder, un des hommes qui furent condamnés dans le scandale du Watergate, l'ange fut Willia Sloane Coffin, qui écrivit un article dans le *New York Times* sur le «dilemme moral» de Magruder. L'article était loin d'être flatteur, mais témoignait d'une certaine sympathie de la part de son auteur. Magruder appela Coffin pour le remercier. Coffin réagit en l'invitant à dîner, lui et sa femme, chez lui. Au cours du dîner, Coffin conseilla à Magruder de voir sa situation comme étant l'occasion rêvée de retravailler sa structure morale, ajoutant qu'il pouvait, à la suite de cette expérience, soit se développer, soit se faire détruire par elle. Magruder avait le choix. Coffin fut un soutien important, à un moment où la plupart des gens ne s'occupaient que de punir Magruder.

Bien que l'aide puisse provenir d'un étranger, il est plus probable qu'elle provienne d'une connaissance ou d'un ami. Certains ont la bonne fortune de connaître un grand tournant par l'intermédiaire d'un mentor. Une agente littéraire nous a fait remarquer qu'elle continue de recevoir des conseils d'un vieil agent qui l'a aidée à éviter certaines des embûches du métier, au début de sa carrière. Un professeur nous a raconté comment un de ses enseignants l'avait guidé dans une dissertation et, par la suite, lui avait obtenu son premier poste dans l'enseignement. Un joueur de football professionnel nous a parlé d'un entraîneur à l'université qui assiste encore à ses matches et l'appelle ensuite pour l'encourager et pour l'aider de ses observations. Les gens qui réussissent — dans quelque domaine que ce soit — ont souvent eu des mentors qui les ont orientés vers une carrière et guidés durant les premières années. Cette relation a pu être si cruciale pour leur réussite qu'ils la considèrent comme étant un grand tournant de leur vie.

Pour beaucoup, un enseignant ou un conseiller scolaire est l'ange qui les remet sur une autre voie dans la vie. Laura, directrice des ventes dans une société de produits pharmaceutiques, approche maintenant la quarantaine. Elle témoigne d'une présence et d'un dynamisme dont elle devait sûrement manquer à l'époque de son grand tournant. Celui-ci se produisit en deuxième année de secondaire, au moment où un conseiller d'orientation opiniâtre refusa de lui laisser prendre sa propre décision, décision que soutenaient sa mère et ses amis. Le conseiller insistait; selon lui, tout le monde, y compris Laura, avait tort. L'incident commença quand il demanda à Laura de venir à son bureau.

Son ton et son attitude extrêmement sérieux ont semé la confusion chez moi. C'était la première fois qu'on me demandait de me rendre au centre d'orientation. J'étais au supplice quand il a abordé le sujet de mes projets. Je n'en avais aucun, à part celui d'obtenir mon diplôme et d'entrer sur le marché du travail comme tous mes amis projetaient de faire.

Le conseiller de Laura, toutefois, était d'un autre avis. Il prenait son travail au sérieux et était résolu à pousser ses étudiants au maximum de leur capacité.

Il m'a ouvert les yeux. Il a insisté pour que je projette d'aller à l'université. Il ne m'a pas laissée sortir de son bureau avant que je ne mette au point avec lui un horaire complet de cours préparatoires. Le fait que je devrais subvenir à mes besoins et le refus de ma mère de me voir aller à l'université — elle considérait ça comme une perte de temps — n'avaient aucune importance à ses yeux.

«Laura, m'a-t-il dit, je suis marié, j'ai une femme et cinq enfants à charge, et j'ai travaillé tout en fréquentant l'université. Alors, ne me dis. pas que c'est impossible. Tu as besoin d'aller à l'université, c'est tout. Les résultats de tes tests montrent que tu as le potentiel requis. Si tu ne le réalises pas, tu te prives et tu prives la société de beaucoup.»

Cette entrevue m'a beaucoup surprise. Dans chaque matière, mes notes et mon rendement n'étaient, dans mon esprit d'adolescente, que le reflet de la personnalité du professeur concerné. S'il présentait sa matière de façon intéressante et compréhensible, je réussissais à merveille. S'il était ennuyeux ou confus, mon rendement était moyen. Ma mère ne m'a jamais pressée d'étudier non plus. Elle détestait les devoirs et ne m'aidait jamais à régler mes problèmes. Tout compte fait, j'étais une étudiante très moyenne.

Le conseiller d'orientation a changé ma vie en moins de deux heures. Il m'a ouvert une nouvelle voie que je n'aurais autrement jamais même envisagé de prendre. Mes amis intimes n'avaient pas l'intention d'aller à l'université, et ma mère ne m'a jamais encouragée à y aller non plus. En fait, quand j'ai commencé à étudier sérieusement, je me suis aliéné mère et amis. Ma mère m'a été hostile pendant un certain temps et mes amis se sont moqués de ce que je faisais. Je pense qu'ils se sentaient menacés par la nouvelle moi, toute studieuse. Ils pensaient que je m'éloignais d'eux.

Aiguillonnée par le conseiller d'orientation, Laura termina ses cours préparatoires, entra à l'université où elle obtint un diplôme en biologie, puis une maîtrise en administration. Elle est heureuse d'avoir suivi le chemin indiqué par le conseiller. «Il m'est difficile d'imaginer ce que la vie serait sans éducation. L'éducation me permet d'avoir une compréhension beaucoup plus profonde de la vie, des problèmes et des événements quotidiens. Je me sens beaucoup plus en sécurité et beaucoup plus heureuse que mes anciens amis.»

Laura a travaillé dans la vente pendant de nombreuses années, mais maintenant elle retourne à l'université pour obtenir son doctorat en administration. Elle pense subir encore aujourd'hui l'influence de son conseiller: «Je ne sais pas comment, mais il a touché mon âme, allumé en moi une flamme qui refuse de s'éteindre. Une petite voix me rappelle que mon éducation n'est pas encore terminée. Cette voix serait-elle celle de mon ancien conseiller?»

Nous avons entendu raconter un certain nombre de cas semblables d'encouragement et de soutien de la part de conseillers ou d'enseignants. Ces gens occupent une position de grande influence, c'est sûr. Les étudiants ont tendance à les considérer comme des représentants de l'autorité capables de sains jugements. Si un étudiant s'entend dire par un conseiller ou par un enseignant qu'il a du potentiel, il est probable qu'il acquerra une plus grande confiance en lui-même. Janet, rédactrice dans un magazine, nous a raconté que, quand elle était en première année de secondaire, son professeur lui avait fait un cadeau inestimable: celui d'apprécier ses capacités. Le professeur avait un jour vu Janet lire un roman et avait discuté avec elle de son intérêt pour la lecture.

> Je lui ai dit que j'aimais la lecture plus que tout au monde. Il m'a dit que lire était important pour plusieurs raisons, y compris pour l'écriture. Je n'avais jamais envisagé d'écrire auparavant, mais il s'est dit fort impressionné par certaines de mes dissertations. Il m'a dit que je devrais essayer d'écrire quelques nouvelles.
>
> J'en ai écrit une le week-end suivant que je lui ai montrée. Il en a fait la critique et m'a pressée d'en écrire d'autres. Le reste de l'année, j'ai écrit des nouvelles, je les lui ai apportées et les ai remaniées sous sa direction. Grâce à lui, j'ai commencé à me sentir unique, à sentir que j'avais un talent unique. Ma confiance en moi s'est renforcée. J'ai toujours conservé précieusement ce sentiment d'être unique qu'il m'a insufflé.

Ce n'est pas toujours l'étudiant au potentiel le plus évident que les enseignants encouragent. Certains de ceux-ci sont capables de voir à travers l'apathie, la résistance, même à travers l'hostilité de l'adolescence, et de transformer une vie. Travis, agent d'assurances, est âgé d'une trentaine d'années. Tout dans sa vie, à une exception près, laisse entendre qu'il n'aurait pas dû réussir. L'exception: un professeur d'anglais au secondaire.

Travis grandit dans un milieu ouvrier du Midwest. Son père travaillait dans une aciérie. Ses parents avaient tous deux abandonné l'école après leur première année de secondaire. Travis était le troisième garçon de la famille. À sa naissance, ses frères étaient déjà âgés de dix et de treize ans. Au moment où Travis atteignit l'âge de cinq ans, le plus âgé de ses frères avait déjà quitté l'école, s'était marié et s'était enrôlé dans l'armée. Deux ans plus tard, l'autre frère fit de même. Durant les cinq années qui suivirent, il sembla que Travis allait suivre le même chemin.

Mes notes étaient très médiocres et mon attitude envers l'éducation, méprisante. Bien sûr, quand j'y repense, je vois très bien d'où mes difficultés scolaires provenaient. L'éducation n'avait jamais été considérée dans ma famille comme valable. En fait, mes frères me disaient que leur seul regret était de ne pas avoir quitté l'école plus tôt. Et pourquoi pas? Tous deux possédaient une voiture, gagnaient bien leur vie comme mécaniciens — métier appris dans l'armée —, et avaient fondé leur propre famille. Tout cela avant même d'avoir atteint l'âge de vingt et un ans.

La recette du bonheur était là devant moi, illustrée par mes frères. Tout ce qu'il me restait à faire, c'était d'endurer l'école jusqu'à dix-sept ans, âge auquel je n'aurais plus besoin du consentement de mes parents pour m'enrôler. Si les six années d'école qui me restaient paraissaient insurmontables, je me consolais à la pensée que je n'aurais aucune énergie à consacrer à mon travail scolaire. Comme conséquence de cette attitude, je suis devenu un «cas» de discipline en classe. Je suis convaincu qu'il arrive encore à certains de mes anciens enseignants de prononcer mon nom en vain. Les seules limites à mon comportement étaient celles qui, à mon avis, n'allaient pas plus loin que celles que mon père pouvait accepter. De temps à autre, je me trompais dans mes calculs, et mon père devait redéfinir ses limites du revers de la main.

Toutefois, le monde de Travis s'écroula en moins d'un an. Il rentra de l'école un jour pour apprendre que son père avait eu une crise cardiaque. Sa mère le rassura en lui disant que les médecins gardaient bon espoir de le sauver. Mais plus tard ce soir-là, l'hôpital appela sa mère pour l'informer de la mort du père. Les jours qui suivirent furent lourds de peine et d'appréhension.

L'assurance-vie de mon père ne représentait pas grand-chose, ce qui allait tout changer dans la vie de ma mère et dans la mienne. Ma mère devrait travailler et j'allais devoir me passer de bien des choses. En plus des changements émotionnels que j'ai subis à ce moment-là, la mort de mon père signifiait aussi qu'il n'y avait plus de frein à mon comportement. Celui-ci a empiré progressivement, ce qui a occasionné de nombreuses mesures disciplinaires à l'école, ainsi que quelques démêlés avec la justice.

À quatorze ans, ma première année de secondaire, un autre événement s'est produit qui allait changer totalement le cours de ma vie. Par hasard, j'ai eu Fred Langley comme professeur d'anglais. J'ai tout de suite remarqué qu'il était différent de tous les autres enseignants que j'avais eus auparavant. Il m'a accepté sans condition, même avec une certaine conviction du potentiel émotionnel et intellectuel qu'il croyait que je possédais. Il a mis mon esprit au défi avec des problèmes, pas seulement des faits. Il m'a forcé à penser, d'abord en suscitant mon intérêt, puis en gagnant ma confiance. Plus important encore, il m'a consacré de son temps.

Bien sûr, ma perspective et mon comportement n'ont pas changé du jour au lendemain. Il m'est impossible de préciser le moment où j'ai commencé à me réévaluer et à établir de nouveaux objectifs. Mais j'ai eu la chance de suivre ses cours pendant deux ans, ce qui m'a donné amplement le temps de changer.

Fred Langley aida Travis de deux façons importantes. La première fut de l'accepter sans condition comme il était. La deuxième, de renforcer chaque effort consenti par Travis dans son travail scolaire.

Comme résultat de cette acceptation totale et de ce renforcement systématique, j'ai commencé à considérer comme possibles certaines options... Je suis persuadé que, sans cette expérience, j'aurais poursuivi le même chemin que mon père et que mes frères.

Le cas de Travis, comme les autres cas dont nous avons traité, témoigne de l'importance des relations humaines pour notre développement et notre bien-être. L'application pratique est évidente: nous devons cultiver de bonnes relations et considérer chaque personne que nous rencontrons comme une occasion de grandir. Cela ne signifie évidemment pas que nous devions bassement exploiter les autres pour nos propres fins. Ce n'est pas le fait des gens en plein développement. La notion de relation sous-entend que l'on doit donner en plus de recevoir. Il arrive qu'un étranger soit notre ange salvateur, comme il peut arriver que nous le soyons pour un autre. Dans un cas comme dans l'autre, nous nous développons. Chaque relation, chaque rencontre devient une occasion de développement mutuel.

Les relations qui font mal

Quand Bjorn Borg était l'un des joueurs de tennis les mieux cotés du monde, son sang-froid était légendaire. Contrairement à la plupart de ses adversaires, il n'a jamais explosé pour contester une décision. Il apprit à se contrôler à la suite d'une expérience humiliante qu'il connut à l'âge de douze ans. À ce moment-là, il faisait régulièrement sa petite crise sur le court. Ses parents étaient si honteux de son comportement qu'ils refusaient d'assister à ses matches. L'Association de tennis de Suède lui imposa une suspension de six mois. Le public commença à l'appeler l'«enfant gâté» du tennis suédois. Il fut si humilié par cette expérience qu'il résolut de ne plus jamais mal se comporter en public. Par la suite, il réussit admirablement bien.

Il est difficile de faire face à l'humiliation de voir nos parents avoir honte de notre comportement. Il est difficile de voir ceux dont nous souhaitons le respect et l'amitié nous traiter d'enfants gâtés. L'expérience de Borg illustre bien le fait que les relations interpersonnelles sont des armes à deux tranchants. Quand elles vont bien, elles vous aident à trancher les liens qui vous empêchent de vous développer. Quand elles vont mal, elles peuvent être d'amères et douloureuses expériences. Les relations qui font mal vont de celles qui humilient, en passant par celles qui sont rompues contre notre volonté, jusqu'à celles qui dégénèrent en violence. Certaines personnes restent traumatisées toute leur vie à cause de telles relations. D'autres sont capables de transformer la plus douloureuse des relations en grand tournant positif.

QUAND LA RELATION DÉÇOIT

À dix-neuf ans, Jennifer ressemblait à la jeune femme typique des années soixante: longs cheveux raides, jeans éternels, et attitude désinvolte envers la vie. Elle rencontra un homme qu'elle trouvait séduisant, Jonathan, agent de voyages. Il avait un bon sens de l'humour et avait voyagé aux quatre coins du monde. Pendant une année, ils entretinrent une amitié profonde. Puis l'amitié se transforma en relation romantique. Elle se souvient que leur romance commença un vendredi treize. Elle n'y avait jamais pensé à l'époque, mais plus tard elle allait se souvenir de la date et y voir le présage de ce qui allait suivre. Durant l'année suivante, l'amour de Jennifer pour Jonathan fut tour à tour alimenté et repoussé.

> Je ne savais pas sur quel pied danser. Il y avait des moment où nous partagions nos pensées et aspirations les plus intimes, et je me sentais plus près de lui que je ne l'avais été avec qui que ce soit. Tous les murs, tous les obstacles qui séparent généralement les gens semblaient disparaître et notre intimité était totale. Pourtant, chaque fois que cela se produisait, il s'éloignait de moi. Je le sentais. Il se refermait comme une huître; il ne réagissait pas quand j'essayais de lui faire part de ce que je ressentais.
>
> C'était difficile à vivre. En fait, une fois, après une soirée particulièrement charmante passée en sa compagnie, il ne m'a pas appelée pendant une semaine. Je n'y comprenais rien. Je savais que quelque chose n'allait pas dans notre relation. Il était évident qu'il se sentait mal à l'aise dans notre nouvelle intimité. Peut-être étais-je trop collante. Ou peut-être que je commençais à l'ennuyer au bout d'un certain temps. Je ne sais pas. À un moment donné, j'ai décidé de le quitter. Mais je n'ai pas pu. Par la suite, lui m'a quittée pour une autre femme. Peu de temps après, j'ai rencontré l'homme que j'allais épouser.

Cette histoire n'est certes pas celle du chemin tortueux des fréquentations qui finit par se terminer, une fois trouvé le bon parti, dans un bonheur éternel. Non. Cinq ans se sont écoulés depuis que

Jennifer a perdu son Jonathan. Elle aime son mari et est heureuse en ménage. Mais il reste en son cœur une trace d'amertume.

Je n'aime pas l'avouer, mais je sais que je ne suis pas encore tout à fait libérée de cette relation passée. Je n'ai pas vu Jonathan depuis des années. Quand il m'a quittée, je ne m'étais, ni ne me suis depuis, jamais sentie si près de la folie. J'ai perdu un ami et un amant, et je ne sais pas encore vraiment pourquoi. Cela m'a rendue méfiante à l'endroit des gens, surtout des hommes. Maintenant, j'apprécie les gens dont l'attitude avec moi n'est pas contradictoire.

Le grand tournant de Jennifer a laissé en elle des traces d'amertume et de méfiance. Son histoire représente plus que la simple expérience d'une personne. Elle est une parabole des relations qui font mal. Nous espérons trouver dans une relation comme celle qu'a connue Jennifer un soutien, pour nous apercevoir ensuite qu'elle nous a trahis. Nous espérions qu'elle enrichirait notre vie, mais elle ne nous apporte que de la douleur. Dès lors, on voit bien pourquoi ces expériences qui font mal sont particulièrement difficiles à comprendre. Ce n'est pas simplement que la relation ne satisfait pas nos attentes. C'est plutôt qu'elle nous donne exactement le contraire de ce que nous croyions en recevoir.

Les relations dans lesquelles une des parties est mal traitée illustrent parfaitement ce processus. Il y a cependant divers types de mauvais traitements. Nombreux sont ceux qui endurent les mauvais traitements psychologiques de leur patron, comme le prouve la popularité de la chanson américaine *Take This Job and Shove It*. Shawn est un géophysicien qui travaille pour une grande société pétrolière dans le Sud-Ouest. Grand, mince et bronzé, il a tout l'air d'un homme qui sait prendre une situation en main. Pourtant, depuis quelques années, il a enduré un patron qui le traitait mal. Il travaillait pour un homme qui était toujours d'humeur égale: exécrable.

Le patron de Shawn étaient de ceux qui croient que gérer du personnel, c'est le sermonner pour un oui ou pour un non. Il humiliait ses employés, les harcelait et les pressait de respecter les échéances qu'il avait établies.

J'ai découvert plus tard qu'il établissait des échéances des semaines en avance sur celles qu'exigeait la direction supérieure.
Il nous imposait donc des échéances quasi impossibles. Il gro-
gnait et criait qu'il fallait terminer tel ou tel travail à la date
dite. Puis il s'attribuait tout le mérite de nos efforts aux yeux
de la direction. Les grands patrons ne savaient pas à quel point
nous étions tous malheureux.

Le patron de Shawn réagissait violemment à toute erreur, même
celles qui étaient sans conséquence. Il se mettait en colère et humiliait l'employé devant tous les autres. Shawn décida d'agir.

Je suis allé le voir un jour et lui ai dit carrément que nous
étions mécontents. Il a eu l'air surpris. J'ai essayé de faire
preuve de diplomatie, aussi lui ai-je dit que nous appréciions ses
efforts pour obtenir un travail de première qualité avec une efficacité maximum, mais que les gens ont besoin d'être flattés
aussi, pas seulement aiguillonnés. Je lui ai dit que nous avions
besoin de nous entendre dire que nous faisions du bon travail et
j'ai ajouté que nous espérions qu'il comprendrait que nous re-
grettions comme lui les erreurs et les délais. Nous aussi étions
des professionnels. Nous désirions autant que lui que notre service soit de première qualité.

J'ai été surpris de constater qu'il semblait comprendre ce
que je lui avais dit. Il a laissé entendre qu'il y penserait. Je suis
sorti de son bureau en pensant que je l'avais convaincu, que
j'avais converti cet enfant de p... avec mes arguments brillants
et diplomatiques. Trois heures plus tard, il est sorti de son bureau comme un ours et s'est mis à crier à un de mes collègues
qu'un rapport était en retard. Je l'ai dévisagé. C'était comme si
je ne lui avais rien dit.

C'est à ce moment que Shawn prit la décision qui allait changer
sa vie. Il jura qu'il ne travaillerait pas pour un homme qui traite
ainsi les autres. Il suivit son patron jusque dans son bureau et lui
fit face une seconde fois. Contrairement à la première discussion,
cette fois-ci l'échange tourna vraiment à la dispute.

Je n'avais plus le choix. Je suis allé voir un des vice-présidents et je lui ai dit que je démissionnais. C'est lui qui m'avait embauché et il appréciait mon travail. Je savais quel choc ma décision aurait sur lui. Il m'a demandé des explications et je lui ai dressé une longue liste de griefs. Le résultat de tout cela a été qu'en moins de deux semaines mon patron était parti; on m'offrait son poste. Je me suis senti coupable, mais mes collègues ont allégé mon sentiment de culpabilité en me disant à quel point ils m'étaient reconnaissants d'avoir agi ainsi.

Cet incident fut un grand tournant dans la vie de Shawn, pas seulement parce qu'il s'était tiré d'une situation opprimante et qu'il avait progressé dans la compagnie, mais aussi parce qu'il avait appris à adopter une approche différente de la vie.

Je ne serai plus jamais le paillasson de personne. Quand je pense que j'ai travaillé quatre ans pour ce type... Je suis maintenant disposé à faire ce que je n'avais même jamais envisagé dans le passé: prendre la situation en main pour la changer quand des gens sont mal traités.

En plus des abus pareils à ceux que Shawn a dû endurer, il existe aussi des abus d'ordre physique dans certaines relations. Il est difficile de savoir jusqu'à quel point c'est le cas. Une enquête faite aux États-Unis sur le crime a mis au jour 3,8 millions d'incidents violents entre intimes (parents, amis, voisins ou collègues de travail) sur une période de quatre ans. Les riches comme les pauvres font l'expérience de la violence. Environ 40 p. 100 des incidents ont abouti à des blessures. On estime également qu'environ 4 p. 100 des personnes âgées de ce pays sont soumises à de mauvais traitements physiques ou à des insultes, ou au deux, qu'au moins 16 p. 100 des gens mariés commettent un acte violent chaque année contre leur conjoint, et qu'environ la moitié des parents recourent à la violence physique contre leurs enfants.

Même durant les fréquentations entre amoureux, cette période que l'on voit normalement comme étant empreinte de douceur et d'attention mutuelle n'est pas toujours exempte de mauvais traitements. Dans un échantillonnage de célibataires, plus de 60 p. 100

des répondants ont rapporté avoir infligé ou subi des mauvais traitements durant les fréquentations, ou s'être comportés de façon agressive. D'après une étude portant sur les étudiants de niveau secondaire, 12 p. 100 avouent avoir subi ou fait subir des mauvais traitements au cours d'une relation hétérosexuelle (poussées, gifles, coups de pied, morsures, coups de poing, bousculades).

Certains trouvent difficile de se rétablir après avoir fait l'expérience de tels traitements. Marie, jeune programmatrice, travaille pour une compagnie aérienne. La première fois qu'on la rencontre, il est à peine imaginable qu'elle ait été maltraitée: elle est jolie et joyeuse. Mais on remarque vite la lueur de méfiance qui traverse son regard. Les premiers mauvais traitements qu'elle dut subir furent ceux que son père lui infligea quand elle était enfant. Comme conséquence, elle se sentit mal aimée et rejetée. Délibérément ou non, il la maltraita physiquement et mentalement. À l'âge de vingt ans, Marie se fit maltraiter de nouveau, cette fois par les hommes. Cette fois-là, il s'agissait de traitements vraiment brutaux.

> Mon ami a commencé à me battre en public. Il croyait que je l'avais insulté. J'étais abasourdie, je ne me suis pas défendue. Finalement, un autre homme est intervenu et l'a arrêté. Aucun bleu, rien de cassé. Mais j'étais bouleversée.
>
> J'ai envisagé de porter des accusations, mais sans preuves physiques et sans personne pour témoigner, j'ai laissé tomber. J'ai appelé certains services d'aide, mais n'ai rien reçu d'eux. J'étais vraiment ébranlée. Même s'il me maltraitait, la stabilité de la relation que nous avions eue me manquait. Je me sentais seule. J'ai failli retourner vers lui.

Par la suite, Marie recommença à fréquenter des hommes. Elle sortit avec quelqu'un qui l'aimait beaucoup, mais il la menaça d'un revolver et elle dut rompre avec lui.

> Il allait me tirer dessus. Je lui ai dit que s'il voulait tant me voir morte, il n'avait qu'à tirer et à me tuer. Il s'est alors mis à pleurer. Ensuite il a commencé à me battre. Il s'est cassé un doigt dans cette bataille. Je n'ai pas porté plainte contre lui.

Mais j'ai décidé d'aller voir un conseiller pour trouver ce qui n'allait pas.

Marie croit qu'elle sait maintenant des choses qui vont l'aider à éviter les relations accompagnées de mauvais traitements. Elle se rend compte qu'elle a passé toute sa vie à tenter de se faire accepter par les hommes, ce qu'elle n'avait jamais réussi avec son père. En même temps, elle s'est toujours organisée pour qu'on la rejette, répétant ainsi le modèle de sa relation avec son père. Après plusieurs années de thérapie, elle pense pouvoir maintenant faire face à son problème.

Maintenant, je demande à l'homme que je fréquente s'il a déjà battu une femme, ou s'il le ferait. À sa réaction, je peux le savoir. Et je lui explique le motif de ma question. Je garde encore des cicatrices. Par ailleurs, je commence à me sentir plus directe dans mes relations et à faire connaître mes besoins et mes sentiments à l'autre.

Marie a pris une autre mesure pour se protéger. Elle n'a entretenu aucune relation durable depuis ses expériences malheureuses. Elle ne s'engage jamais profondément avec un homme. Elle se consacre plutôt à sa carrière et à son développement personnel. Elle avoue avoir tendance à «castrer» les hommes en faisant constamment des plaisanteries sur le fait qu'ils «ne sont bons qu'à une chose». C'est précisément cette «chose» qu'elle a choisi d'éviter le plus possible, préférant rester chaste pendant de longues périodes, pour cultiver ses propres forces. L'histoire de Marie n'est pas terminée. Elle reconnaît ne pas avoir encore réussi à mettre au point un bon mode de rapports avec les hommes; elle admet qu'il lui reste du travail à faire sur cet aspect de sa vie personnelle.

L'une des formes les plus insidieuses de mauvais traitement, c'est l'inceste. Il se pourrait que jusqu'à une femme sur cinq, âgée de moins de dix-huit ans, soit victime d'inceste. L'expérience est particulièrement douloureuse quand l'agresseur est le père de la victime, la personne qui est censée la protéger et la soutenir. Pour bon nombre de victimes, il est même difficile de discuter de l'affaire sans que des émotions intenses s'emparent d'elles. C'est le cas de

Becky, rédactrice de publications industrielles. Becky se dit «accablée d'émotions» quand elle parle de son enfance.

Quels souvenirs peuvent, peut-être, expliquer ce grand tournant? L'atmosphère était toujours tendue à la maison. De violentes disputes éclataient entre mes parents et cela me terrifiait. Même maintenant, je reste pétrifiée quand quelqu'un élève la voix. Je ne connaissais personne qui aurait pu tenir tête à mon père. Se disputer était peut-être un mode de vie pour lui, comme ça l'avait été, je le sais, pour ses parents. Ma mère encaissait le plus gros de sa colère et j'étais très protectrice envers elle.

Je n'ai jamais vu mes parents résoudre une discussion. Pour autant que je sache, les disputes se terminaient soit quand ma mère quittait la maison, soit quand je devenais hystérique. Plus tard, il me semble, c'est ma mère qui a commencé à crier après nous les enfants. Mais à un moment donné elle est partie à l'hôpital et, quand elle en est revenue, elle était plus calme. Je pense que l'inceste a commencé avant son départ pour l'hôpital, mais je ne me souviens pas bien. Je crois que j'avais onze ans à cette époque.

D'aucuns ont laissé entendre que l'inceste est dû à la volonté de séduction de l'enfant. Des études récentes indiquent que c'est rarement, sinon jamais, le cas. Becky se rappelle que les pratiques incestueuses dont elle a été victime ont débuté alors qu'elle était l'innocence même.

Le sexe, à cet âge, n'était même pas un sujet de plaisanteries dans mon cercle d'amies. Je n'y pensais que rarement. Je ne voyais pas l'inceste comme un geste sexuel, mais comme un moyen de garder la famille unie. Je sais maintenant à quel point, à cette époque, je me sentais responsable des sentiments et du bien-être de mes parents. Je voulais désespérément que l'harmonie règne dans ma famille, et tout autre besoin passait au deuxième plan. Sauf dans les temps de crise, quand je perdais le contrôle de mes émotions.

Quand mon père voulait se servir de moi pour assouvir ses besoins sexuels, je demeurais passive. Sans dévoiler mon secret, j'ai pu apprendre que les autres pères ne se comportaient pas de la sorte avec leurs filles. Mais je n'ai jamais pensé que je pouvais faire quelque chose pour mettre fin à cette situation, parce que mon père *voulait* me traiter de cette façon. En fait, quand il m'a demandé si je voulais qu'il revienne dans ma chambre, sans hésiter j'ai répondu non. Mais je n'ai pas été surprise du tout quand il est revenu... Le fait qu'il voulait que ma mère ignore ces relations incestueuses voulait dire pour moi qu'elle souffrirait si elle le savait. Aussi, je ne le lui ai pas dit. Je me considérais comme un tampon entre mes parents et comme la protectrice de mes frères et sœurs, ainsi que de ma mère, quand mon père lui faisait du mal. Et je ne pouvais pas imaginer de me comporter autrement.

Pourquoi Becky ne pouvait-elle pas imaginer de se comporter autrement? Pourquoi n'envisageait-elle pas une solution de rechange? Pour elle, le choix était clair et inévitable.

Considérer d'autres possibilités présuppose que j'aurais été disposée à mettre en danger toute la structure familiale pour me créer un meilleur monde que, de toute façon, je ne pouvais imaginer. La seule issue était donc de maintenir l'équilibre délicat qui existait. Au moins, c'était un monde que je connaissais. J'avais le contrôle de moi-même qui me permettait de réussir à maintenir tout ça, ce qu'à l'époque je croyais être de la bonne fortune, mais qui maintenant me paraît une honte.

On pourrait croire que j'avais le pouvoir de maintenir ou de briser la cellule familiale. Ce n'est pas le cas; enfant, je n'ai jamais senti que j'avais quelque pouvoir que ce soit pour orienter mon propre destin. Pourtant, je sentais l'importance de mon rôle dans l'équilibre familial et je l'acceptais, comme si c'était le rôle dévolu à une aînée.

L'intensité de la douleur de Becky est quelque peu masquée par l'aspect quasi clinique de la description de sa situation. Il faut prêter attention toutefois au choix de ses mots, au fait qu'elle se considérait comme un «objet», qu'elle devenait «invisible» à ses propres yeux et qu'elle assumait un rôle de parent alors qu'elle n'était qu'une enfant. Sa douleur devient plus évidente quand elle parle des effets que l'inceste a eus sur sa vie.

C'est probablement mon image de moi-même qui a le plus souffert, parce que j'ai tendance à ignorer mes propres besoins chaque fois que je suis en compagnie de quelqu'un qui me semble plus puissant que moi. Voilà qui me laisse fort peu de respect pour moi-même, parce que c'est une répétition de mon expérience d'enfant. En outre, en tant qu'adulte, j'ai reproduit le comportement de ma mère. Cela a eu des répercussions dans le domaine sexuel. Mon ex-mari, qui avait renoncé à tout contrôler dans notre relation, je le maltraitais du point de vue affectif parce que je n'avais aucun respect pour lui. Il se comportait comme la femme impuissante qu'avait été ma mère. Cela m'a fait me détester encore plus, du fait que ça me donnait le rôle de mon père, celui qui détenait le contrôle.

J'entends encore une petite voix méchante en moi qui me dit que j'étais responsable de l'inceste pour l'avoir acceptée. J'ai donc tendance à me sentir responsable de choses sur lesquelles je n'ai aucun contrôle; ou alors je deviens impuissante et je refuse d'assumer quelque responsabilité que ce soit.

Plus important encore, je m'inquiète de l'influence que j'ai eue sur mes enfants. Rien de plus lénifiant pour ma fille de cinq ans de s'entendre dire, ni pour moi de lui dire, quand c'est le cas: «Tout est bien, ma chérie, ce n'est pas de ta faute. Maman s'est trompée.» Pourtant, pour moi, c'est difficile à exprimer, parce que je ne l'ai jamais entendu dire quand j'étais enfant.

Becky sent qu'elle est en train de résoudre lentement son problème: «Même si l'impact de l'inceste sur ma vie est indélébile, au moins je sais désormais avec quoi je lutte et je n'ai plus besoin de me sentir impuissante et seule.» Sa lutte se poursuit depuis plus de vingt ans. Son cas illustre l'incroyable douleur que doivent endurer ceux qui ont été trahis par quelqu'un qui était censé leur être une source de réconfort et de soutien.

POUVEZ-VOUS VOUS EN REMETTRE?

Le nombre de patients dans les hôpitaux psychiatriques qui ont souffert de mauvais traitements dans leur passé est un bon indicateur de l'intensité du chagrin de ceux qui ont été trahis. Une étude portant sur les patients renvoyés de l'aile psychiatrique d'un centre hospitalier universitaire sur une période de 18 mois rapporte que 43 p. 100 d'entre eux avaient été victimes de mauvais traitements physiques ou d'abus sexuels, ou des deux. Malgré la peine intense qu'ils ont endurée, certaines victimes réussissent à renverser leur situation. C'est-à-dire qu'elles essaient de transformer la relation qui leur fait mal de sorte qu'elles en ressortent plus fortes et plus mûres. La réponse à la question «Pouvez-vous vous en remettre?» n'est pas, par conséquent, un simple oui. Non seulement vous pouvez vous en remettre, mais vous pouvez aussi en ressortir grandi.

Prenons par exemple le cas de l'humiliation des enfants. Même si ce mauvais traitement n'est que verbal et affectif, un seul cas d'humiliation peut vous avoir laissé comme un frisson dans la mémoire. Et si une large partie de votre enfance avait été une suite d'humiliations? C'est ce qui arriva à un médecin, Matthew, qui se rappelle son grand tournant, quand il avait onze ans. Matthew parle avec la rapidité d'un professionnel pressé, mais avec une gentillesse qui fait oublier la dureté de son expérience. Il vécut à Philadelphie où il fit ses études. À l'école, on l'appelait le youpin. Il se souvient que, sur le chemin de l'école, des groupes de garçons l'accostaient souvent et lui demandaient: «Hé, petit Juif, as-tu dix cents?» Souvent il donnait la pièce, selon le nombre de garçons et leur taille. Les garçons lui lançaient ensuite: «À plus tard, youpin.»

Son expérience, qui fut un grand tournant, commença un jour qu'il travaillait à construire un support à cravates, dans sa classe de menuiserie. Il ressentit soudainement une douleur à la tête. Quelqu'un l'avait frappé avec un rabot.

En tombant au sol, saignant, tout ce que je me souviens d'avoir entendu, c'étaient des insultes sur les Juifs. On m'a emmené à l'infirmerie. J'ai été suspendu de l'école, avec celui qui m'avait frappé, pour ce que le principal appelait «avoir contribué à la violence à l'école». Quand je suis arrivé à la maison avec mon pansement à la tête et une note de suspension en main, ma grand-mère m'a regardé: elle n'en croyait pas ses yeux. Je lui ai expliqué la situation. La douleur pouvait se lire dans ses yeux. Elle m'a dit que mes agresseurs ne seraient contents que lorsqu'ils auraient réussi à tous nous faire souffrir.

J'éprouvais de la peine et beaucoup de colère. Mais, pire que tout, j'avais peur de retourner à l'école. Je me souviens d'avoir pleuré et d'avoir dit à mes parents que je devrais changer d'école. Mon père m'a dit alors: «Si tu fuis une seule fois devant l'antisémitisme, tu vivras toute ta vie dans la peur.» Il m'a suggéré de suivre des cours de boxe. Je me suis donc joint au YMHA, pour des cours de boxe et d'haltérophilie.

Il n'y eut pas dans l'histoire de Matthew d'autres épisodes spectaculaires au cours desquels il se serait servi de la boxe pour mâter les petites brutes. Ce ne fut pas une autre version de *Rocky*. «En fait, dit Matthew, avec une ironie désabusée, je ne sais pas si j'aurais été capable de frapper qui que ce soit. J'espérais seulement qu'ils allaient remarquer mes nouveaux muscles, apprendre que je savais boxer et me laisser tranquille.» Son entraînement lui donna l'assurance dont il avait besoin pour retourner à l'école. Une des leçons qu'il a tirées de cette expérience, c'est que «ce bas monde n'est pas juste». Si ç'avait été la seule leçon apprise, Matthew aurait pu devenir cynique et hostile. Mais Matthew en avait appris davantage.

J'ai également appris que nous ne pouvons nous limiter dans la vie à cause de l'ignorance de ceux qui ne peuvent s'accepter qu'en humiliant les autres. J'ai aussi appris la supériorité de la parole sur la force quand il s'agit de communiquer mes pensées et mes sentiments. En tant que médecin, j'ai souvent eu l'occasion de mettre cette théorie en pratique. Le domaine médical pullule de prétentieux qui excellent à humilier les autres. Je fais tous les efforts pour éviter de me comporter ainsi, et je deviens fort irrité quand j'ai affaire à des collègues arrogants. Face à leur morgue, j'ai découvert que quelques mots bien choisis sont beaucoup plus efficaces qu'un coup de poing bien placé. Dans ma vie, je me suis fait une mission de me servir de paroles — en plus de mes connaissances médicales — pour soulager la souf-france humaine.

Matthew jouissait d'un très grand atout dans sa lutte: sa fa-mille le soutenait. L'absence de ce soutien constitue un handicap quand il s'agit de faire face à des relations difficiles. Et doublement handicapés sont ceux dont la famille non seulement ne les soutient pas, mais est elle-même source de difficultés. Pourtant, même ceux-là peuvent souvent faire preuve d'une remarquable capacité à surmonter les obstacles.

Carrie est directrice d'une agence de services sociaux. C'est une femme énergique, âgée de près de cinquante ans. À lui parler, on ne dirait jamais qu'elle a enduré des années de mauvais traitements physiques et verbaux de la part de ceux qui étaient censés la proté-ger et l'élever. Son grand tournant se divise en deux expériences sé-parées par une dizaine d'années. La première se produisit quand Car-rie avait dix-huit ans.

C'était tomber de Charybde en Scylla, et c'est peu dire. Je suis tombée éperdument amoureuse d'un type. Mes parents s'opposaient formellement à ce que j'entretienne toute relation avec lui. Contrairement à moi, ils soupçonnaient le genre de personne qu'il était. Un jour, ce qui les a horrifiés, je me suis enfuie avec lui et je l'ai épousé. Ça été la plus grande erreur que j'aie jamais commise.

Durant notre première année de mariage, j'ai découvert que mon mari voyait d'autres femmes. J'ai mis beaucoup de temps à trouver le courage de le confondre en lui montrant le rouge à lèvres sur ses cols et les condoms dans son portefeuille. J'étais enceinte de six mois à l'époque.

La scène a été infernale. Il m'a frappée pour la première fois. Au cours des huit années et demie qui ont suivi, les scènes, les cris et les objets lancés sont devenus monnaie cou-rante. À la suite d'une scène particulièrement violente, au cours de laquelle notre gouvernante a reçu une balle de revolver dans l'épaule en tentant de me protéger, mon beau-père est intervenu et a chassé mon mari à la pointe du revolver, lui disant qu'il aurait affaire à lui si jamais il revenait.

Carrie sait bien qu'elle n'avait pas beaucoup de solutions de rechange à cette époque.

À ce moment-là, les refuges pour les femmes et leurs enfants n'existaient pas. Les groupes de soutien n'étaient pas encore nés. Discuter des femmes battues était tabou. Il y avait peu ou pas de sympathie à l'endroit des femmes maltraitées par leur mari. Même la police n'était pas réceptive à mes demandes d'aide.

Carrie refuse avec mépris les théories qui rejettent la faute de telles situations sur la femme.

J'ai lu quelque part que Sigmund Freud a dit un jour qu'il valait mieux être maltraité qu'ignoré. Je suppose qu'un psychiatre dirait que j'étais coupable et que j'avais besoin d'être maltraitée. Ou encore, que mon respect de moi-même était si faible que j'étais disposée à accepter n'importe quoi. Mais le bon sens me dit que je n'avais pas de ressources économiques. Je n'avais pas terminé mon secondaire et je n'avais aucune formation particulière. En outre, j'étais trop fière pour retourner chez mes parents et ainsi reconnaître que je m'étais amèrement trompée. Je dépendais donc de mon mari pour tout.

La deuxième étape du grand tournant de Carrie s'amorça quand, âgée de vingt-huit ans, elle s'enfuit à l'autre bout du pays, avec ses quatre enfants. Un peu plus tôt, elle s'était liée d'amitié avec une femme qui l'avait convaincue de ne plus endurer les mauvais traitements et qui lui avait dit que des groupes pouvaient l'aider et la soutenir. Son propre instinct avait pressé Carrie de quitter son mari depuis des années. Mais elle avait besoin de quelqu'un — de n'importe qui — qui lui dise qu'elle le pouvait.

Carrie partit en Arizona, se joignit à un groupement féministe qu'elle aida à préparer un document audio-visuel sur les femmes battues. Elle trouva un emploi et reprit également ses études. Elle est consciente de la tendance qu'ont ceux qui ont été maltraités de maltraiter les autres à leur tour. Elle est résolue à ne pas infliger aux autres les mauvais traitements qu'elle a endurés.

J'ai travaillé fort pour éviter de commettre les mêmes erreurs avec mes enfants. Je me suis promis que, dans le feu de ma colère, je ne frapperais jamais mes enfants, comme ma mère l'avait fait d'abord, puis mon mari. Mes expériences m'ont rendue plus compatissante, plus compréhensive.

TRANSFORMER LA DOULEUR EN FORCE POSITIVE

Il est clair que l'on peut se servir des relations qui font mal comme d'un chemin vers le développement. Ce chemin sera non seulement difficile et semé d'embûches, mais douloureux. Il est possible toutefois de le suivre jusqu'au bout. Certains y parviennent avec l'aide d'une thérapie. D'autres trouvent leur soutien auprès de leurs parents ou amis. Tous ont recours à l'une ou à plusieurs des techniques suivantes pour transformer la douleur en force positive.

1. Écouter ses instincts

Si nous éprouvons tous le besoin fondamental de nous développer, alors il doit exister en nous des envies, des désirs, des pulsions qui nous poussent vers de nouveaux sommets. C'est-à-dire que nous avons en nous des pulsions qui nous font rejeter l'idée que nous pourrions être incompétents, indignes d'amour ou victimes de mauvais traitements mérités. Il importe d'écouter ces pulsions et de ne pas les laisser étouffer par la pression des exigences et des sollicitations extérieures. Nous avons dit que Carrie avait «senti» qu'elle devait quitter son mari de nombreuses années avant de trouver le courage de le faire. Un certain nombre de gens nous ont dit que l'expérience qui s'était révélée un grand tournant pour eux s'était cristallisée autour d'une petite voix intérieure qui semblait leur dire de s'arrêter et de changer de direction. C'était comme si soudainement quelque chose montait en eux et exigeait leur attention. Ces gens écoutèrent cette voix et changèrent leur vie de façon positive.

Stacy, spécialiste en arrangements floraux, propriétaire de sa propre boutique, écouta ses instincts quand elle était enfant, les réprima pendant trente années difficiles, puis se remit à les écouter.

Mon père était commis-voyageur, donc absent la plupart du temps. Ma mère était une femme repliée sur elle-même, triste et méchante. On m'a élevée en me faisant croire que je ne valais rien, que j'étais mauvaise, laide et stupide. Pour une raison que j'ignore, je ne le croyais pas. Je luttais contre l'idée que j'étais mauvaise. Souvent je m'éloignais de la maison pour que ma mère ne m'entende pas et je criais: «Je ne suis pas mauvaise. C'est toi qui es laide et stupide.» Je me rends compte maintenant que j'étais sans doute en train de perdre la bataille.

L'événement qui scella véritablement mon destin s'est produit quand j'avais neuf ans. Je détestais l'école et je détestais rester à la maison. Les seuls souvenirs agréables que je garde, ce sont les samedis, quand on me permettait d'aller chez mon amie et, quelquefois, d'y passer la nuit. Comme mon père était rarement à la maison de toute façon, ma mère a commencé à sortir le week-end avec ses amies. Elle me laissait alors les deux jours avec le bébé de l'une d'elles, ce qui m'empêchait de rendre visite à mon amie. À partir de ce moment-là, j'ai commencé à détester les week-ends.

Ma haine et ma colère ont grandi jusqu'à ce qu'un beau samedi, alors que je gardais le bébé, je n'ai plus pu le supporter. J'ai donné une fessée à la petite de onze mois qui pleurait, sans pouvoir m'arrêter. Ç'aurait pu être plus grave, mais cet événement m'a prouvé ce que ma mère m'avait toujours dit: j'étais mauvaise, stupide, laide et même méchante. Comme ma mère. C'était comme si j'avais abandonné la lutte pour me faire accepter comme étant bonne et normale. Il me semblait dès lors que je ne pouvais même plus m'accepter telle que j'étais.

Stacy commença à se comporter comme le genre de personne qu'elle croyait maintenant être. Elle était disposée à faire les choses que font les gens «mauvais et stupides». Elle allait jouer le rôle qu'on lui avait attribué et qu'elle avait accepté. La pulsion de résistance intérieure s'était évanouie. En grandissant, elle eut toutes sortes de comportements d'autodestruction.

Ma vie m'a menée aux drogues, à l'alcool, à trois mariages et à un nombre incalculable de relations malheureuses. Pendant près de trente ans, j'ai été une enfant sans valeur. Difficile à croire, n'est-ce pas? Trente ans. Puis, dans une de ces relations, j'ai été sauvagement battue.

C'est à ce moment-là que la pulsion de Stacy reparut.

J'avais déjà été battue auparavant. Mais, pour une raison quelconque, cette fois-ci j'ai ressenti profondément que je ne méritais pas ces mauvais traitements. Je croyais que je valais mieux que ça. Mais dans le creux de la vague, je ne savais où aller ni que faire.

J'ai décidé d'appeler un psychologue. Avant mon premier rendez-vous, j'avais une fois de plus à me blâmer pour ce qui était arrivé. La pensée que j'avais mérité les mauvais traitements me rongeait de nouveau. J'ai envisagé d'annuler mon rendez-vous. Mais quelque chose me disait que c'était ma dernière chance.

Je suis allée voir le psychiatre. Je l'ai vu pendant un an. Depuis la première séance, je me suis créé un nouveau moi et je me suis bâti un nouveau monde. Je me suis ouverte à ce que je ressens et pourquoi. Je ne suis plus une enfant mauvaise et stupide.

2. Refuser le rôle de la victime

D'un nombre incalculable de façons, nous sommes victimes des autres. Un étranger à New York qui roulait dans Manhattan, s'arrêta à un stop. Il demanda à quelqu'un qui attendait à l'intersection: «Excusez-moi monsieur, où se trouve la 42e rue? L'homme haussa les épaules et répondit: «Je suis piéton, moi. Je n'aide pas les automobilistes.» L'automobiliste se contenta de sourire et de poursuivre son chemin. Il aurait pu se mettre en colère. Il aurait pu s'apitoyer sur lui-même en se disant victime de la grossièreté des autres. Mais il choisit de ne pas se définir comme victime.

Ceux qui sont trahis par des mauvais traitements sont indiscutablement des victimes. Ils vivent dans un monde fragmenté. Comme les autres types de victimes, ils ont tendance à trouver que les hypothèses sur lesquelles ils fondent leur vie ne sont plus valides, y compris celle de leur propre invulnérabilité, celle selon laquelle le monde a un sens et celle de leur valeur en tant que personnes. De plus, les enfants victimes d'inceste éprouveront probablement d'intenses sentiments d'insignifiance, de désespoir et de culpabilité. Comme ce fut le cas pour Becky, il se peut que l'enfant se sente abandonné et non protégé pour avoir assumé le rôle des parents et avoir pris en charge l'harmonie familiale. Les propres besoins de Becky étaient sans importance; elle était elle-même sans importance. Comme si cela ne suffisait pas, il est probable qu'elle éprouve un sentiment de culpabilité, se sentant responsable du comportement de ses parents.

Les femmes battues ont tendance à rester dans leur relation, comme Carrie l'a fait de nombreuses années, parce qu'elles ne voient pas de solution de rechange qui soit valable, et parce que notre société sexiste peut les empêcher de se sentir trahies. Elles peuvent en arriver à se considérer comme de «mauvaises» personnes qui méritent les traitements qui leur sont infligés. Elles peuvent souffrir de ce que les psychologues appellent l'«incapacité acquise», situation où elles perçoivent qu'elles sont incapables de contrôler les événements et de résoudre leurs problèmes. Cette perception naît des expériences dans lesquelles elles ont été effectivement incapables de résoudre un problème. Cette incapacité peut être due à la situation elle-même ou au fait qu'elles manquent de ressources à ce moment-là. Mais elles en arrivent à la malencontreuse conclusion qu'elles sont, de façon générale, incapables de se débrouiller dans les situations difficiles. Résultat: elles cessent d'essayer, acceptent leur impuissance et sombrent dans la dépression.

Les personnes qui continuent de se définir en ces termes jouent un rôle de victime. Elles continuent d'être des victimes non pas parce que — comme l'a fait remarquer justement Carrie — elles éprouvent quelque besoin masochiste d'être brutalisées, mais bien parce qu'elles sont incapables de se tirer du pétrin d'hypothèses et de circonstances qui les maintient dans leur malheur. Ceux qui tirent parti de leur douleur, d'autre part, sont ceux qui refusent d'assumer un rôle de victime. Même s'ils sont devenus de véritables victimes, ils refusent le rôle qu'on veut leur imposer.

Malheureusement, nous avons tendance à perpétuer les difficultés, sauf si nous prenons délibérément la décision de changer et si nous consentons les efforts nécessaires. Il se peut que nous glissions sans nous en rendre compte dans un rôle de victime au cours d'une période troublée et que nous continuions à jouer ce rôle pendant des années, voire toute la vie. Mais notre développement ne peut commencer qu'au moment où nous rejetons ce rôle et répudions l'idée selon laquelle nous sommes condamnés à demeurer les victimes impuissantes d'une situation sur laquelle nous n'avons aucune prise.

3. S'efforcer de changer les conditions qui engendrent des relations douloureuses

En plus de refuser de continuer à jouer le rôle de victime, les gens qui se développent font un pas de plus et transforment la douleur en s'attaquant aux conditions qui produisent et aident à perpétuer de telles relations. Quand le révérend Jesse Jackson était jeune enfant, il entra un jour en courant dans un magasin de sa ville et siffla pour attirer l'attention de l'épicier blanc. Il dit à l'épicier qu'il était pressé et qu'il avait besoin de friandises. L'épicier réagit en sortant un revolver de sous le comptoir, en le lui collant au visage et en lui disant de ne jamais plus siffler pour attirer l'attention d'un Blanc. Ce ne fut que l'une des multiples humiliations que Jackson eut à souffrir en tant que Noir dans une communauté du Sud des États-Unis. Mais il refusa d'assumer le rôle de la victime. Plutôt que de devenir amer et hostile, il a consacré sa vie à changer les conditions qui donnent lieu aux préjugés et à la discrimination raciale.

Il n'est pas facile de réagir de façon positive quand nous avons été blessés par les autres. Paradoxalement, nous avons tendance à blesser les autres pour nous venger. Par exemple, ceux qui, enfants, ont été maltraités, ont plus tendance que les autres à maltraiter leurs propres enfants. Il faut beaucoup de perspicacité et une décision délibérée pour briser la chaîne. Sinon la victime devient à son tour l'agresseur. Un certain nombre de personnes nous ont dit qu'elles étaient déterminées à ne pas maltraiter leurs enfants comme leurs parents l'avaient fait avec eux, ou à ne pas s'engager dans un mariage qui fait mal comme cela avait été le cas de leurs parents. Ils se sont rendu compte qu'il existe une tendance à perpétuer les mauvais traitements et ils ont fait l'effort conscient de l'éviter.

Il y a plusieurs façons d'essayer d'éliminer les relations qui font mal. Carrie, par exemple, a passé plusieurs années à travailler auprès de femmes battues. Une autre femme nous a raconté qu'elle avait été blessée par le racisme que ses origines hispaniques avaient éveillé. Au début, elle éprouvait du ressentiment et de l'hostilité à l'égard des non-Hispaniques. Elle leur rendait la monnaie de leur pièce en leur témoignant son mépris. Un jour, alors qu'elle observait des enfants qui jouaient dans un parc, elle se rendit compte que, de victime, elle était devenue agresseur. Voilà que des enfants blancs, hispaniques et noirs jouaient joyeusement ensemble. Cette prise de conscience fut un grand tournant dans sa vie. Les yeux mouillés, elle les regarda s'amuser, inconscients des différences raciales entre eux. Maintenant, cette femme travaille dans une agence gouvernementale qui lutte contre la discrimination raciale et elle participe bénévolement à un programme destiné aux enfants des minorités visibles.

4. Affirmer sa propre valeur

L'une des conséquences les plus courantes de la situation de victime, c'est de douter de soi-même. Les victimes commencent à remettre en question leur valeur en tant que personnes. Elles croient qu'elles méritent moins que les autres, qu'elles sont moins compétentes, moins puissantes et moins dignes d'amour. Le respect de soi est chose bien fragile. Ceux que l'on a trahis sont particulièrement susceptibles de le perdre.

Affirmer sa propre valeur devant la trahison peut être une démarche difficile et douloureuse. Mais c'est possible. Brian, un comptable dans la cinquantaine dont le mariage a réussi, est heureux au travail. Il a pris la décision d'affirmer sa propre valeur après avoir fait un rêve bouleversant.

Je ne m'en étais pas rendu compte alors, mais, lorsque j'étais enfant, on m'avait toujours maltraité verbalement. Je croyais naturel qu'on me critique et qu'on me rabaisse. La femme de mon père m'avait convaincu que j'étais un enfant difficile et irresponsable. La sévérité des réprimandes verbales prouvait à mes yeux ma médiocrité. À force de me faire rabrouer, je perdais le respect de moi-même. Les comparaisons avec mon génie de demi-frère n'aidaient pas non plus. Il était rarement critiqué. Pis encore, il était souvent louangé.

Adolescent, cependant, j'ai commencé à entendre un autre son de cloche de certains parents — surtout de ma tante Helen — et d'autres adultes bienveillants. Selon eux, j'avais quelques qualités. Bien sûr, je savais, comme ma deuxième mère s'empressa de me le faire remarquer, qu'ils avaient tort. Je leur avais fait accroire des choses. Et je ne le regrette pas. D'une certaine façon, je jouais à être deux types de personne. Par la suite, je choisirais celle que je voulais être. Je n'avais pas l'intention de demeurer un Jekyll-Hyde toute ma vie.

À l'école secondaire, je savais que j'avais le potentiel nécessaire pour faire de grandes choses, pourvu que personne ne découvre ma vraie personnalité. Cela ne poserait aucune difficulté, car j'avais appris à être deux personnes différentes. Hors du foyer, j'étais tranquille mais avenant, enjoué, intelligent, créatif et plein d'attentions. À la maison, j'étais taciturne, provocant, sarcastique, rebelle et toujours sur la défensive. Hors du foyer, je me sentais libre, quelquefois apprécié, voire aimé.

Brian était en deuxième année de secondaire quand son grand tournant se produisit. Pour la première fois de sa vie, il avait découvert à l'école quelque chose qui le fascinait: l'histoire ancienne.

Je ne pouvais mettre la main sur assez d'ouvrages. On m'a même permis de me rendre à la Library of Congress à Washington, non loin de mon domicile de Virginie, pour poursuivre mes recherches. Découvrir comment les anciennes civilisations avaient lutté pour s'élever à de nouveaux sommets me faisait tourner la tête. Peut-être que j'établissais un rapport entre ces cultures montantes et mon propre développement, dominant les obstacles de l'environnement, les ennemis barbares, la petite politique interne et d'innombrables embûches, pour enfin triompher.

Mais l'étude des civilisations anciennes n'est pas complète si l'on n'aborde pas le déclin et la disparition de ces peuples qui avaient si vaillamment combattu pour se créer un monde meilleur. Cela me rendait triste. Pourquoi le déclin doit-il toujours suivre l'ascension? Notre étude de cette matière avait pour but de nous faire tirer des leçons de ces anciennes civilisations de sorte que l'on ne répète pas leurs erreurs. Pourtant, d'une civilisation à l'autre, c'étaient toujours les mêmes erreurs qui se répétaient. Restait-il de l'espoir? J'ai commencé à croire que non.

Tout les éléments étaient maintenant en place pour mon grand tournant. Ce fut un rêve. Au cours de la semaine, il y avait eu une crise mondiale qui m'avait paru fort menaçante. Il semble que mon angoisse m'ait suivi au lit, car j'ai fait un cauchemar: Le monde était divisé en deux clans querelleurs. Aucune solution en vue. Le désastre s'est produit. La planète s'est littéralement coupée en deux morceaux, avant que l'horreur de la chose me réveille.

Me rendre compte que ce n'était qu'un cauchemar ne m'a pas soulagé. Les sentiments de désespoir, de futilité et d'horreur persistaient. Je crois que c'est cette semaine-là que je suis arrivé à la conclusion qui depuis est devenue ma principale motivation: la vie est fragile et nous devons tirer parti de ce que nous avons pour devenir les meilleurs possible. Si le monde s'effrite, ce ne sera pas parce que je n'aurai pas essayé.

Brian se lança à la conquête de son propre développement. Il étudia les mathématiques, les sciences et la philosophie. Il obtint un diplôme en comptabilité et entra à l'emploi d'un grand cabinet de comptables. Il se maria. Il est, de façon générale, heureux. Les années de mauvais traitements qui ont marqué son enfance ne l'ont pas abattu. Il a appris à affirmer sa propre valeur: «Je suis en paix avec moi-même, plus heureux que je ne l'aurais jamais cru possible.»

Un des côtés positifs de l'affirmation de sa propre valeur, c'est qu'il est probable que les autres en bénéficieront aussi. Tout le monde y gagne. Ce fait est illustré dramatiquement par le cas de Nan. Ménagère aux cheveux blancs et à l'air serein, Nan vit en banlieue d'une métropole. Elle connut un grand tournant quand, il y a près de vingt ans déjà, un homme bien habillé est apparu sur le pas de sa porte.

Je l'ai reconnu immédiatement. Mais pendant quelques instants, je suis restée bouche bée. Je l'ai invité à entrer et à me raconter ce qui s'était passé. Je l'avais rencontré un an auparavant. Cette fois-là aussi, il était venu frapper à ma porte. Mais il était habillé comme un vagabond. Il m'avait demandé si j'avais du travail pour lui. Je lui avais répondu que non. Il avait l'air si abattu et si inoffensif que je l'avais invité à prendre un sandwich et une tasse de thé. Nous avions parlé un moment et il m'avait avoué avoir fait de la prison à la suite d'un incendie criminel. Sa famille l'avait alors laissé tomber. À sa sortie de prison, il n'avait pas pu trouver de travail.

Mais à sa deuxième visite chez moi, il était évident qu'il travaillait et qu'il réussissait bien. Il m'a dit qu'à sa sortie de prison, quand il avait cherché du travail, beaucoup de gens l'avait mal traité. Soit qu'ils avaient peur de lui, soit qu'ils le méprisaient. Quand il m'avait rendu visite la première fois, il se sentait tout à fait vaincu. Mais il semble que je lui aurais dit un mot qui avait fait toute la différence. Personne ne l'avait appelé «monsieur» depuis des années. Selon lui, je lui avais rendu sa dignité. Il avait quitté ma maison encouragé et déterminé à faire quelque chose de sa vie.

Nan ferma les yeux en réfléchissant à cet incident.

Je suppose que sa première visite avait été un grand tournant pour lui. Sa deuxième en a été un pour moi. C'est comme si j'avais un autre enfant. J'ai redonné la vie à un homme sans même savoir ce que je faisais. Depuis, je prends un plaisir tout particulier à aider les autres. Je me dis que peut-être je pourrais changer complètement leur vie. N'est-ce pas extraordinaire?

La valeur personnelle n'est pas limitée à quelques-uns, tout le monde a la sienne. Affirmer la vôtre n'enlève rien aux autres. Non seulement vous vous enrichissez en le faisant, mais vous en faites profiter les autres.

7

Les relations qui prennent fin
Le divorce

Jim et Sandra, un jeune couple que nous avons connu il y a quelques années, étaient «faits l'un pour l'autre». Ils provenaient de milieux semblables, visaient les mêmes buts et se sentaient irrésistiblement attirés l'un vers l'autre. Après quatre ans de mariage, Sandra fit à Jim une demande à laquelle il ne s'attendait pas: elle voulait divorcer. Rien d'autre ne pourrait selon elle la satisfaire. Leur union était finie. Elle n'aimait plus Jim. Elle avait été malheureuse pendant des mois, luttant contre cette décision, mais elle savait maintenant que le divorce la rendrait heureuse.

«Je veux divorcer.» Ces mots bouleversèrent Jim. Mais il ne pouvait arrêter la machine. Il était convaincu que le divorce provoquerait une douleur de longue durée pour eux deux. Quant à elle, elle était convaincue que le divorce leur ouvrirait la porte vers un nouveau bonheur. Chacun avait partiellement raison et partiellement tort à la fois. Aucun n'avait conscience de l'ampleur des conséquences possibles d'un divorce.

LES PERTURBATIONS DOULOUREUSES

La rupture de relations intimes menace dangereusement notre bien-être. En général, le divorce est une démarche qui fait mal. Pourtant, chaque année, plus de deux millions d'Américains passent par là. Le divorce est relativement facile à obtenir aujourd'hui. Et il n'y a plus de stigmates pour la divorcée. Les femmes ne sont plus prisonnières de leur mari du point de vue financier, comme elles l'étaient dans le passé. Les motifs de divorce ont été élargis; dans beaucoup d'États, même le divorce par consentement mutuel est permis. Dans notre génération, que certains qualifient de «génération du moi», il est aisé de justifier la rupture d'une relation difficile.

La facilité avec laquelle on peut obtenir le divorce contraste avec la peine qu'il impose aux conjoints. Les couples qui divorcent parlent d'une douleur semblable à celle que l'on peut éprouver à la mort d'un être cher. Le «chagrin» suivant le divorce afflige même ceux qui l'ont mis en marche, comme ce fut le cas pour Steven, un directeur de théâtre régional approchant la quarantaine. Même s'il avait engagé la procédure, toute l'affaire fut si douloureuse que Steven, avant d'être capable de reprendre le contrôle de sa vie, se lança dans un autre mariage qui, lui aussi, se termina par un divorce.

Nerveux, roulant constamment une cigarette entre ses doigts, Steven commença son histoire en nous parlant de son premier mariage.

J'avais vingt-trois ans quand j'ai pris ce grand tournant. Je rentrais de l'école, par un bel après-midi, quand ma femme m'a accueilli en me demandant d'où je venais. Je me suis demandé pourquoi elle ne s'était pas inquiétée de savoir comment j'allais ou comment avait été ma journée. Je me suis alors rendu compte qu'elle m'avait accueilli de cette façon toute l'année. Pour une raison que j'ignore, cette fois-là je me suis fâché et lui ai demandé pourquoi elle me recevait toujours avec un commentaire soupçonneux et un ton sceptique.

Elle m'a répondu froidement qu'elle s'était toujours méfiée de moi et qu'elle savait qu'un jour je m'amouracherais d'une femme plus séduisante et que je partirais avec elle. J'étais furieux qu'elle ne m'ait jamais révélé ce fantasme. Je ne l'avais jamais trompée, je n'y avais même jamais pensé. Je me réservais tout entier à mon mariage, point final.

Steven bouillit de rage pendant les quelques jours qui suivirent. À force de réflexion, il se rendit compte du vide de son union.

Je me suis rendu compte à quel point sa jalousie nous avait séparés. Notre relation me semblait dès lors vide de sens. Je ne respectais plus ma femme. Je me méfiais d'elle. En fait, je ne l'aimais même plus. Nous nous sommes séparés plusieurs fois, mais ça n'arrangeait rien. Après un certain temps, le divorce m'a paru être la seule solution.

Décider de divorcer ne fut pas facile pour Steven. L'union de ses parents n'avait pas toujours baigné dans l'huile, mais ils avaient résolu leurs problèmes et étaient demeurés ensemble. Steven pensait que si les conjoints attendent assez longtemps, ils viennent à bout des difficultés et tout s'arrange. Dans son cas à lui, rien ne s'était arrangé. «Ce grand tournant m'a appris deux choses, dit Steven. L'amour ne coexiste pas automatiquement avec la confiance et l'honnêteté et, deuxièmement, le mariage n'est pas éternel.»

Le divorce ne fut pourtant pas chose facile pour lui. Il fut déprimé pendant la période de séparation et ne savait plus où il en était dans ses relations avec les femmes. Il était troublé, surtout quand il pensait au mariage de ses parents qui avait résisté au passage du temps. Pourquoi les couples de sa génération n'étaient-ils pas aussi stables que ceux de la génération de ses parents? Partout il entendait que les choses n'étaient plus ce qu'elles étaient, que le monde avait changé. «C'est ma génération, dit-il, il semble que nous soyons incapables de cimenter nos unions comme nos parents le faisaient.»

Pendant la procédure de divorce et après, sa situation empira.

C'était le bouleversement le plus complet. J'éprouvais de la difficulté à travailler. Quelques mois après le divorce, je me suis vu pris dans une autre union matrimoniale qui a eu un effet encore plus néfaste que la première sur mon respect de moi-même et sur mon espoir de jamais réussir un mariage. Celui-ci n'a pas survécu plus d'une longue et pénible année. La dépression qui a suivi mon deuxième divorce a duré dix ans.

Finalement, Steven participa à un séminaire destiné à lui donner la possibilité de se débrouiller par ses propres moyens. C'est alors qu'il se rendit compte qu'il devait prendre en main sa propre vie.

Chaque fois que je rejetais la faute sur le passé, sur mes ex-femmes, sur mes parents ou sur quelque chose, quelqu'un contestait ce que je disais. Je me souviens qu'une femme du groupe m'a dit un soir qu'il importait peu que je puisse rejeter la faute sur ceci ou cela. Ce qui comptait, c'est ce que je faisais *au moment même*. J'avais le choix: soit que je continuais de bouder et de m'apitoyer sur mon sort, soit que j'orientais ma vie dans une nouvelle direction.

Steven choisit une nouvelle direction. Il en avait assez de s'apitoyer sur lui-même. Il voulait passer à de meilleures choses dans la vie. Il en est maintenant à son troisième mariage. Cette fois, il est heureux en ménage. Steven croit qu'il a enfin trouvé une vie enrichissante. «Je sais que je peux maintenant créer un environnement sain dans lequel élever mes enfants, un foyer où les parents se comportent, la plupart du temps, comme des adultes.»

Steven a dû lutter longtemps avant de finir par accepter ses divorces, surtout le premier. Contrairement à son deuxième mariage, il avait cru que son premier était réussi jusqu'à ce que sa femme lui fasse part de ses soupçons et de sa méfiance à son égard. Il est intéressant de noter que, même si le ménage n'est pas heureux, la séparation peut être douloureuse. Une femme nous raconta qu'elle avait été mariée pendant douze ans, et malheureuse pendant onze. Mais une fois divorcée, elle «souffrit beaucoup et pleurait chaque fois qu'elle pensait à cette rupture».

Non seulement le divorce lui-même est douloureux, mais il arrive souvent que le chagrin laisse des traces durant des années. Beth est divorcée depuis sept ans. Pourtant, elle en éprouve encore du chagrin. Les yeux cernés et le menton tremblant, elle nous a raconté son histoire. Son mariage, qui avait commencé comme un conte de fées et s'était terminé en cauchemar, continue de la hanter.

J'avais rencontré mon mari au cours d'une fête à l'université. Il était soigné de sa personne, charmant et plein d'esprit. Tous deux nous aimions lire, aller au cinéma ou au théâtre, rencontrer des gens, aller dans des fêtes, rire et manger des pizzas. Nous passions nos samedis soir à regarder Perry Mason à la télévision et à parler de notre avenir. Il voulait faire son droit.

Je voulais enseigner. Nous nous sommes mariés peu de temps après, dans ma dernière année d'université. La cérémonie avait rassemblé deux cents amis et parents venus nous souhaiter une longue et heureuse vie de couple.

Nous avons été heureux pendant 10 ans. J'enseignais et lui exerçait sa profession d'avocat. Mais le stress de son travail a commencé à l'attaquer. Il s'est mis à boire de plus en plus. Et moi, je pleurais tous les soirs. Nous avons passé sept ans à essayer de nous en sortir avant de décider que le divorce était la meilleure solution et pour nous et pour nos enfants.

Il m'a été incroyablement difficile de renoncer à mes rêves et à mes idéaux de famille. Mais, à trente-sept ans, j'ai transformé ma vie du tout au tout et j'ai assumé seule l'éducation de mes enfants. J'avais cru que peut-être le choc de mon départ ferait abandonner l'alcool à mon mari. Mais cela n'a pas été le cas. Il boit toujours.

Le divorce n'a pas résolu tous les problèmes de Beth. En fait, elle a dû faire face à toute une série de nouvelles difficultés.

J'étais habituée à bien vivre. Mais je n'avais plus les moyens de garder la maison avec mon salaire d'enseignante. Nous avons dû déménager. Les enfants éprouvaient du ressentiment. Ils étaient fâchés contre leur père parce qu'il buvait, et contre moi, parce que je n'avais pas réussi à sauvegarder le foyer. Pour gagner plus d'argent, j'ai lancé ma propre entreprise. J'ai gagné plus, mais j'ai aussi dû travailler de 50 à 60 heures par semaine. C'était difficile de travailler de si longues heures et de jouer mon rôle de mère. Les enfants n'appréciaient pas de devoir en faire plus dans la maison. Ils avaient été gâtés. Maintenant, ils devaient y penser à deux fois avant d'acheter de nouveaux vêtements ou d'aller au cinéma.

Les difficultés de Beth furent compliquées par le fait que son mari, connaissant bien le système juridique, s'en servit pour éviter de payer, pendant deux ans, la pension alimentaire et ne pas subvenir aux besoins des enfants. Le divorce causa de l'amertume entre elle et lui, ainsi que dans leurs rapports avec les amis, qui avaient tendance à prendre parti.

La plupart d'entre eux ont conclu que c'était lui le méchant. Cela a empiré la situation, parce que mon mari croyait que je les montais contre lui. Le divorce compliquait encore davantage les choses, alors que j'avais cru qu'il nous simplifierait la vie. Je n'avais jamais pensé que le règlement financier, la garde des enfants et le droit de visite généreraient tant de rancœur.

Où va Beth? Elle ne le sait pas au juste.

J'ai fréquenté d'autres hommes depuis mon divorce mais, quelque part en moi, je suis encore amoureuse de mon ex-mari. Peut-être suis-je encore attachée à ce qui aurait pu être. J'ai été élevée dans la croyance selon laquelle on se marie et on vit heureux le reste de ses jours. Maintenant, je dois tout recommencer. Il semble que ni moi ni mon ex-mari ne sommes capables d'un nouveau départ. Nous ne pouvons ni l'un ni l'autre nous résigner à la rupture de la cellule familiale. Nous avons des disputes terribles au sujet des vacances. Chaque fois que nous avons passé les vacances tous ensemble, cela a été pénible. Pourtant, quand les enfants sont avec l'un de nous deux, l'autre semble souffrir.

Tout compte fait, le divorce a affecté tous les aspects de la vie de Beth et continue de le faire, quelque sept ans plus tard.

Du point de vue affectif, je sens que j'ai perdu la stabilité et le port d'attache que représente la famille. Du point de vue économique, je suis toujours à la limite. Du point de vue physique, je me suis vue remplir le vide de ma vie en mangeant et en prenant du poids. Je suis épuisée de toujours tenter d'être une superfemme. Du point de vue social, je trouve souvent que je suis la cinquième roue de la charrette, car la plupart de mes amies sont mariées. Je me suis liée d'amitié avec des femmes célibataires, mais elles me dépriment avec leurs plaintes constantes et le rabâchage de leurs difficultés. Je passe donc plus de temps seule qu'auparavant.

Le cas de Beth n'est pas unique. Il n'est pas rare qu'un divorce cause des difficultés pendant plusieurs années à la personne en cause. Un cas extrême d'incapacité de s'adapter après le divorce nous a été rapporté par une femme de soixante-cinq ans, qui vit maintenant avec quatre autres femmes. Elle et ses compagnes sont pour ainsi dire une version malheureuse des Golden Girls de l'émission de télévision. Son mari demanda le divorce il y a trente ans, après qu'elle eut appris qu'il la trompait. Elle se souvient que leur union avait été heureuse pendant quelques années. Ils avaient deux enfants. Une fois que ceux-ci furent inscrits à l'école, elle remarqua un changement en son mari. Il devint froid et contrariant. Il finit par avouer qu'il la trompait et demanda le divorce. Elle accepta, à condition d'avoir la garde exclusive des enfants.

Le divorce démolit sa confiance en elle-même. Elle commença à boire avec excès. Elle dut faire un séjour de six mois dans un hôpital psychiatrique. Elle finit par se rétablir et par être capable de s'occuper à nouveau de ses enfants. Mais elle n'eut jamais plus confiance dans les hommes, ne se remaria jamais, et ne se remit jamais vraiment de son divorce. Elle a passé trente ans à se sentir seule et à se demander ce qui n'avait pas été dans son mariage. C'est un cas extrême d'amertume résultant du rejet ainsi que de colère à l'endroit du conjoint qui a voulu mettre un terme au lien conjugal contre le gré de l'autre.

Tous les cas ne sont pas aussi désagréables que celui-là, même pour l'individu qui a été rejeté. En fait, nombreux sont les cas qui donnent lieu à des découvertes, à une nouvelle liberté. Certains apprennent à faire du divorce l'occasion de se bâtir une vie plus enrichissante. Une femme épousa un homme qui croyait que le mari «est seul maître dans l'union après Dieu et que la femme doit faire comme il dit». Elle considère qu'elle et ses enfants se sentent beaucoup mieux maintenant qu'il y a dix ans. «Je suis redevenue moi-même. J'ai peut-être moins d'argent, mais mes enfants et moi sommes beaucoup plus heureux. Je pense qu'ils ont de meilleurs rapports avec leur père maintenant qu'il ne vit plus avec nous, parce que nous n'avons plus à endurer ses critiques constantes.» Un homme que nous avons interviewé, en réfléchissant à son mariage passé, évoqua les disputes constantes qu'il avait avec sa femme et l'alcool auquel il avait recouru pour s'échapper. «Le divorce a opéré de merveilleux changements dans ma vie. J'ai cessé de boire. Je suis calme et je me sens en paix. En outre, je suis un bien meilleur père pour mes enfants.»

Incidemment, un certain nombre de répondants ont rapporté comme grand tournant de leur vie le divorce de leurs parents plutôt que leur propre divorce. Le divorce des parents peut à long terme avoir des conséquences néfastes sur les enfants. Il se peut que les jeunes enfants se sentent responsables de ce divorce et vivent des années aux prises avec des sentiments de culpabilité. En Californie, une étude portant sur des enfants de divorcés a révélé que 37 p. 100 d'entre eux étaient encore déprimés cinq ans après la séparation des parents.

Toutefois, il existe des enfants pour qui le divorce des parents est, à long terme, un facteur positif de développement. Molly, étudiante de deuxième cycle, dit que son grand tournant a été le divorce de ses parents, quand elle avait seize ans. L'enthousiasme de Molly pour la vie transparaît dans tout ce qu'elle dit. Elle est en train d'apprendre la biologie moléculaire et a hâte de se lancer dans une carrière de recherche. On a l'impression de voir éclater sa joie de vivre dès qu'elle parle du divorce de ses parents.

> Pour être exacte, c'est la séparation préalable à leur divorce qui a amorcé le changement qui s'est produit en moi. Les seize premières années de ma vie, j'ai grandi dans une maison où régnaient tension, angoisse, esprit de compétition, colère et tristesse.

Molly attribue la turbulence de son enfance au fait qu'en premier lieu ses parents n'auraient jamais dû se marier.

> Je ne me souviens d'aucune situation où ils se sont témoigné de l'affection l'un pour l'autre. Quand j'ai grandi, ma mère m'a avoué qu'elle aurait divorcé la première année de son mariage si elle n'avait pas été enceinte de mon frère aîné. Elle m'a aussi dit qu'elle et mon père étaient restés ensemble pendant vingt et un ans pour l'amour de leurs enfants. Ils voulaient les élever dans un environnement normal.
>
> Un environnement normal. Laissez-moi vous raconter mes souvenirs d'enfance les plus vifs. Premièrement, je me souviens

que je rentrais à la maison dans une humeur relativement insouciante pour ressentir instantanément la tension qui y régnait. J'en avais des nœuds dans l'estomac. Je courais dans ma chambre pour me replier sur moi-même.

Deuxièmement, je me souviens que, à l'âge de dix ans, couchée dans mon lit le soir, je pleurais et me demandais quand mes parents finiraient par divorcer. Je n'ai jamais une seule minute douté qu'ils divorceraient. C'était une question de temps. J'avais peur parce que je ne savais pas avec qui je vivrais et si quelqu'un allait bien vouloir s'occuper de moi.

Troisièmement, je me souviens que je trouvais toutes sortes d'excuses pour que mes amis ne viennent pas jouer chez moi. J'avais honte. Je ne pouvais savoir d'avance ce qui allait se passer, mais je savais bien que ce serait soit le silence tendu, soit quelque dispute déclarée ou encore les déluges de larmes.

Le divorce fut finalement annoncé un peu avant le seizième anniversaire de Molly. Molly éprouvait des sentiments contradictoires. Elle était triste et elle avait peur. Mais elle avait hâte également que la rupture soit finale. «Je savais depuis des années que mes parents divorceraient. Enfin, plus de disputes; finis les silences inconfortables et les larmes.» Molly demeura chez sa mère. Ce fut un grand tournant pour l'adolescente. Pour la première fois de sa vie, quand elle rentrait à la maison, l'atmosphère était détendue. Ses deux dernières années de secondaire furent tout à fait différentes de ce qu'elle avait connu.

Je suis devenue beaucoup plus sociable. J'aimais être avec les gens et j'étais joyeuse. Mieux encore, après une longue journée de cours, j'avais hâte pour la première fois de ma vie de rentrer chez moi. La vie à la maison était paisible; c'était merveilleux.

Bien sûr, les changements dans la vie de Molly ne furent pas instantanés. Elle sent qu'elle est encore en train de changer, de voir disparaître l'épais nuage qui lui a caché le soleil tout le temps que ses parents ont vécu ensemble.

Depuis leur divorce, je me sens plus en sécurité. Je me respecte davantage et j'ai plus confiance en moi. Je m'aime enfin et ça, c'est un sentiment merveilleux. Je sais que le divorce peut être difficile et traumatisant pour les enfants, mais il a été pour moi une expérience positive. J'ai tiré une grande leçon de mon enfance au sein d'une famille où les parents sont malheureux: ne persiste pas dans un mauvais mariage sous prétexte de ne pas faire de mal à tes enfants avec un divorce. Les enfants sont des êtres sensibles et intuitifs. Ils le savent quand les choses ne vont pas. Il leur est beaucoup plus difficile de vivre dans un environnement tendu et artificiel, avec des parents qui se disputent tout le temps, que de s'adapter aux changements que provoque le divorce. Changer est naturel. Y résister, être méfiant et sur la défensive, ne l'est pas.

DES PERTURBATIONS À LA SÉRÉNITÉ

Évidemment, les conséquences du divorce sur les gens diffèrent selon les cas. Il peut représenter le boulet de culpabilité qui empêche les enfants de se développer. Il peut laisser les ex-conjoints embourbés dans l'apitoiement sur eux-mêmes ou marquer le début d'une ère de changements enrichissants. À court terme, le chagrin est sans doute inévitable. À long terme, cependant, les conséquences dépendent pour une large part de la façon dont vous faites face aux perturbations. Voyons maintenant comment, selon les répondants qui ont rapporté avoir connu des expériences enrichissantes, vous pouvez faire du traumatisme du divorce une force positive.

1. Voyez le divorce comme une étape importante
de votre développement

Certains spécialistes du comportement humain avancent que le développement de l'individu va de la dépendance à l'indépendance, puis à l'interdépendance. C'est-à-dire que nous sommes obligatoirement dépendants durant l'enfance. Ensuite nous devons affirmer notre indépendance pour continuer de nous développer. Enfin, quand nous avons acquis la capacité d'être autonome, nous continuons de nous développer grâce aux relations avec les autres, grâce à notre interdépendance avec eux.

Le mariage enrichissant est celui qui correspond à un état d'interdépendance dans lequel les conjoints ne perdent ni leur identité ni leur autonomie. Cela se fait par le biais de ce que nous pourrions appeler des zones de liberté à l'intérieur d'une relation de partage. Les conjoints se communiquent mutuellement tout ce qu'ils veulent, mais ils se réservent le droit de *ne pas* se communiquer certaines choses. Ils partagent beaucoup, sinon la plupart de leurs activités, mais ils se donnent mutuellement la liberté de s'engager également dans des poursuites personnelles.

Dans certains ménages, toutefois, on recrée l'état de dépendance de l'enfance. Candy, musicienne professionnelle et professeur de chant, s'est retrouvée dans un mariage de ce type à l'âge de vingt ans. Éperdument amoureuse, elle avait hâte de se marier. Le mariage n'allait pas nuire à sa carrière, parce que son futur mari était batteur dans un petit orchestre et comprenait ses aspirations musicales. Mais, après la cérémonie, Candy s'est retrouvée avec un mari qui lui était presque étranger, un homme qui lui imposait des exigences dont elle n'avait jamais entendu parler auparavant.

> Il fallait que j'agisse selon ce que lui pensait. Il avait toujours la main haute sur tout. Je manquais de volonté. Il faisait en sorte que je me sente inférieure à lui. Pendant longtemps, j'ai pensé que c'était tout ce que je méritais. Puis, je me suis finalement rendu compte que je n'avais pas besoin qu'on me traite comme une enfant. Je valais mieux que cela. Quand j'ai divorcé, j'ai décidé qu'on ne me dirait plus jamais quoi faire, qu'il fallait que je me respecte davantage. J'étais une personne à part entière et je pouvais prendre mes propres décisions.

Candy a retrouvé le sens de sa valeur personnelle et sa capacité de vivre en tant que personne indépendante. Mais elle reconnaît également son besoin d'interdépendance: «Même si j'ai vécu une union malheureuse, je crois encore en l'inviolabilité du mariage. Mais si le mari doit se sentir en sécurité, bien établi, il doit me laisser poursuivre mes propres intérêts. Je désire me remarier et connaître enfin une relation qui me satisfasse.» Pour Candy, étouffée par son mari, le divorce n'était pas seulement important, il était nécessaire à son développement.

S'ils veulent que leur union soit réussie, les conjoints doivent se laisser mutuellement de l'autonomie, un espace dans lequel grandir. Une de nos connaissances nous a parlé d'un couple résidant dans la campagne du Maine, et qui était connu pour ses disputes constantes. Le mari finit par résoudre le problème en bâtissant une petite cabane sur leur terrain et en y emménageant. Un visiteur qui y entra fut surpris de voir que la cabane était immaculée et qu'une tarte fraîchement cuite était placée sur la table. Le mari expliqua que sa femme venait de temps à autre faire le ménage et lui apporter à manger. «Aucune homme ne pourrait vivre avec une femme comme elle, avait-il dit. Mais elle fait une voisine extraordinaire.»

D'une façon ou d'une autre, les gens s'efforcent de recouvrer leur autonomie. Pour Heather, comme cela avait été le cas pour Candy, le divorce était le moyen de répondre à ce besoin. Heather divorça il y a neuf ans, à l'âge de trente-deux ans. Maintenant, elle est directrice d'une galerie d'art et semble bien dans sa peau et à l'aise dans la vie qu'elle mène. Elle insiste sur le fait qu'elle n'aurait pas pu rester mariée et continuer de se développer.

Je pense que tout a commencé quand nous avons déménagé en Californie il y a douze ans. L'employeur de mon mari l'avait muté. J'avais vingt-neuf ans à l'époque. Nos enfants étaient âgés de sept ans, de six ans et de quatre mois. Je me souviens qu'au cour du vol vers la Californie, mon mari m'a dit que son nouveau poste le forcerait à se déplacer souvent et que je devrais devenir plus indépendante et me trouver mes propres intérêts. Plus tard, il a nié avoir jamais dit cela. Mais j'avais tiré une nouvelle motivation de son conseil. Ni mes parents ni mon mari ne m'avaient jamais poussée dans cette direction auparavant.

Au début, j'interprétais ma nouvelle aventure comme le feraient des enfants. Mais j'ai fini par vraiment chercher l'indépendance qui allait par la suite mener à la rupture de mon mariage et au desserrement des liens avec mes parents. Petit à petit, une nouvelle moi est apparue. J'ai fait la connaissance d'un groupe de femmes qui étaient radicalement différentes de mes anciennes amies. Nous étions toutes mariées, avec trois enfants. Nos maris avaient créé leurs propres mondes de travail et de loisirs, pendant que nous restions à la maison à élever les enfants. Maintenant, c'était notre tour d'abattre les frontières de notre monde. Nous nous sommes jointes à un groupe de gens qui se consacraient à l'art d'élever des enfants. Mais ce groupe a vite élargi son champ d'intérêt.

Dans le groupe, les femmes commencèrent à explorer ce qu'elles ressentaient à propos d'elles-mêmes, de leur mariage, de leur avenir. Heather sentait que son ménage, depuis quelque temps, ne la satisfaisait plus, mais elle n'avait jamais rien remis en question. Elle acceptait le *statu quo* et sa dépendance de son mari. Cependant, résultat de son expérience dans ce groupe, Heather commença à sentir que son mariage limitait son développement personnel.

J'éprouvais du ressentiment à l'égard de mon mari quand il me demandait où j'allais ou pourquoi je n'avais pas préparé le dîner. Son travail le forçait à être absent du foyer de deux à trois semaines par mois. Je commençais à ne plus apprécier les rares moments où il était à la maison. Je me suis inscrite à des cours universitaires et j'ai consacré mon temps et mon attention à mes études. J'avais toujours aimé l'art, aussi j'ai pensé à décrocher un diplôme dans ce domaine. Même si je ne savais pas ce que j'allais en faire, je me suis dit que ça n'avait aucune importance. C'était *mon* monde. Je découvrais la vie et, en même temps, je me découvrais.

En un mot, je me consacrais à mes études et à mes amis plutôt qu'à mon ménage. Mon mari est devenu le symbole de mon passé, de ma dépendance. Il représentait le boulet au pied dont je devais me débarrasser pour poursuivre mon chemin. La pression s'est accentuée. Nous nous sommes de plus en plus éloignés l'un de l'autre. Nous ne pouvions plus nous parler sans nous fâcher. Les accusations fusaient. La confiance s'est effritée. Nous nous sommes séparés.

La séparation n'apporta pas à Heather le soulagement qu'elle en avait attendu mais la plongea, en fait, dans de nouvelles angoisses.

Les acrobaties de la vie sont moins dangereuses quand on dispose du filet de sécurité que constitue le mariage. Mais à ce moment mes besoins de dépendance m'assaillaient. J'avais peur des responsabilités. J'ai été blessée de voir mon mari me remplacer immédiatement par une hôtesse de l'air. Quel choc! Je m'étais complu dans l'idée que je voulais le voir hors de ma vie, mais je n'avais jamais pensé que lui souhaitait peut-être la même chose. J'avais de la difficulté à accepter tout cela. Je voulais qu'il souffre, je voulais lui manquer. Je me suis mise à ressentir de la colère envers tout et tout le monde. Rien n'était juste. J'étais toujours la victime; je m'apitoyais sur mon sort. J'avais ce que je voulais, mais plutôt que d'en être satisfaite, je me morfondais dans le ressentiment et le regret.

L'amertume que ressentait Heather au sujet du comportement de son mari se refléta sur les relations qu'elle entretenait avec ses amie. Un jour, ceux-ci lui déclarèrent qu'ils l'aimaient bien, mais qu'ils ne pourraient endurer son attitude une minute de plus. Une amie dit clairement à Heather de ne l'appeler que quand elle aurait fini de s'apitoyer sur son propre sort. Avec le temps, Heather cessa de pleurer sur son sort. Mais il lui fallut des mois pour y arriver. Elle dut faire face au sentiment qu'elle éprouvait d'être trahie par tout le monde, y compris par ses parents et les amis qui ne l'appuyaient plus. Elle devait reconnaître ce qui s'était passé et cesser de jouer le rôle de la victime. Elle y parvint petit à petit. Aurait-elle pu se développer sans la séparation et le divorce qui suivit? Elle croit que non.

Je n'avais pas atteint l'indépendance durant l'adolescence. J'étais encore rattachée à mes parents. Puis je suis passée de la surveillance de mes parents à la surveillance de mon mari. À l'âge de trente ans, j'ai commencé à conquérir mon autonomie. À trente-deux ans, je me suis révoltée. À quarante ans, je suis finalement devenue une personne à part entière, c'est-à-dire moi-même, Heather, être humain indépendant.

Je sens que je suis une femme à part entière qui peut se suffire à elle-même. Il semble qu'il m'a fallu sortir de la sécurité du mariage pour me rendre compte que je pouvais survivre seule. J'ai passé ces années à travailler dur et à élever trois enfants. J'ai atteint mes objectifs d'éducation et de carrière. Je réussis.

Pendant longtemps, j'ai placé mon besoin d'une relation avec un homme au dernier rang de mes priorités. Mais récemment, j'ai commencé à fréquenter quelqu'un qui m'a fait changer d'idée. De plusieurs façons, je suis étonnée de mon développement, de ma réussite, de ma conscience accrue du monde et des choses. Je me connais et je m'aime. Je m'accepte comme jamais je ne l'avais fait. J'ai payé le prix pour tout cela: échecs financiers, perte du soutien de mes parents et, pendant plusieurs années, perte d'un père pour mes enfants. Mais, tout compte fait, même en sachant ce que je sais maintenant, je referais les mêmes choix.

Il est donc évident que l'un des moyens les plus importants pour faire d'un divorce une étape de notre développement, c'est d'établir ou de réaffirmer notre autonomie et notre indépendance. Réaffirmer notre autonomie est également une façon de réaffirmer notre propre valeur. Pour certains, toutefois, *réaffirmer* n'est pas le mot qui convient à la situation. Certaines femmes nous ont dit qu'elles n'avaient jamais eu l'occasion d'asseoir leur indépendance. Elles sont passées de la dépendance de leurs parents à la dépendance de leur mari. Le divorce les a forcées pour la première fois de leur vie à tester leur capacité de se suffire à elles-mêmes.

Découvrir que vous êtes capable d'être indépendant est une expérience exaltante. À mesure que la douleur de la perturbation cède la place à la découverte de soi, le divorcé a tendance à voir le divorce sous un jour positif. Tina travaille au service du personnel dans une agence gouvernementale. Son mari demanda le divorce il y a six ans. Tina en fut sidérée. «Regardez-moi, dit-elle en riant, le visage rougissant. Je suis une femme sexy. Tout le monde me le dit. Je ne pouvais le croire quand il m'a dit ne plus être attiré par moi.» Au début, la douleur était si intense que Tina ne pouvait entrevoir aucune lueur d'espoir pour sa vie. Comme la plupart des gens le sont dans des circonstances semblables, elle avait été se-couée par la décision soudaine et inattendue de son mari de mettre fin à leur relation.

> Nous étions mariés depuis douze ans. Rien, que je sache, ne laissait présager cette rupture. Elle a donc été un grand choc. Je pensais que tout allait bien. Nous ne nous disputions pas. Mon mari m'a simplement dit un jour qu'il n'était plus amoureux de moi. Il a ajouté qu'il n'y avait pas d'autre femme. Il est parti de la maison immédiatement.
> Les deux mois qui ont suivi ont été affreux. J'étais sous l'effet du choc et j'étais terrifiée aussi. J'avais du mal à dormir. Je ne vivais plus, j'existais. Je ne voyais aucun avenir pour moi. C'était en fait comme la fin de ma vie. Je suis allée voir un thé-rapeute qui m'a aidée à passer à travers tout ça. Lentement, je me suis rendu compte que j'étais une personne à part entière et que je devais assumer ma propre vie. Je me suis rendu compte que j'étais maintenant indépendante. Le grand changement pour moi, ç'a été quand j'ai commencé à prendre mes propres déci-sions.

Tina trouva un emploi. Elle connut la satisfaction d'assurer sa propre subsistance. Elle sent que ce qu'elle a gagné à cette expé-rience vaut beaucoup plus que la douleur que le divorce lui a causée. Elle considère maintenant le divorce comme ayant eu un effet posi-tif sur sa vie. Elle sait qu'elle peut réussir par elle-même, qu'elle n'a pas besoin d'un homme dans sa vie. Mais elle sait également que sa nouvelle indépendance n'indique pas la fin de son développement.

> Je suis maintenant engagée avec un type formidable. J'espère que notre relation va devenir permanente. Mais je sais que si ça ne marche pas, je n'en mourrai pas. Je suis satisfaite et heureuse dans ma vie d'être la personne que je suis.

Tout le monde n'a pas besoin d'un divorce pour se développer dans le sens où l'ont fait Tina, Candy et Heather. Quoi qu'il en soit, une fois le divorce prononcé, vous pouvez décider qu'il consti-tuera une occasion favorable à votre développement. Que le divorce soit nécessaire ou non (et nous insistons sur le fait que pour certains il l'est), il peut représenter une possibilité de développement. Bien sûr, ce n'est pas celle que la plupart des gens attendent avec impatience. Mais, si on ne le définit pas comme une possibilité de développement, il n'occasionne alors rien d'autre qu'une longue période de chagrin et d'amertume.

2. Acceptez les sentiments que vous éprouvez et tirez-en parti

Les gens commettent au moins deux erreurs quand il s'agit de leurs sentiments. Ils tentent de les étouffer ou de les ignorer, ou ils s'enracinent dans quelque émotion qui domine ensuite leur vie. Nous avons vu, par exemple, que certains voient leur vie dominée par la dépression ou par l'apitoiement sur leur propre sort pendant plusieurs années après leur divorce. Évidemment, c'est une situation destructrice qui ne fait aucun gagnant. Toutefois, il est tout aussi néfaste d'essayer d'ignorer ces sentiments, de prétendre que tout va bien, quand vous ressentez dépression, chagrin ou colère. Notre tâche n'est ni d'ignorer nos sentiments, ni de nous y enchaîner. Il faut les accepter et en tirer parti.

Affronter ses sentiments et en tirer parti peut être une démarche douloureuse; pour certains, elle peut nécessiter des gestes radicaux. Par exemple, Chris divorça dans la trentaine, deux mois après avoir reçu son diplôme universitaire et commencé à travailler comme pharmacien. Chris avait travaillé à temps plein pendant ses études, c'est pourquoi celles-ci avaient duré beaucoup plus longtemps que la normale. Il n'était pas conscient de ce que son mariage était en train de s'écrouler sous le poids des obligations et des responsabilités qu'il assumait. Sa femme le quitta.

Son départ m'a secoué jusqu'au fond de moi-même. J'aurais dû enfin pouvoir profiter sereinement du résultat de mes efforts. J'avais mon diplôme, un bon poste et un excellent salaire. J'étais propriétaire de ma maison et j'aurais dû alors avoir le temps de cultiver mes intérêts personnels.

Mais toutes ses réussites perdirent leur charme quand sa femme le quitta. Chris devait affronter une vie tout à fait différente de celle qu'il avait envisagée. Et il devait faire face aux sentiments confus qu'il éprouvait.

Ma réaction initiale à la séparation fut la panique. Je cherchais désespérément une solution à mon dilemme affectif. J'ai envisagé de chercher le soutien de mes parents en déménageant dans leur ville, mais je ne voulais pas redevenir dépendant d'eux. J'ai également considéré d'autres solutions de rechange, mais je les ai toutes refusées, sauf une.

La solution choisie par Chris parut une folie à ses amis. Mais il décida de suivre son instinct: déménager dans le haut désert de la Californie et y louer un ranch. Pour une raison qu'il ignore, il avait décidé de faire face à son sentiment d'impuissance et de solitude en s'exposant délibérément à éprouver de façon plus intense encore ces mêmes sentiments et en se forçant à survivre dans cet environnement. Sa stratégie a réussi. En fait, elle lui a permis de faire face à d'autres questions qu'il n'avait jamais réussi à résoudre et à la tourmente émotionnelle causée par son divorce.

Enfant, j'avais été brutalisé une ou deux fois par d'autres élèves. J'ai compensé ces échecs en m'engageant dans deux grandes batailles. Celles-ci ont été des baumes pour moi. Et la peur que j'éprouvais de remonter à cheval après avoir été rudement désarçonné dans ma jeunesse s'est dissipée quand j'ai acheté un cheval arabe et que je l'ai dompté. J'ai surmonté ma peur des hauteurs — jusqu'à un certain point — en travaillant pour une entreprise de taille d'arbres et en me forçant à grimper au haut des grands arbres des environs.

Chris resta dans le désert pendant neuf mois, période qu'il voit maintenant comme le symbole de sa renaissance. Il avait gagné le respect des gens mal dégrossis de l'endroit et ce respect le guérissait de son mal.

Je suis arrivé dans leur monde comme quelque chose qui serait sorti de sous une pierre. J'en suis reparti solide, fort du sentiment d'avoir vaincu les pires de mes névroses. Ces gens m'ont servi de mentors. Avec leurs façons simples, ils m'ont montré par l'exemple à devenir un homme libre. Je doute fort que j'aurais pu acquérir une telle expérience dans le cabinet du meilleur thérapeute du monde.

Chris rentra dans la ville où il habitait. Il était devenu un homme libre — libéré de la douleur du divorce et du lourd fardeau des peurs et des névroses qu'il avait traîné la plus grande partie de sa vie. Toujours célibataire, il réussit bien et ne manque pas d'optimisme. En plus de gérer sa propre pharmacie, il est engagé dans toutes sortes d'activités. Il croit que «l'être humain peut supporter toute épreuve dans la vie et en sortir vainqueur, s'il est capable de ramasser et de canaliser ses ressources, si maigres soient-elles, grâce à une détermination inébranlable».

La solution choisie par Chris, bien sûr, ne convient pas à tout le monde. Ce qui importe ici, c'est que nous devons accepter nos sentiments et en tirer parti. Pour certains, une décision aussi radicale que celle de Chris n'est peut-être pas nécessaire. Ils peuvent accepter leurs sentiments et en tirer parti en faisant des choses qu'ils avaient toujours voulu faire mais sans jamais y arriver durant leur mariage. Un homme de nos connaissances, divorcé lui aussi, s'acheta une moto — véhicule que son ex-femme abhorrait — et fit quelques voyages. Pour d'autres, le soutien des parents et des amis suffit. Dans tous les cas, on ne peut nier ni supprimer les sentiments que l'on éprouve. Seul le fait de les affronter mène à la santé et au développement.

3. Trouvez l'équilibre entre votre souci de vous-même et votre souci des autres

Il existe un danger quand vous affrontez vos sentiments et établissez votre autonomie. Il se peut que vous soyez si absorbé par votre autonomie que vous soyez indifférent à vos relations. Pris par vos sentiments, vous pourriez perdre de vue le prix du souci des autres. Un certain degré de souci de soi-même est nécessaire et sain. Mais exclure les autres de votre souci nuit à vos relations avec eux ainsi qu'à votre bien-être personnel. Un étudiant suivant des cours préparatoires à l'école de médecine nous raconta que sa relation avec une jeune femme qu'il courtisait avait pris fin. Elle avait découvert que, durant leurs moments d'intimité, il lui posait toujours les doigts sur le poignet pour prendre son pouls et ainsi vérifier ses réactions. Elle décida qu'il avait l'esprit un peu trop scientifique pour son goût et rompit.

Il faut trouver l'équilibre entre deux extrêmes aussi malsains l'un que l'autre: s'absorber totalement en soi-même et s'oublier totalement. Pour ceux qui vivent un divorce, maintenir leur souci des autres peut être rendu facile, voire nécessaire quand il y a des enfants. Comme Karen le découvrit, il est possible de se soucier de soi tout en se souciant de quelqu'un d'autre, dans son cas, de son enfant qui avait besoin d'elle. Karen est infirmière. Elle divorça il y a seize ans. Le divorce se produisit quand elle se rendit compte que son rêve d'avoir un foyer chaleureux et une carrière satisfaisante ne serait pas réalisé.

> Je me suis mariée à un type que je croyais extraordinaire. Nous avons acheté une belle voiture. Puis nous avons eu une belle petite fille. C'est alors que les difficultés ont commencé. Je croyais que c'était simplement une question d'adaptation. Mais c'était sérieux. Mon mari était un vrai bébé. Il exigeait de moi des choses qui n'étaient pas raisonnables. Même si je travaillais autant d'heures que lui, après la naissance de notre fille, il attendait de moi que je sois une ménagère parfaite, un cordon-bleu, une mère sans reproche, sa servante et un jouet sexuel. À mesure que notre fille grandissait, il la traitait comme moi: une autre servante à ses ordres. J'aurais pu lui pardonner la façon dont il me traitait moi, mais pas ma fille. Je pouvais voir qu'elle était de plus en plus troublée, parce qu'il se servait d'elle plus qu'il ne l'aimait.

En dépit des difficultés qu'elle éprouvait, Karen ne trouva pas aisé d'envisager le divorce. Elle essaya désespérément de sauver son ménage.

> J'ai essayé tout ce que je croyais susceptible de le rendre heureux. J'ai suivi des cours d'orientation familiale. À trois

reprises, j'ai quitté le foyer pour y revenir ensuite. J'en suis finalement arrivée à la conclusion que le divorce était la seule solution.

Karen déménagea dans une autre ville après le divorce. Elle était encore en pleine tourmente affective. Et elle souffrait d'une maladie qui affecte souvent les divorcés: le manque de respect d'elle-même. Elle commença à actualiser ce qu'elle ressentait: «J'ai fait la folle. J'allais dans les bars où je ramassais des types pour des aventures d'un soir. Mais les besoins de ma fille m'ont vite ramenée à la raison. Je me suis calmée et j'ai choisi de bâtir pour ma fille et pour moi-même une vie de sécurité et d'amour.»

Trouvant le juste équilibre entre le souci de son propre chagrin et le souci du bien-être de sa fille, Karen tira parti de ses sentiments pour se créer une vie pleine de sens. «J'assisterai bientôt à la remise de diplôme d'une belle jeune fille, charmante et intelligente, dit-elle avec fierté. J'ai atteint un point dans ma carrière où je réussis comme infirmière et comme consultante.» Peu après le divorce, Karen s'était lancée dans des activités qui auraient pu la mener sur un chemin tout à fait différent. Son intérêt pour sa fille l'a ramenée dans une direction qui allait leur profiter à toutes deux.

4. Tirez parti de la situation pour vous améliorer

La période suivant immédiatement le divorce peut être une bonne occasion de se restructurer intérieurement. Dans un sens, Chris était née une seconde fois à la vie après son séjour de neuf mois dans le désert. Il était transformé. Et il aimait cette nouvelle personne qu'il était beaucoup plus que l'ancienne.

D'autres divorcés nous ont raconté des histoires analogues. Ils se sont développés parce qu'ils ont profité de la période qui a suivi leur divorce comme d'une occasion de s'améliorer. Une répondante nous a dit qu'elle était déterminée à reprendre sa vie en main. Elle trouva un emploi et commença à fréquenter l'école à temps partiel. Elle se sent maintenant plus compétente et plus sûre d'elle. Un répondant qui avait été surpris par la demande de divorce de sa femme nous a dit qu'il avait appris à prêter attention à ce que les gens ressentent et pas seulement à ce qu'ils disent. Il s'est remarié, mais il ne considère plus sa femme comme faisant partie du décor. Il travaille à sa relation avec elle. Il est devenu un homme sensible.

Les hommes comme les femmes peuvent changer à la suite d'un divorce. Ken et Amanda étaient mariés depuis cinq ans quand ils ont divorcé. Mais ni l'un ni l'autre n'étaient préparés pour les grands changements qu'ils ont subis après leur divorce. Son aboutissement les a surpris encore davantage.

Amanda, femme brillante dans la trentaine, est secrétaire juridique dans un grand cabinet spécialisé en droit criminel. Elle fréquente la faculté de droit en même temps qu'elle travaille; on lui a déjà promis un bon poste à la fin de ses études. Pour elle, le divorce fut le moyen de prendre de l'assurance. Mais elle a dû lutter contre tout ce qui était en elle pour pouvoir mettre fin à son mariage.

J'avais presque vingt-quatre ans quand j'ai épousé Ken. Mes parents m'avaient enseigné à prendre les vœux de mariage à la lettre. Mon mariage, c'était pour la vie. Mon père s'étonnait souvent du taux élevé de divorces qu'il considérait comme la fin de notre société. J'acceptais ses valeurs.

Ken semblait incarner tout ce que je voulais d'un mari. Il était beau et avait le sens de l'humour. Comme moi, il croyait en la permanence du mariage. Nous nous sommes épousés un an après que j'ai eu reçu mon diplôme universitaire.

Ken était contrôleur aérien. Il travaillait par quarts. Amanda, diplômée en histoire, avait aussi appris les techniques de secrétariat au secondaire. Incapable de profiter de son diplôme en histoire pour trouver du travail, elle suivit un cours de deux ans pour devenir secrétaire juridique. L'horaire de travail de Ken mettait de plus en plus leur mariage à l'épreuve.

Après notre lune de miel, pendant un certain temps, j'ai accepté la situation et cru que je m'y ferais. Mais Ken a commencé à me presser de quitter l'école pour m'occuper de lui. Il n'aimait pas rentrer dans une maison vide après son quart de travail. Peut-être est-ce pourquoi il s'est mis dès lors à critiquer les femmes qui travaillent. Il essayait de me convaincre que j'étais destinée de tout temps à être ménagère et mère. Il ridiculisait l'idée que je poursuive une carrière. Il me faisait remarquer qu'il gagnait assez d'argent pour nous deux et que je n'avais donc pas besoin de travailler.

Finalement, Amanda céda. Elle abandonna l'école pendant six mois. Ken en était fort aise: elle était là quand il avait besoin d'elle. Mais elle n'en était pas moins malheureuse.

Nous ne voulions pas avoir d'enfants encore; je n'avais donc rien d'autre à faire que de tenir maison pour Ken. Je regardais les feuilletons télévisés l'après-midi, mais ils me déprimaient. Ils me rappelaient toutes les choses que les autres femmes faisaient. Il n'y a pas de feuilleton qui exalte le sort de la ménagère, vous savez.

Frustrée, Amanda retourna aux études. Elle n'en fit part à Ken qu'après avoir payé les frais d'inscription.

Je croyais qu'il accepterait peut-être le fait accompli. Peut-être comprendrait-il à quel point j'avais besoin de faire autre chose que le ménage. Mais ça n'a pas été le cas. Nous nous sommes disputés. Je devrais plutôt dire que j'ai dû écouter tout un sermon. Il m'a fait sentir que je l'avais trahi. Comme si j'étais une voleuse pour avoir dépensé de l'argent sans le lui dire.

Amanda reprit ses cours, mais sans le même enthousiasme.

J'étais vraiment dans une impasse. Chaque fois que j'étais en classe, j'avais de la peine parce que j'entendais Ken me dire que je l'avais trahi. Et je savais que si je n'allais pas à mes cours, je me sentirais encore plus inutile et malheureuse.

Un jour, sur le chemin de l'école, elle pensa qu'il y avait une solution logique à son dilemme: le divorce. Bien sûr, cela s'opposait directement à ses valeurs et à tout ce à quoi elle croyait. Elle rejeta l'idée et se dit que si elle concentrait son énergie à aimer

Ken davantage, ils viendraient à bout de leur problème. Elle essaya de faire preuve de plus de sollicitude, mais en vain. Elle approchait de la fin de sa période de formation. Ken se plaignait de ce qu'elle serait absente encore plus souvent quand elle travaillerait que maintenant qu'elle suivait des cours. Amanda commença à ressentir le désespoir qui pousse les gens à prendre des mesures draconiennes. Au mépris de ses propres valeurs, elle quitta Ken le jour même où elle occupa son nouveau poste.

Dans un sens, Amanda faisait preuve d'assurance. Elle était retournée aux études. Elle avait quitté Ken et, sept mois plus tard, elle demandait le divorce. Mais, d'une autre façon, elle avait manqué d'assurance. Elle s'était contentée de l'écouter humblement quand il se mettait en colère. Elle n'avait jamais tenté de le convaincre que ses aspirations étaient légitimes.

Ken trouva la séparation et le divorce pénibles. Il n'arrivait pas à croire qu'Amanda irait jusqu'au bout. Il se morfondit à la maison pendant les mois qui suivirent. Puis, un beau matin, il se regarda bien en face dans la glace.

> J'étais ébouriffé. J'avais des cernes sous les yeux et une brioche naissante. J'avais l'air moche. J'ai déposé mon rasoir et enfilé mes shorts pour aller faire du jogging. Après ma course, je me suis senti bien comme jamais depuis des années. J'ai commencé à me sentir mieux dans ma peau et à avoir meilleure mine. J'ai alors pensé à Amanda et au divorce de façon plus rationnelle.
>
> Je voulais comprendre pourquoi une carrière était si importante à ses yeux. J'ai lu des ouvrages traitant des femmes. Certains étaient ridicules. Mais d'autres m'ont aidé à comprendre. Je me suis rendu compte que j'avais commis une grave erreur avec Amanda. J'ai juré de ne jamais la refaire avec aucune autre femme.

Pendant ce temps, Amanda, avec une autre secrétaire, suivit des cours destinés à renforcer son assurance. Elles avaient conclu qu'elles en avaient besoin pour traiter avec les avocats pour qui elles travaillaient. «Ce fut une révélation pour moi», dit Amanda.

> Je me suis rendu compte qu'être assurée, ce n'est pas être agressive ou odieuse. Je pouvais faire preuve d'assurance et demeurer

femme. Je regrette de ne pas avoir su cela quand j'étais mariée à Ken. Les choses auraient peut-être été différentes.

Un an après le divorce, Amanda mit la maison en vente avant de régler les questions financières du divorce. Elle appela Ken un soir pour lui dire qu'elle avait une proposition à lui faire. Il resta silencieux un moment, puis il lui demanda si elle pouvait retarder la vente jusqu'à ce qu'ils se rencontrent et en discutent. Elle en convint. Ils se rencontrèrent deux jours plus tard au restaurant. Il lui dit qu'il regrettait la façon dont il l'avait traitée. Il comprenait maintenant pourquoi elle avait besoin d'une carrière.

Je lui ai dit que j'étais heureuse qu'il comprenne enfin. Peut-être ne rendrait-il pas une autre femme aussi malheureuse que je l'avais été. Ma réponse assurée l'a pris de court. Mais son attitude différente m'a surprise aussi. Enfin, nous avons continué à parler jusqu'à la fermeture du restaurant. Nous nous sommes revus le lendemain soir. Trois semaines plus tard, nous nous remariions.

Ken et Amanda sont maintenant heureux en ménage. Le divorce leur a été nécessaire, car il les a forcés à faire en eux les changements qui s'imposaient. Ceux qui tirent parti judicieusement des conséquences du divorce — pour essayer de comprendre ce qui n'a pas marché dans leur mariage et quels sont les changements nécessaires pour éviter que la situation ne se reproduise dans leurs relations futures — s'épanouissent. C'est Amanda qui le dit:

Même si le grand tournant était négatif, ses conséquences sur ma vie ont été positives. C'est comme aller chez le dentiste. Vous détestez les heures passées dans son fauteuil, mais vous aimez le sourire que vous arborez en sortant de son cabinet.

8

Les relations qui prennent fin
La mort

Quand Ken Bianchi était enfant, sa relation avec sa mère était difficile. Il ne lui exprimait pas ses émotions négatives. Il essayait plutôt de les nier et de trouver consolation dans l'intimité de sa relation avec son père, à son entrée dans l'adolescence. Un jour, Ken et son père firent une excursion de pêche. Plus tard, Ken se rappellera le voyage comme une expérience merveilleuse au cours de laquelle il put entrer en rapport avec son père et avec lui-même. Mais, quelques jours après l'excursion, le père de Ken fut trouvé mort au travail. Ken exprima sa grande angoisse en criant. Pendant des jours, il se retira au grenier, pleura et conversa avec son père décédé.

Quelque vingt ans plus tard, Ken Bianchi était arrêté par la police qui le soupçonnait d'un meurtre. Après une enquête approfondie, la police conclut que non seulement il était coupable des deux meurtres de femmes dont on l'avait accusé, mais qu'il en avait également tué une bonne douzaine de plus. La police de Los Angeles avait enfin identifié en lui le «Hillside Strangler» dont les crimes avaient fait la manchette des journaux.

À l'autre bout du continent, un autre auteur de meurtres multiples, David Berkowitz, le fameux «Fils de Sam», a souffert durant son adolescence de la perte de sa mère. David aussi se replia sur lui-même, passant des heures seul dans sa chambre ou à faire les cent pas dans les environs.

Bien sûr, la mort d'un parent ne fut pas le seul facteur important dans le développement de Ken Bianchi et de David Berkowitz.

Mais il est probable que leur vie aurait suivi un cours différent si leurs parents avaient vécu. La mort d'un être cher constitue la plus douloureuse des perturbations dans les relations intimes. Pour certains, la mort d'un proche laisse des cicatrices affectives permanentes. Pour d'autres, l'expérience, du moins à long terme, peut être un facteur de développement.

LA PERTURBATION ULTIME

Dans les cas de séparation et de divorce, il reste souvent un espoir tenace que, d'une façon quelconque, la relation pourra être réparée et l'intimité restaurée. La mort met fin à un tel espoir. Le caractère irrévocable de la mort fait qu'elle ne menace pas nos relations intimes de la même façon que les autres aléas. Par conséquent, dans la plupart des cas, la mort d'un être cher est l'événement pour lequel nous sommes le moins préparés et la perturbation la plus cruelle à laquelle nous ayons à faire face.

D'habitude, le processus du chagrin se divise en plusieurs étapes. Au début, il peut y avoir comme un engourdissement, presque une incapacité de prendre conscience de ce qui est arrivé et d'en ressentir le moindre effet. Une lutte se joue entre le rêve et la réalité, entre l'entêtement à nier la mort et le sentiment inéluctable d'avoir perdu quelque chose. Quand la personne éprouvée commence à accepter la réalité, les vannes émotionnelles s'ouvrent. Elle est obsédée par le souvenir du défunt, elle a besoin de faire l'expérience encore une fois de la relation qui les unissait. La plupart des gens éprouvent aussi dépression, colère, culpabilité, et ils se sentent incapables de mener une vie normale durant la période de deuil. Dans la plupart des cas, on accepte petit à petit la perte et on reconstruit sa vie grâce à de nouvelles relations et à de nouvelles habitudes. La perturbation est apaisée, non que l'on ait cessé d'aimer la personne défunte, mais parce que l'on remplit avec de nouvelles relations le vide qu'elle a laissé.

Le cas de Melinda, jeune dentiste, illustre bien la nature du processus de guérison du chagrin.

Il y a sept ans, ma petite fille de six mois est morte durant son sommeil, victime du syndrome de la mort subite. J'avais vingt-six ans et j'adorais mon rôle de mère. Ce soir-là, j'étais allée me coucher épuisée, comme la plupart des mères, redoutant le moment où je devrais me lever au beau milieu de la nuit pour allaiter ma fille. Mais elle ne m'a pas réveillée et, le lendemain matin, je me suis levée les seins gonflés et endoloris. J'ai su immédiatement que quelque chose n'allait pas. Ma vie a changé à ce moment même. Je ne savais pas à quel point la vie est fragile, combien il est facile de mourir.

Melinda est venue à bout de son chagrin d'une part en reprenant son travail et en se tenant occupée et, d'autre part, en devenant enceinte deux ans plus tard. Elle n'a jamais cessé de penser à sa fille: «Quelquefois, sa mort est vague dans mon esprit, comme dans un rêve. Mais je sens toujours quelque chose en moi.» Melinda a rempli le vide avec son deuxième enfant, un garçon en bonne santé, maintenant âgé de quatre ans. «Je n'éprouve plus de colère. Je suis ravie par mon fils et j'apprécie plus que jamais le don merveilleux de la vie.»

Bien sûr, le chagrin résultant de la perte d'un proche est difficile à supporter. L'individu peut ressentir des symptômes variés, dont la faiblesse, le nœud dans la gorge, le vide dans l'estomac, les troubles du sommeil et de l'appétit, ainsi qu'une perte ou un gain de poids. Certains augmentent leur consommation d'alcool et de tabac.

Fait intéressant à noter, plus la relation était harmonieuse, plus il est probable que l'individu s'adaptera de façon saine à la perte de l'autre. Par exemple, ceux qui sont heureux en ménage ont tendance à mieux s'adapter à la perte de leur conjoint que les autres. Ceux qui éprouvaient des sentiments contradictoires envers quelqu'un avant sa mort pourraient avoir plus de difficulté à s'adapter à son départ que s'ils avaient eu une attitude et des sentiments positifs à son égard.

Un homme dans la trentaine nous a tenu des propos ambivalents au sujet son père. Celui-ci, décédé treize ans plus tôt, avait été un homme strict et autoritaire qui menait sa famille par le bout du nez et qui voulait à tout prix que ses enfants réussissent. Quand il mourut soudainement d'une crise cardiaque, le jeune homme réagit avec une intense colère: «J'étais enragé. Tout à fait. Comment mon père pouvait-il mourir avant que j'aie pu faire mes preuves à ses yeux? Je n'avais même pas fini mon université.» Cet homme demeurait si déchiré du point de vue affectif qu'il nous a paru épuisé après avoir raconté son grand tournant. Les sentiments ambivalents qu'il avait éprouvés envers son dictateur de père avant sa mort s'étaient transformés en un chagrin inconsolable qui durait depuis treize ans.

Quelle que soit la qualité de la relation avec la personne décédée, il est probable que nous aurons à faire face à un certain degré de culpabilité et de ressentiment. Il est utile de se rappeler qu'éprouver ces sentiments est normal et presque inévitable. Nous avons entendu une histoire à propos de deux New-Yorkais dont chacun avait eu à faire face à un sentiment de culpabilité après le décès de sa vieille mère. L'un d'eux se sentait coupable parce qu'il avait prévu de la faire déménager en Floride où la vie serait plus facile pour elle. Mais elle était morte avant qu'il ait eu le temps de le faire. «Si seulement je l'avais fait déménager en Floride, peut-être serait-elle encore vivante», gémissait-il. L'autre, lui, se sentait coupable parce qu'il avait récemment fait déménager sa mère en Floride. «Si je ne lui avais pas imposé le stress de ce déménagement, peut-être serait-elle encore vivante», gémissait-il.

Une fois que les gens se tirent des sentiments inévitables de chagrin, de colère et de culpabilité, ils peuvent se servir de l'expérience pour restructurer leur vie. C'est là le rayon de lumière qui peut jaillir de la mort: à la longue, même la perturbation ultime des relations humaines peut servir à nous donner un nouveau souffle de vie.

DE LA MORT À LA VIE

Parmi ceux qui ont cité comme grand tournant la mort de quelqu'un, pour un peu plus de la moitié il s'agissait de la mort du père ou de la mère. Cependant, qu'il s'agisse de la mort d'un des parents ou de celle de quelqu'un d'autre, il existe trois possibilités de faire de cette perte une expérience positive. D'abord, nous pouvons décider de nous inspirer des valeurs positives représentées ou exprimées par le défunt. Deuxièmement, nous pouvons nous efforcer d'éviter les valeurs ou les comportements négatifs qui ont mené au décès.

Troisièmement, nous pouvons choisir de voir la vie sous un nouveau jour et l'apprécier davantage, conscients de ce qu'elle est belle mais éphémère.

Prenons le cas d'Alex. C'est un avocat qui dirige son propre cabinet. C'est également un mécène, ce qui n'est peut-être pas une combinaison inusitée, mais dans le cas d'Alex, c'était inattendu. Il a grandi dans une famille très unie où l'on enseignait aux hommes à être durs et à avoir l'esprit de compétition. Le père était un homme d'affaires qu'Alex n'avait jamais vu lire un livre. Les seuls objets d'art qui décoraient leur maison étaient des reproductions bon marché que la mère avait achetées dans un grand magasin. On y écoutait de la musique, mais jamais on n'y entendait de musique classique. Arrivé à l'âge adulte, Alex limitait ses intérêts au droit, à la politique, aux sports et aux femmes.

Il se maria pendant qu'il faisait son droit. Il avait rencontré Fay, sa femme, à une fête dans une fraternité. Elle étudiait les beaux-arts. La carrière d'Alex prit de l'essor durant les dix années qui suivirent son départ de la faculté. Fay, elle, s'efforça de se faire un nom dans le domaine de la peinture. Elle révéla tout un nouveau monde à Alex.

Nous allions à des concerts symphoniques, au ballet, au théâtre et dans les musées, les week-ends. Au début, je ne faisais pas attention à ce que j'écoutais ou voyais, pensant plutôt à mes dossiers ou rêvant à une partie de racketball pendant les représentations. Fay ne cessait de me dire à quel point ces œuvres culturelles étaient enrichissantes. Je ne la croyais pas. Ou du moins c'est ce que je me disais. En fait, je crois que j'ai pris plaisir à toutes ces choses artistiques dès la première fois. Mais je ne l'aurais avoué à personne, même pas à Fay.

Je ne me le suis pas complètement avoué à moi-même non plus, jusqu'à ce que Fay meure. Elle n'avait que trente-cinq ans. Elle a été tuée sur le trottoir par un automobiliste qui avait perdu la maîtrise de son véhicule. Soudainement, la plus belle chose de ma vie m'était enlevée.

Aujourd'hui encore, Alex n'aime pas parler de la mort de sa femme. Il aborda le sujet, puis passa à autre chose.

Aujourd'hui, je suis engagé à fond dans les activités que Fay aimait. Je fais partie du conseil d'administration de l'orchestre symphonique et je soutiens financièrement une compagnie de théâtre locale. J'adore les arts maintenant. Je peux me l'avouer. On pourrait sans doute dire que mon mécénat est une façon pour moi de remercier Fay de m'avoir introduit dans ce monde de beauté.

En réalisant les valeurs positives de Fay, Alex a pu faire de sa perte un grand tournant positif. La mort peut avoir des répercussions positives, même dans les cas où la relation avec la personne disparue a été difficile. Nicole, animatrice d'une ligne ouverte dans une station de radio du Midwest, perdit son père quand elle avait onze ans. Elle nous a raconté que sa réaction fut tout le contraire de ce qu'elle avait cru qu'elle ressentirait.

Mon père était un homme faible qui semblait ne jamais pouvoir arriver à faire face au monde tel qu'il est. Je croyais le mépriser parce qu'il laissait les autres tirer avantage de lui et parce qu'il semblait incapable de résoudre ses problèmes. Mais à sa mort, j'ai été bouleversée, je voulais qu'il revienne.

Plus tard, je me suis rendu compte que certains peuvent plus facilement que d'autres faire face à l'adversité. Et d'autres, comme mon père, n'arrivent pas à trouver moyen de résoudre les problèmes simples, encore moins les complexes. Résultat: j'ai appris à penser à mon père chaque fois que j'éprouve des difficultés. Je me force à persévérer. Je ne lâche pas.

Nicole a tiré une précieuse leçon de l'incapacité de son père de faire face au monde. Elle a appris à ne pas fléchir sous les difficultés, à chercher des solutions saines à ses problèmes. Elle est résolue à éviter les valeurs et comportements négatifs qui avaient caractérisé la vie de son père.

Les bénéfices à long terme peuvent mettre en jeu deux ou trois des possibilités déjà citées. Pour Leah, orthophoniste dans la cinquantaine, les trois possibilités ont joué dans son grand tournant. Ce n'est pas un décès qui l'a transformée, mais plusieurs. Elle raconte son grand tournant avec l'autorité d'une femme qui sait qui elle est et où elle va.

La Seconde Guerre mondiale a eu un grand effet sur moi. Je n'étais qu'une enfant à l'époque, mais ces événements lointains ont changé ma vie. Même si nous vivions dans l'Ohio, mes parents étaient tous deux nés en Europe, et nous y avions encore beaucoup de famille. Avec la famille de mon père, qui vivait en Allemagne, nous avions peu de contacts, tandis que nous correspondions régulièrement avec la famille de ma mère, qui résidait en Hongrie.

À l'âge de cinq ans, je savais tout de mes cousins, qui avaient mon âge, et j'avais toujours hâte de recevoir lettres et photos de leur famille. Je me souviens d'un oncle, membre de la marine marchande hongroise, qui était venu nous voir en 1941. Ma mère l'avait supplié de rester, mais il avait refusé, disant qu'il devait retourner et tenter de faire sortir les siens de Hongrie. Cela a été notre dernier contact avec quiconque en Europe.

Leah et ses parents tentèrent de rester en relation avec leur famille. Ils achetèrent un poste à ondes courtes et se mirent à écouter les nouvelles d'Allemagne. Leah se rappelle qu'elle entendait Hitler au beau milieu de la nuit et qu'elle tremblait quand son père lui traduisait ce que Hitler avait dit. Elle apprit qu'il y avait des camps où l'on entassait les juifs. Ses parents exprimaient leur rage et leur frustration de voir le monde sembler les ignorer. Après la guerre, ils espérèrent reprendre contact avec leurs parents, mais ce fut impossible.

Ma grand-mère vivait avec nous. J'étais particulièrement proche d'elle. Nous partagions une chambre. Au cours de ces années terribles, je l'ai vue changer. Après tout, elle était la seule à connaître vraiment ces gens-là, la seule à avoir eu des contacts face à face avec eux.

La guerre finie, nous avons communiqué avec diverses agences pour tenter de trouver de nos parents qui auraient survécu. Mais après de longs mois d'efforts, il était devenu clair que *personne* n'avait survécu à la guerre.

Le choc fut dévastateur. C'était bien pis qu'*une* mort dans la famille. C'était la famille qui était morte. Soudainement, toutes les histoires que nous avions entendues, tous les articles que nous avions lus et tous les films que nous avions vus sur le sort de ces victimes prenaient un nouveau sens.

La pensée de ce qui était arrivé à ses parents européens, comme un parasite tenace, ne lâchait pas Leah. Alors qu'elle n'était encore qu'une enfant, elle avait acquis un sens de la responsabilité et des préoccupations généralement réservés aux adultes.

Je me sentais une responsabilité non seulement envers mes parents et moi-même, mais aussi envers tous mes cousins de mon âge qui ne pourraient plus jamais faire l'expérience de la vie. Je savais que rien au monde ne pourrait me faire abandonner mon identité de juive. Ils étaient morts pour ça. Peu importe qu'ils l'aient voulu ou que cela leur ait été imposé.

Je me sentais une responsabilité: vivre pour eux. Je voulais vivre pour eux et pour moi. Ils étaient devenus une partie de moi-même. Même si je n'y avais jamais pensé de cette façon, je voulais une grande famille pour remplacer les enfants que mes cousins n'auraient jamais.

Enfin, je savais que je ne pourrais jamais tourner le dos à quiconque, groupe ou individu, qui soit opprimé ou persécuté. Je devrais faire quelque chose, quoi que ce soit, sinon je ne pourrais vivre avec moi-même. Je ne crois pas que ces décisions aient été vraiment conscientes. Je ne me suis pas arrêtée pour en dresser la liste. Jusqu'à maintenant, je n'en avais jamais fait part à personne.

Même si Leah n'a pas fait délibérément une liste de ses décisions, elle ne les a pas trahies. Elle est résolue à mettre en pratique les valeurs des disparus et à éviter les valeurs et comportements négatifs des meurtriers de ses parents. Le fait d'avoir perdu ceux-ci n'est désormais plus une source de profond chagrin, mais reste une expérience vivante et significative tout comme il y a plus de quarante ans.

Même aujourd'hui, les camps de la mort sont en moi comme si j'y avais été. Depuis, j'ai toujours combattu pour préserver mon identité de juive et celle de mes enfants dans les écoles publiques de ce pays. J'ai épousé un juif et j'ai cinq enfants. J'essaie de leur enseigner à se soucier des autres et à être justes.

Pendant plusieurs années, j'ai été un membre actif d'Amnistie Internationale, travaillant pour la libération des prisonniers politiques et pour l'abolition de la torture institutionnalisée. Parmi tout ce que je fais, c'est ce que je considère comme le plus important. Ma mère avait l'habitude de le dire: c'est comme essayer de vider l'océan à la cuiller. Si on y travaille assez longtemps, on peut y parvenir.

ARRIVER À TRIOMPHER

La plupart des gens finissent par venir à bout du traumatisme que leur a causé la mort d'un être cher. Certains semblent s'adapter assez rapidement à cette disparition. Dans un cimetière anglais, on peut lire l'épitaphe suivante:

À la douce mémoire de Jared Bates
Mort le 6 août 1800
Sa veuve, âgée de 24 ans, habite au 7 de la rue Elm
Elle a toutes les qualités d'une bonne épouse
Et a envie d'être réconfortée

Apparemment, la veuve de Jared s'est remise assez vite de son chagrin puisqu'elle a eu le temps de placer une «annonce» sur la tombe de son défunt mari afin de s'en trouver un autre.

Il ne s'agit pas ici de se contenter de se débrouiller, mais de triompher de l'adversité. Comment transformer la perte d'un être cher en un grand tournant positif? Comment faire d'un déchirement de la vie une occasion de se développer? Bien sûr, il est impossible d'éviter la douleur causée par la mort. Mais les répercussions à long terme peuvent être fort différentes, selon votre réaction. Ceux pour qui la mort est devenue un grand tournant positif ont fait l'expérience de la perte de divers êtres chers — père, mère, conjoint, parents, amis, même enfants. L'analyse de leurs diverses expériences fait ressortir un certain nombre de moyens susceptibles de provoquer des répercussions positives à long terme.

1. Résolvez les questions pendantes avec le mourant

Certains d'entre nous n'en auront évidemment jamais l'occasion. La mort peut être soudaine ou elle peut se produire loin de nous. Il se peut que le mourant souffre trop ou ne soit pas lucide. Malheureusement, il existe des gens à qui l'occasion est offerte de le faire mais qui ne la saisissent pas. Il se peut qu'ils refusent d'admettre l'imminence de la mort.

Des chercheurs qui ont étudié l'interaction entre des mourants et leur famille soulignent qu'il y a quatre types de «situations de connaissance». La «situation ouverte» est celle dans laquelle tous les intéressés savent que la mort est imminente et où chacun sait que tout le monde le sait. La «situation fermée» est celle dans laquelle le mourant ou les membres de la famille, ou les deux, ne savent pas que la mort est imminente. La «situation de soupçon» existe quand le mourant ou les membres de la famille, ou les deux, soupçonnent l'imminence de la mort même si le médecin traitant les a assurés qu'il reste de l'espoir. Finalement, la «situation de feinte» est celle dans laquelle tous les intéressés sont au courant, mais font semblant de ne pas savoir que la mort approche.

Certains croient à tort que la situation de feinte est celle qui convient le mieux au mourant. Mais elle prive tout le monde de l'occasion d'exprimer des pensées et des sentiments qui peuvent être perdus à jamais. Et s'il reste des problèmes à résoudre, tous perdent leur dernière chance de les régler.

Hannah, photographe pigiste amoureuse des voyages, fut en mesure d'établir une situation ouverte avec son père mourant. Par conséquent, cette mort imminente devint pour elle un grand tournant et lui donna l'occasion de régler avec lui certains problèmes de leur relation passée. Hannah avait quitté très jeune le foyer pour poursuivre son rêve de carrière aventureuse. Même si elle avait toujours entretenu de bonnes relations avec père et mère durant sa jeunesse, sa décision de partir blessa profondément son père. Ils eurent une vive dispute et elle partit en colère. Ce problème ne fut jamais réglé. Quelques années plus tard, Hannah se maria et s'établit dans une ville de la côte Est.

Il y avait toujours des tensions avec mon père quand je retournais en visite. Mais nous n'en avons jamais discuté. J'éprouvais encore du ressentiment à son égard parce qu'il avait voulu me retenir, parce qu'il ne m'avait pas laissée partir dans l'espoir et la fierté. Je suppose qu'il éprouvait la même chose pour moi parce que je ne l'avais pas écouté et que j'avais senti le besoin de quitter le foyer.

Au cours des années, les visites de Hannah à ses parents se firent de plus en plus rares. Un jour, elle apprit que son père était à l'article de la mort. Elle rentra immédiatement à la maison. Quels allaient être ses rapports avec cet homme à l'égard duquel son amour d'enfant avait fait place à des années de ressentiment? Elle ne pouvait pas rentrer simplement pour jouer le rôle de la fille aimante et bienveillante, et prétendre que ces années d'amertume n'avaient jamais existé.

Hannah décida qu'elle ne cacherait pas ses sentiments à son père. Il lui rendit la tâche facile, parce qu'il avait changé. En vieillissant, il en était venu à accepter plus de choses et à pardonner plus facilement. Il n'était plus le père fâché à qui on avait fait du tort, mais le père aimant qu'elle avait connu durant son enfance. Il aurait été facile à Hannah de renoncer à son intention de parler franchement à son père, de prétendre que tout allait bien et de lui offrir quelque fragile espoir de vivre.

Hannah écouta son instinct. Elle trouva son père disposé à discuter avec elle. Dans les derniers jours, ils éliminèrent les points de friction. Du fait qu'ils ont résolu leurs problèmes, Hannah peut maintenant dire: «Je ressens une nouvelle liberté depuis sa mort. Je ne suis plus en colère et je ne me sens plus coupable comme avant. Je sens que je suis une personne à part entière, une femme libre.»

2. Continuez de participer à la vie

Si nous sommes blessés par la mort d'un proche, il se peut que nous ayons envie de nous replier sur nous-mêmes, de nous dégager de nos relations et de nos activités. Ceci est dû en partie au fait que le chagrin occasionne de grandes dépenses d'énergie et que, dès lors, souvent il en reste peu pour alimenter nos autres relations. Mais cette tendance provient également du fait que les déchirements causent de profondes blessures. Si nous évitons de nous attacher, le décès des autres ne nous fera pas mal.

Le cas de Marcus, directeur des produits chez un fabricant d'équipement hydraulique, illustre bien cette tendance à se replier sur soi-même. Il n'était qu'un jeune garçon quand son grand tournant se produisit: le suicide de sa mère. Il sait s'exprimer, mais ne manifeste guère d'émotion quand il nous raconte son histoire. Il ne partage pas du tout ses sentiments avec les autres. C'est comme s'il élevait un mur pour nous empêcher de pénétrer dans son vrai monde.

Ni Marcus, ni son père, ni ses frères ne soupçonnaient que ce suicide pouvait se produire. Tous furent secoués. Marcus se rend compte que c'est à ce moment qu'il a perdu confiance dans les gens. Il commença à douter d'eux et de leurs motifs, sentant que peu étaient sincères et dignes de sa confiance. Maintenant, quelque vingt ans plus tard, il maintient toujours une certaine distance. Il réussit sur le plan professionnel, mais il reconnaît que ses relations personnelles — y compris celles qu'il entretient avec sa propre famille — sont superficielles. Déchiré par le suicide de sa mère, Marcus choisit de se replier sur lui-même pour éviter de s'exposer de nouveau à une telle douleur. Son grand tournant a laissé des marques.

Cas contraire, Ann, aujourd'hui sexagénaire retraitée, souffrit sa plus grande perte quand elle avait trente-sept ans. Mais elle resta engagée dans la vie et parle maintenant des conséquences positives de son grand tournant.

> Nous avons déménagé dans l'Ouest quand j'avais vingt-quatre ans. Cela m'a demandé beaucoup de courage. Mon style de vie a changé. Je suis devenue plus américaine et j'ai perdu les traditions familiales qui me venaient d'Italie et de Nouvelle-Angleterre.
>
> Au cours des quelques années qui ont suivi, j'ai donné naissance à quatre fils. Cela peut sembler une vie pleine. Mais je m'ennuyais un peu. Je restais à la maison la plupart du temps et j'avais peu de distractions, seulement mes quatre enfants turbulents. Puis un jour, mon second fils a commencé à se montrer

moins enjoué qu'avant. Au bout d'un certain temps, nous l'avons emmené chez le médecin. Celui-ci a diagnostiqué la leucémie. À ce moment, nous n'avions plus qu'à le regarder mourir.

Après sa mort, je me languissais de retrouver la vie «ennuyeuse» que j'avais connue avant. J'aurais aimé revenir en arrière. Je me rendais compte à quel point j'avais été heureuse sans même le savoir.

Ann fut tentée, comme nous le sommes tous à la suite d'une telle perte, de se replier sur elle-même. Mais elle ne le pouvait pas. Elle devait s'occuper d'un mari et de trois fils. Elle resta engagée dans la vie et dans ses relations. «J'ai appris à apprécier ce que je possède au moment même où je le possède. Je n'attends plus au lendemain. J'ai appris à apprécier ma vie telle qu'elle est.»

3. Essayez de comprendre le «quoi» plutôt que le «pourquoi»

Nous sommes des êtres cognitifs. Nous voulons comprendre notre monde et ce qui s'y passe. Nous pouvons faire la distinction entre le «quoi» et le «pourquoi». Comprendre *pourquoi* un événement se produit est toujours difficile, souvent impossible. Par exemple, il ne semblera jamais juste ou rationnel qu'un enfant meure. Le «pourquoi» vous échappera toujours. Mais même dans cette situation, vous pouvez tenter de comprendre le «quoi»: comprendre ce qui arrive à la personne qui meurt, ce qui arrive à ceux qui restent et ce qu'ils peuvent faire pour faire face efficacement à la situation. Cette compréhension du «quoi» ne peut être obtenue qu'en raison de l'universalité de l'expérience: perdre un être cher est une expérience commune à tout le monde. C'est en puisant à ces expériences que nous réussirons à comprendre le «quoi».

Nous pouvons acquérir ce type de compréhension de plusieurs façons: parler à des gens qui ont vécu l'expérience, lire des ouvrages qui traitent des façons d'y faire face ou, encore, nous faire guider par un conseiller. Nathan, éditeur d'une société spécialisée dans les livres de cuisine, a souffert de la plus profonde détresse avant d'être à même de comprendre. Quand il le put, il fut en mesure de mettre son expérience au service des autres. Au moment de son grand tournant, Nathan avait trente-deux ans. Il porta la main contre sa joue tout le temps qu'il parla, comme pour supporter le poids de sa tête.

Tout a commencé il y a quinze ans quand Vince, mon meilleur ami, était en train de travailler sur son chauffe-eau à gaz; l'appareil a explosé et Vince a été grièvement blessé et brûlé. Vince et moi avions grandi ensemble. Nous avions fréquenté les mêmes écoles et travaillions pour la même entreprise. Nous étions vraiment comme les deux doigts de la main.

J'étais à l'hôpital avec sa femme quand les infirmiers l'ont ramené dans sa chambre. Je n'oublierai jamais ce que le médecin nous a dit. Il croyait que ses chances de survie étaient minces, mais qu'il y avait toujours de l'espoir. Nous nous raccrochions à cet «espoir» et désirions croire que tôt ou tard Vince se rétablirait et rentrerait chez lui.

À ce moment-là, j'étais marié et ma femme venait de donner naissance à une fille. Vince, lui, avait déjà deux enfants. Loin de voir Vince se rétablir, au cours des deux semaines qui ont suivi l'accident, nous avons observé la vie qui se retirait lentement de son corps.

L'expérience a été bouleversante. Les médecins faisaient ce qu'ils pouvaient. La femme de Vince essayait de tenir le coup. Nous ne pouvions accepter ce qui se passait sous nos yeux, la mort qui s'emparait du corps de notre ami. J'étais obsédé. Je tenais à tout prix à rassurer sa famille et à lui faire garder espoir. Je cherchais la solution qui pourrait mettre fin à mon cauchemar. Mais je ne la trouvais pas.

Finalement, je me suis rendu compte que non seulement nous étions impuissants, mais que les médecins l'étaient aussi. J'allais à l'hôpital tous les jours. J'ai commencé à éprouver du ressentiment à l'égard de la femme de Vince parce que je croyais qu'elle l'abandonnait. En fait, elle était déchirée entre sa responsabilité envers lui et celle qu'elle avait envers ses enfants. Chaque jour, les médecins disaient que la fin approchait. Je n'aimais pas la façon dont certaines infirmières le traitaient. J'en avais contre le monde entier.

Nathan laissa retomber sa main sur ses genoux et il sourit brièvement en se remémorant la rage qu'il avait ressentie: «Le monde resta indifférent à ma colère. Je suppose que cela m'a aidé, mais pas Vince.»

Après la mort de Vince, Nathan entra dans une longue période de dépression. Il lui arrivait de pleurer sans pouvoir se contrôler. Il essaya d'abord de composer avec ses sentiments en alourdissant sa charge de travail. Intuitivement, il sentait qu'il devait resté engagé dans la vie. Il ne se coupa pas des gens ni de ses activités habituelles. Il consulta un médecin qui l'aida à comprendre la nature des blessures de Vince et le fait que tout avait été fait pour le sauver. Il lut un certain nombre d'ouvrages sur la mort, ce qui améliora sa compréhension du «quoi». Il apprit les phrases du processus de la mort et de celui du chagrin. Puis il se rendit compte que lui, Vince et les deux familles avaient traversé une expérience commune à tous les êtres humains. Il reconnut dans l'expérience des autres sa propre douleur. Il reconnut également que, comme tout le monde l'avait fait avant lui, il pouvait sortir de cette expérience plus fort et plus sain qu'avant.

La mort de Vince fut un grand tournant dans la vie de Nathan parce qu'elle lui permit d'atteindre un nouveau degré de maturité. Quelques années plus tard, un ami de Nathan fut terrassé par une crise cardiaque. Grâce à l'expérience qu'il avait acquise avec Vince et à la compréhension qu'il en avait tirée, Nathan fut en mesure d'aider la famille du disparu à faire face au chagrin. Il dit que même sa famille à lui en a profité.

L'expérience vécue avec Vince a resserré les liens émotionnels entre les membres de ma famille. Je me sentais coupable de leur avoir imposé ça, mais l'été suivant la mort de Vince, nous avons eu nos plus belles vacances. Je pense que nous avons tous décidé de nous apprécier les uns les autres le plus possible et de nous prouver notre amour à chaque occasion.

4. *Faites appel aux autres*

Notre deuxième conseil mettait l'accent sur le maintien des activités et des relations. Le quatrième souligne l'importance de tirer parti du soutien offert par les autres. Vous pouvez arborer un sourire factice ou bien vous retrancher derrière une façade d'impassibilité et refuser ainsi de partager votre chagrin avec les autres, même en continuant d'avoir des rapports avec eux. Ou bien vous pouvez puiser à même les ressources que représentent ceux qui se font du souci pour vous.

Souvent, ce sera un membre de votre famille qui témoignera de sa bienveillance et qui vous aidera. Mais ce peut aussi être quelqu'un d'autre. Il est généralement facile de reconnaître la personne qui vous dit: «N'hésite pas à m'appeler si tu as besoin de moi» par pure politesse de celle qui le dit — verbalement ou par son attitude — parce qu'elle est mue par le désir sincère de vous aider. Chelsea est présidente d'une société new-yorkaise de marketing et d'analyse du marché. Elle fut exposée à la mort durant son adolescence. Elle a pu survivre, physiquement et affectivement, parce qu'elle a vu qu'un de ses professeurs se souciait assez d'elle pour lui donner les conseils dont elle avait désespérément besoin.

> J'avais quinze ans. J'étais déprimée et suicidaire. Je ne sais même pas pourquoi. Tout ce que je sais, c'est que cela faisait longtemps que je n'avais pas été heureuse. Je ne sais pas si vraiment je me serais tuée, mais j'avais envisagé de le faire. Rien ne me rattachait à la vie. Ces sentiments ont été intensifiés par la noyade tragique de ma sœur. Ce fut là ce qui provoqua une rupture en moi. Je sais que mes parents m'aimaient, mais, prisonniers de leur propre chagrin, ils ne pouvaient m'aider.
>
> J'étais arrivée au bout de mon rouleau quand je suis allée voir un des professeurs que j'avais eu l'année précédente. Je sais qu'elle aimait tous ses étudiants. Elle m'a lancé une bouée de sauvetage et est devenue mon amie. Je lui ai parlé de ce que je ressentais, de ma situation. Elle a accepté de me voir chaque fois que j'en ai eu besoin. Par la suite, j'ai commencé à me guérir de la privation de ma sœur, à me sentir mieux dans ma peau et à voir la vie d'un meilleur œil. Elle m'a sauvé la vie.

Je pense que j'aurais explosé — émotionnellement — si je n'avais pas trouvé quelqu'un pour m'aider.

Partout il existe des gens sensibles et bienveillants qui sont prêts à nous écouter et à nous aider. Il suffit de faire appel à eux. Ne craignez rien, vous n'abusez pas de leur temps ni de leur énergie. En puisant à même leur force, vous serez en mesure de vous développer jusqu'au point où vous pourrez, à votre tour, mettre vos ressources au service des autres. Ainsi, loin d'épuiser la somme totale de soutien et d'amour disponible dans le monde, vous l'augmentez et la distribuez plus largement.

5. Examinez ce qui compte pour vous, ce que vous voulez être et organisez votre vie en conséquence

Au début des années soixante, le procureur général Robert Kennedy prit des vacances dans le Colorado. Ses deux enfants et lui étaient dans un magasin quand un homme entendit la fillette Kennedy dire à son jeune frère, qui selon elle s'était mal comporté, de se rappeler «son âge, ses bonnes manières et son accent de Boston». Le garçonnet, toutefois, continua de mal se comporter. La fillette lui jeta un regard foudroyant et lui dit: «Tais-toi. Tu es en train de nous faire perdre des votes.»

Dès leur plus jeune âge, les enfants Kennedy apprenaient déjà l'une des règles importantes de cette famille. La vie familiale était organisée en fonction de la réussite politique. Pour certains, la vie est loin d'être aussi bien organisée. Ils ne se sont jamais arrêtés à penser à ce qui compte pour eux, à ce qui est suffisamment important pour constituer le pivot de leur vie. Cependant, il nous faut un pivot, si nous voulons nous développer. Notre vie doit tourner autour de quelque chose d'important, quelque chose qui donne du sens à notre existence.

Pour beaucoup, la perte d'un être cher est un moyen d'apprendre ou de réapprendre ce qui compte vraiment pour eux. À de nombreuses occasions, les répondants qui ont souffert d'une perte traumatisante nous ont dit qu'ils avaient eu l'occasion d'acquérir une nouvelle perspective sur la vie, d'attacher plus d'importance aux gens qu'aux choses, d'apprécier la vie chaque jour et de refuser de se laisser affecter par des bagatelles. C'est ce type de réflexion et de restructuration de la vie qui transforme la perte d'un être cher en un grand tournant positif.

Malheureusement, nombreux sont ceux qui se laissent glisser sur leur erre. Ils continuent d'aller dans la même direction, que cela les enrichisse ou non. Il se peut que le décès d'un proche secoue certaines de ces personnes. Ils changeront de direction et la perte, dans ce sens, deviendra pour eux un grand tournant positif. C'est ce qui arriva à Robert, qui passa vingt ans de sa vie dans une entreprise qu'il détestait. Robert n'a plus l'air d'un homme d'affaires. Ses cheveux bouclés sont longs et il s'habille sport. Il parle toujours avec le dynamisme d'un homme d'affaires qui a réussi. Mais il ponctue de moments de grande émotion le récit de son grand tournant.

Je travaillais dans l'administration. Je dirigeais une quinzaine de personnes, dans un flot de documents informatisés. J'étais bien payé, on me respectait et on recherchait mes services. Je vivais le Rêve américain: j'étais propriétaire d'une superbe maison à la campagne, je possédais piscine, voitures, etc. Enfin, tout. Mais j'étais malheureux.

Je détestais mon travail, je n'en tirais aucune satisfaction. En outre, je me sentais coupable de ne pas être reconnaissant pour tout ce que j'avais, d'avoir été si chanceux. Mais souvent le matin, je sortais de ma voiture, regardais le bâtiment où je travaillais et restais planté là. Tout ce que je voulais, c'est que le temps passe vite jusqu'à cinq heures.

Robert était âgé de quarante et un an quand il fut tiré de son inertie et arraché à sa vie confortable mais malheureuse.

Un jour, j'ai reçu un appel m'informant que mon jeune frère était hospitalisé à la suite de troubles cardiaques. Nous ne nous doutions pas qu'il souffrait du cœur. Il n'avait que trente-huit ans. Il ne fumait pas et buvait peu. J'avais toujours cru que c'était un fanatique de la santé et voilà que les médecins nous disaient qu'il fallait nous résigner à sa mort.

Nier l'évidence constituait ma seule ressource à ce moment-là. Je croyais fermement que ce type de malheur ne pouvait pas nous arriver à nous. Cet homme était aussi mon meilleur ami. Mon frère pouvait me faire rire comme personne d'autre. Je ne pouvais supporter toutes ces émotions.

J'ai passé le plus de temps possible avec lui durant les quelques jours de son hospitalisation. Mais il est mort seul, tôt le matin. J'ai passé les quelques jours qui ont suivi sans vraiment savoir ce que je faisais. J'étais comme paralysé. Je me souviens de toutes les images, mais j'ai oublié tout ce que j'ai ressenti alors. Cet engourdissement doit être une forme de défense pour l'être humain, pour survivre et se tirer d'une situation de ce type.

Puis tout à coup le ciel m'est tombé sur la tête. Je me suis effondré et j'ai pleuré pendant trois jours. Je n'éprouvais pas que du chagrin. J'en voulais à mon frère d'être mort et je m'en voulais de lui en vouloir. Quand je n'étais pas en larmes ou en colère, je me noyais dans la dépression. Je ne faisais que penser à ce qu'il était avant son entrée à l'hôpital. C'était un homme si heureux, si plein de vie.

Je suppose qu'on ne peut endurer bien longtemps un chagrin comme le mien. J'ai fini par reprendre le dessus. Ma vie, ma famille et mon travail avaient été négligés. Il me fallait me regarder bien en face et regarder aussi ma situation. Je n'ai pas aimé ce que j'ai vu.

La situation au travail a empiré. J'y suis retourné. J'ai observé et écouté comme je ne l'avais jamais fait. J'ai vu ma vie et mon travail sous un jour nouveau. Je savais que je devais être honnête avec moi-même. Je ne pouvais plus prétendre que tout était bien, même pas tolérable.

Ma vie était devenue une farce. J'étais comme une machine. Tous mes rêves de jeunesse, toutes mes aspirations étaient perdus quelque part dans mon passé. Je me demandais sans cesse si c'était vraiment tout ce que la vie avait à m'offrir. Finis les mensonges. Le moment était venu de me résigner ou de résister. Je mesurais toute l'importance du choix qui s'imposait à moi, mais je savais précisément que j'avais le choix et que je devais me décider.

Robert discuta avec sa femme. Ils parlèrent de leur vie de couple et s'interrogèrent sur ce qu'ils voulaient faire. Fort de l'accord et du soutien de sa femme, Robert quitta son emploi. Ils avaient quatre filles à nourrir. Sa femme retourna sur le marché du travail et Robert se consacra à une vieille passion: l'art. Il travaille comme artiste libre et exploite un petit studio où il vend ses œuvres. Il ne fait pas beaucoup d'argent, mais il voit l'avenir avec optimisme.

Franchement, c'est très stimulant, mais ça me fait peur aussi. Le changement n'offre jamais de garantie. Mais tout s'enclenche, une fois que l'individu trouve le courage de prendre une décision. J'aimerais pouvoir vous faire connaître tout l'amour qui existe entre deux frères, un qui est mort et l'autre qui vit plus pleinement à cause de cette mort. Son courage a déteint sur moi. La manière dont il a fait face à la mort m'a enseigné comment faire face à la vie. J'espère quand je vous raconte mon histoire que vous ne retiendrez pas seulement la douleur que vous y avez vue. Sachez qu'elle m'a fait me développer d'une façon extraordinaire. Vous devriez voir tout ce qui s'est passé en moi et tout ce qui m'est arrivé depuis. J'aimerais que mon frère puisse partager toute ma joie.

Comme beaucoup d'autres, Robert lutta contre son abattement et sortit vainqueur de cette lutte. Il ne se contenta pas de survivre, il voulut redevenir capable de jouir de la vie. Grâce à un auto-examen et à la réorganisation de sa vie, il a pu triompher. Il est résolu à saisir l'avenir et à le modeler, de sorte que sa vie puisse être aussi riche que celle de son frère. Sa perte s'est transformée en gain.

9

Les transitions
Entrer dans un nouveau monde social

Nous souffrons tous du problème d'Alice. Rappelez-vous que lorsque Alice traversa le miroir pour entrer au pays des merveilles, elle rencontra la Reine de Cœur qui la prit par la main et se mit à courir avec elle. Quand finalement elles s'arrêtèrent, Alice se rendit compte qu'elles étaient toujours au même endroit. La Reine l'informa que dans son pays, «il faut courir beaucoup pour rester à la même place».

Nous vivons dans un monde de changements rapides, où il nous semble falloir courir à toute vitesse rien que pour ne pas reculer. À peine publiés, les manuels d'électronique sont dépassés. Les appareils électroménagers que nous achetons sont démodés et remplacés par des modèles plus perfectionnés avant même que nous ayons fini de les payer. De nouvelles modes surgissent de partout, dans tous les domaines, des vêtements à la musique, avant que nous ayons eu le temps de nous habituer à celles qui sont déjà désuètes.

Comme si cela ne suffisait pas, la plupart d'entre nous font l'expérience d'une transition sociale, à un moment donné de leur vie. Le déménagement soudain dans un nouveau monde social est le plus radical et le plus instantané des changements. Ceci peut se produire quand on déménage d'un endroit à un autre, comme lorsque l'on fait un voyage, que l'on emménage dans une nouvelle ville ou que l'on fait son service militaire. Ceci peut également se produire quand on rallie un nouveau groupe, par exemple une organisation religieuse, qu'on s'engage dans la politique, dans des mouvements sociaux ou dans quelque événement culturel qui nous transforme.

À certains moments, nous devons faire face à des changements si nombreux que, comme Alice, le souffle peut nous manquer. Il se peut que nous ressentions ce que l'un des personnages de James Fenimore Cooper a décrit quand il disait que la nation entière était en mutation constante. Il se peut que nous nous demandions s'il est sain de vivre dans un monde où tout change si rapidement. Alvin Toffler avait-il raison quand il disait que nous souffrons du «choc du futur»?

En réalité, l'homme fait preuve d'une remarquable capacité de changement. Comme les autres expériences dont nous avons parlé, les transitions sociales ont des conséquences qui varient d'un individu à l'autre. Elles peuvent être désastreuses, enrichissantes, voire ennuyeuses ou nulles. Cela dépend en grande partie de la façon dont nous les définissons.

Certains voient telle expérience comme étant douloureuse mais utile à long terme, alors que d'autres n'y voient que douleur. Certains considèrent telle autre expérience comme un moment de joie unique, alors que d'autres s'y ennuient. Par exemple, une de nos connaissances est allée voir le Grand Canyon. À son retour, cet homme a résumé son voyage en haussant les épaules et en nous disant qu'il ne s'agissait là que d'«un grand trou dans la terre». Pourtant, la plupart de ceux qui se sont tenus près de ce «trou» ont ressenti émerveillement, crainte et respect à l'égard de la nature. Pour certains, la transition dans un nouveau monde social ne sort pas de l'ordinaire. Pour d'autres, elle peut constituer un grand virage.

VOYAGE

Un des paradoxes de la vie, a écrit le philosophe Alfred North Whitehead, c'est que le monde «a envie de nouveauté alors qu'il est hanté par la peur de voir s'évanouir le passé, avec ses choses familières et ses êtres chers». Une bonne façon de résoudre ce dilemme, de satisfaire notre envie de nouveauté tout en restant attaché aux éléments familiers de notre passé, c'est de voyager. En effet, le voyage constitue une aventure dans l'inconnu qui ne menace pas le confort de notre connu. C'est ainsi que John Steinbeck s'aperçut que les gens l'enviaient et voulaient faire comme lui quand il partait pour de longs voyages à travers l'Amérique avec son chien Charley. Presque tous ceux qu'il rencontra exprimèrent le désir de faire la même chose que lui, de passer du temps à vagabonder d'un État à l'autre. Personne ne voulait le faire de façon permanente; tous étaient attachés à l'endroit où ils vivaient. Ils voulaient donc profiter de l'inconnu et du connu tout à la fois, et les voyages pouvaient satisfaire ce besoin.

Le voyage, de par sa nature, peut donc constituer un grand tournant. Mais tout le monde ne fait pas l'expérience d'un grand virage en cours de route. Certains rentrent maussades, comme cette femme qui alla faire du camping pendant une semaine durant laquelle il plut tous les jours. D'autres rentrent avec quelques histoires intéressantes à raconter, comme cette autre femme qui visita la tour penchée de Pise, il y a quelques années. Elle remarqua un homme qui distribuait un bout de papier aux touristes qui garaient leur voiture dans les environs. Il demandait à chaque chauffeur un montant d'argent. Les touristes pensaient qu'ils payaient pour le stationnement. Mais la femme, qui parlait l'italien, regarda ces bouts de papier et vit que cet homme leur vendait une assurance-auto, pour le cas où la tour s'effondrerait.

Qu'arrive-t-il aux gens qui rentrent de voyage avec non seulement des histoires intéressantes, mais aussi une vie changée? Ceux pour qui le voyage a été un grand tournant ont le sentiment de s'être développés, d'avoir acquis une nouvelle indépendance et d'être plus conscients et plus ouverts.

La croissance personnelle fut la récompense de Jason, un optométriste aux tempes grisonnantes qui semble aujourd'hui le modèle même du conformisme. Mais Jason n'a pas toujours été si traditionnel. À dix-huit ans, il partit en montagne, à la recherche de la solitude et de choses à découvrir. Jason croit que son grand tournant est né du mécontentement qu'il ressentait depuis l'âge de neuf ans.

J'étais en quatrième année dans une école catholique. Je commençais pour la première fois à examiner et à mettre en doute les enseignements que j'avais toujours pris pour des vérités. Une expression hantait mon esprit: «la vie éternelle après la mort». J'étais tout à fait fasciné par ce qu'on m'enseignait sur la vie, la mort, l'éternité. Je n'avais que neuf ans, mais je voulais en savoir plus long. À mes questions, cependant, on me répondait que je devais avoir ce qu'ils appelaient la foi. Mais la foi n'allait pas être suffisante.

Je n'ai pas cessé de ruminer ces questions. Il serait difficile de fréquenter une école catholique en les ignorant. Arrivé à l'âge de dix-huit ans, le conflit entre le besoin de savoir et l'incapacité de comprendre ces concepts était devenu insupportable. Il me fallait trouver une solution quelconque ou, au moins, l'équilibre.

J'étais attiré par les Rocheuses et le Colorado. Pourquoi les Rocheuses? Je ne sais pas. Je ne me souviens même pas d'avoir choisi. J'ai fait mes bagages et j'ai quitté mon emploi d'été. Une fois dans les montagnes, je me suis dirigé immédiatement vers un parc national et j'ai garé ma fourgonnette dans un coin désert d'un terrain de camping.

Pendant les deux semaines suivantes, sauf pour mes courses en ville, j'ai passé la journée à marcher dans la montagne et à réfléchir. Les nuits, je les ai passées à essayer de garder le feu allumé pour ne pas mourir de froid. Pendant ce séjour, j'ai eu l'occasion de voir les animaux dans leur vie quotidienne et, quelquefois, je les ai vus mourir. J'ai observé les étoiles filantes et les couchers de soleil. J'ai vu des oiseaux qui se font la cour et qui s'accouplent en plein vol. J'ai aussi réfléchi à ma mort, à ce qui se passerait après, à ce qu'elle signifiait pour moi maintenant et à ce qu'elle pourrait signifier plus tard.

Il n'y a pas eu d'événement marquant, simplement un éveil graduel. À la fin de la deuxième semaine, je savais que j'avais mes réponses et que le moment était venu de rentrer dans le monde que j'avais fui. La conséquence principale de ces deux semaines d'introspection sur ma vie, c'est que le conflit qui jusque-là avait nui à mon développement en tant qu'individu s'est résolu. Ce séjour avait fait de moi un être beaucoup plus calme. Je n'étais plus énervé par une espèce d'urgence permanente. J'étais en paix avec moi-même.

Cet isolement dans la nature donna à Jason une nouvelle façon d'envisager la vie et la mort. Il commença à se voir dans le drame monumental de la vie, drame dans lequel il pouvait jouer sans avoir besoin de posséder les réponses aux questions qu'avait fait naître en lui son éducation catholique. Il se réconcilia avec le grand mystère de la vie, ce qui lui permit de se développer davantage.

Allison est âgée de près de trente ans. Elle travaille dans une banque à Los Angeles. Elle connut une expérience tout à fait différente de celle de Jason au cours d'un voyage. Mais elle aussi considère son voyage comme un grand tournant. Son expérience commença il y a six ans, quand elle reçut son diplôme universitaire. Elle avait décidé de célébrer l'occasion parce qu'elle était la première dans sa famille à avoir jamais étudié à l'université. Elle décida d'aller rejoindre un ami en Colombie.

> J'étais fin prête pour l'aventure, même si je ne connaissais pas un traître mot d'espagnol. Arrivée à l'aéroport de Bogota, j'ai aperçu mon ami et je me suis dirigée vers lui. Un policier m'a alors interpellée et s'est adressé à moi en espagnol, de façon brutale. J'ai eu peur de mourir sur-le-champ dans ce pays étrange. Je ne pouvais même pas lui expliquer ce que je faisais. Après un long moment de confusion, j'ai compris que je devais passer par les douanes.

Allison avait décidé de partir vers un pays exotique comme dans ses rêves romantiques. Elle croyait qu'elle serait accueillie par un peuple qui l'admirerait et qui l'apprécierait du seul fait qu'elle était américaine. Elle avait imaginé qu'elle participerait à des festivals avec les gens du pays, qu'elle leur sourirait en traversant les marchés et qu'elle savourerait leur cuisine en partageant leurs repas. Ses idées romantiques furent émoussées par sa rencontre avec le policier de l'aéroport. Ses rêves s'évanouirent tout à fait quand elle arriva à sa résidence.

> Je me suis trouvée dans un appartement qui était inférieur à mes normes de pauvreté. Pourtant, certains Colombiens m'enviaient parce que j'avais l'eau courante. À leurs yeux, je vivais dans le luxe. Pendant un certain temps, j'ai continué à me sentir désorientée, et à souffrir d'être étrangère et incapable de communiquer. Le fait que j'étais grande et blonde me faisait remarquer partout. Comble de malheur, j'étais malade aussi. Il y avait

dans les aliments et dans l'eau des bactéries auxquelles la plupart des gens s'adaptent rapidement. Mais moi, j'ai été malade pendant les cinq mois que j'ai passés en Colombie.

La réaction d'Allison à tout cela fut d'éprouver le choc le plus brutal. D'abord, elle envisagea de rentrer immédiatement chez elle. Puis elle décida de persister à vouloir rencontrer des gens et à apprendre à connaître leur culture. Elle s'inscrivit dans un cours intensif d'espagnol, se mit à enseigner l'anglais et commença à rencontrer de plus en plus de Colombiens dont elle finit par comprendre les habitudes. Sa persistance portait fruits. Mais ce n'est qu'à son retour aux États-Unis qu'elle se rendit vraiment compte à quel point l'expérience l'avait changée.

Je suis arrivée à l'aéroport de Los Angeles et ç'a été le choc encore une fois. L'aéroport avait l'air aseptisé. Mon voyage avait irrévocablement changé ma vision du monde. Je ne peux plus dire que je suis Américaine, car il y a une Amérique du Nord et une Amérique du Sud. Je dis maintenant que je suis citoyenne des États-Unis. Je suis plus sensible aux divers faits culturels. Et mes idées politiques sont maintenant orientées vers la paix du monde.

En réfléchissant aux effets de ce voyage sur ma vie, je suis encore surprise de leur force. Ce voyage m'influence encore. Par exemple, j'adore me retrouver dans un endroit qui a une saveur internationale. Honnêtement, je suis une meilleure citoyenne du monde et de mon propre pays. Je suis sensible au pouvoir des différences culturelles sur le comportement individuel. J'avais tendance à penser que ce qui était bon pour moi était bon pour tout le monde. Nous devrions tous faire un séjour dans un pays étranger à un moment donné.

Tracy, jeune architecte du Midwest, passa trois mois en France, alors qu'elle ne connaissait que des bribes de la langue française. Elle fit l'expérience du choc des cultures comme Allison, et profita elle aussi de maintes façons de son voyage.

J'ai réussi à me débrouiller avec un mélange d'anglais, de français et de gestes. Cela m'a permis d'être plus créative. Je pouvais demander mon chemin, solliciter de l'assistance, et admonester quelqu'un sans connaître la moitié des mots nécessaires. En général, je voyageais seule. J'ai acquis de plus en plus de confiance en ma capacité de traiter avec une grande variété de gens et à me sortir d'une multitude de situations. Je suis maintenant plus disposée à m'embarquer dans des aventures et à relever des défis, bref à risquer davantage. C'est en raison de cette expérience que j'ai choisi de devenir architecte plutôt que dessinatrice.

Ainsi, les voyages peuvent être un moyen de nous développer, de nous découvrir et de découvrir la richesse et la diversité de la race humaine. À certains moments, l'expérience nous fait retrouver notre âme d'enfant. Écoutez cette réflexion de quelqu'un: «J'étais redevenu un petit garçon, je redécouvrais la fascination et le merveilleux du monde dans lequel nous vivons.»

CHANGEMENT DE RÉSIDENCE

Le voyage est une brève exploration d'un autre monde social. Il est probable que le changement de résidence est un engagement à long terme dans un nouveau monde social. Comme pour le voyage, on associe le changement de résidence avec des idées romantiques de fuite vers un monde nouveau et meilleur. Mona Simpson a bien décrit cette idée dans son roman *Anywhere But Here,* histoire d'une mère et de sa fille qui quittent leur petite ville du Midwest pour chercher gloire et bonheur en Californie. Elles imaginent leur rapide ascension au firmament des étoiles à Hollywood. Comme d'habitude, la réalité se révèle bien différente des rêves.

Même si tous nos rêves ne se réalisent pas, il se peut que le nombre de rêves réalisés soit suffisant pour que le déménagement devienne un grand tournant positif. Comme le déménagement est un changement plus radical que le voyage, il pourrait être plus difficile de retourner vers le confort du familier. Par conséquent, certains éprouvent durant les premières semaines des sentiments d'insécurité, d'angoisse ou même de colère et de dépression. Même un déménagement à l'intérieur de la même région peut être stressant. Carolyn, propriétaire d'une petite boutique de cadeaux, se souvient d'un déménagement qui fut pour elle un grand tournant, quand elle avait dix-sept ans. L'événement semble sans grande conséquence, mais il lui fit prendre conscience de l'importance de vivre dans un endroit où elle était entourée de gens bienveillants. Cette prise de conscience affecta le reste de sa vie.

> Mon foyer, la maison dans laquelle je vivais, avait toujours été une chose importante pour moi. Je me souviens encore des images, des sons et des odeurs de ma maison quand j'étais très jeune et de la maison des gens qui me sont chers. Nous avons dû déménager à la suite de la promotion du mari de ma mère. Mes parents étaient heureux, parce que cela signifiait une plus grande stabilité financière. Mais ils étaient tristes aussi, comme moi, parce que nous allions quitter notre quartier et des amis très proches. Jusqu'à ce jour, je garde en tête des souvenirs et des images de cette maison. Pendant plusieurs années, elle apparaissait toujours dans mes rêves, surtout durant les périodes de stress, comme quand j'ai divorcé et que j'ai déménagé dans l'Ouest pour amorcer une nouvelle carrière.

> Mes parents avaient bâti notre maison de banlieue durant les années cinquante. Puis mon père est mort subitement d'une crise cardiaque. Notre foyer est alors devenu triste. Mais un nouveau début a été marqué par le remariage de ma mère. Des bébés sont nés. Le grenier a été aménagé pour suffire à la famille grandissante. Il y a eu beaucoup de fêtes avec les tantes, les oncles, les cousins et les grands-parents.

> La maison était importante pour moi parce qu'elle était associée à mon enfance et à mon adolescence. Plus importante encore en raison de la bienveillance extraordinaire de nos voisins. À la mort de mon père, quelques familles du voisinage ont gardé un œil sur ma sœur et sur moi. Chaque fois que ma famille avait besoin d'aide, les voisins trouvaient moyen de nous la fournir, sans que nous perdions notre dignité. Grâce à eux, j'ai encore le sens du voisinage, de la collectivité.

L'expérience d'avoir grandi dans ce voisinage puis d'avoir déménagé a donné une structure aux relations de Carolyn avec les autres.

Où qu'elle vécût, Carolyn a toujours cherché à établir un climat de confiance et de partage avec ses voisins. Partout, elle éprouve le besoin de faire partie de la collectivité dans laquelle elle vit.

> La collectivité dans laquelle j'ai grandi a laissé son empreinte dans mon esprit. Je trouve important de me rapprocher de mes voisins. Cela me donne une sécurité intérieure. Pourtant, ce n'est pas simplement pour ce que je reçois. Je crois qu'avoir grandi auprès de gens bienveillants m'a rendue plus bienveillante moi-même dans mes relations avec les voisins.

Presque aucun des répondants à qui nous avons posé la question ne considèrent un de leurs déménagements comme étant un grand tournant négatif. Une fois passée la période initiale de sentiments négatifs (s'il y en a une), le déménagement apparaît comme un événement extrêmement positif. Cette perception est généralement accompagnée d'un sentiment de développement personnel, de liberté et d'indépendance, d'élargissement des perspectives et de possibilités nouvelles. En fait, dans certains cas, il se peut que le changement de résidence soit essentiel au bien-être de l'individu. Dans le cas de Danny, administrateur municipal dans le Nord-Ouest, la décision de déménager pourrait bien avoir sauvé au moins une vie. Ce qui est sûr, c'est qu'elle a changé en mieux la vie de toute la famille. Danny est un homme de petite taille; il est âgé d'une trentaine d'années. Sa voix est tonitruante et il a conservé son accent new-yorkais. Il sourit fréquemment durant son récit, ce qui donne l'impression qu'il a été moins affecté par les événements que ce n'est vraiment le cas.

> J'ai grandi dans un des quartiers les plus durs de New York. Mon père est mort quand j'avais sept ans. Ma mère a dû travailler presque jour et nuit pour élever ses six enfants. Nous avions peu et, si nous voulions davantage, nous devions le voler. Peu de temps après la mort de mon père, je me suis joint à la même bande que mes frères. Cette bande est vite devenue tout pour moi. Mes frères avaient déjà eu des démêlés avec la police, l'aîné ayant même fait de la prison. Ce fait le rendait encore plus prestigieux aux yeux des membres de la bande.

Quand j'avais treize ans, notre bande est entrée en guerre avec une bande rivale. Mon frère Dom a été tué. Nous étions très proches l'un de l'autre. J'étais vraiment enragé; je voulais tuer tout le monde. Mon frère aîné était encore plus en colère que moi. Il était fou de rage. Il s'est armé d'un revolver. J'ai bien essayé de le retenir, de lui faire comprendre qu'il avait besoin d'aide, mais en vain. Il ne voulait pas m'écouter.

D'une façon que je ne comprends pas, ma colère s'est transformée en peur de perdre un autre frère. Je me suis rendu compte de la bêtise et de la futilité de toute l'affaire. Mon frère a tué un membre de la bande rivale et la police l'a abattu.

La mort de ses frères eut un impact extraordinaire sur Danny. Sa vision des choses changea. Il ne voulait plus faire partie d'une bande. Il lui semblait que la bande demandait plus de lui qu'elle ne lui donnait. Il était résolu à ce que personne d'autre dans sa famille ne fût jamais exposé à la guerre des gangs. Il trouva un emploi et suivit des cours du soir. Mais il découvrit vite qu'il ne pouvait prendre impunément de telles décisions.

Les quelques mois qui ont suivi la mort de mes frères, la vie a été très dure, parce que le gang me harcelait, moi et ma famille. J'étais censé être membre du gang pour la vie et venger mes frères tombés. Nous avons dû quitter le quartier. Cela a été très dur pour ma mère qui laissait derrière de nombreux amis. Mon jeune frère était déjà dans une bande. Ma sœur était enceinte à quatorze ans... Il semblait que, quoi que fasse ou dise ma mère ou moi-même, nous étions pris dans l'engrenage de la «culture» de la ville.

Côté argent, cela allait mieux qu'avant. J'avais un bon emploi et ma mère travaillait. Mais je savais que nous devions partir. Nous devions nous éloigner de ce genre de vie, de l'influence de la ville et des gangs. Je voulais partir assez loin pour que les gens qui allaient devenir nos voisins nous demandent d'où nous venions, à cause de notre accent.

Ainsi, sans vraiment avertir personne, ma mère et moi avons quitté nos emplois, tout vendu, sauf quelques meubles, et déménagé. Nous nous sommes retrouvés dans une ville de l'État de Washington. J'avais dix-huit ans. Ma mère s'est trouvé un emploi le troisième jour, mes frères et moi, au bout d'une semaine. Les plus jeunes d'entre nous ont connu quelques difficultés au début, mais tous, nous croyions avoir pris la bonne décision. Ma mère s'est remariée. Nous sommes tous allés à l'université, nous avons tous trouvés de bons emplois et avons chacun fondé une nouvelle famille.

Rares sont ceux dont l'histoire est aussi dramatique que celle de Danny. Quoi qu'il en soit, la plupart des répondants nous ont parlé des conséquences positives de leur déménagement:

- «Je suis devenu plus raffiné, plus conscient des diverses cultures.»
- «Déménager m'a donné l'impression que j'étais libre de faire ce que je voulais, de travailler où ça me plaisait et de prendre mes propres décisions.»
- «Même si ça a été difficile parfois, je referais la même chose si c'était à refaire. J'ai trouvé un meilleur emploi et je me suis fait de nouveaux amis.»
- «Déménager a vraiment renforcé mon amour-propre. Ç'a été un défi à relever, un nouvel environnement. J'ai appris à ne pas avoir peur de lutter. Je sens que je me suis prouvé et que j'ai prouvé aux autres que je pouvais être indépendant dans ma carrière et dans ma vie personnelle.»

CONVERSION

Nous ressentons tous le besoin de nous engager dans quelque chose qui nous dépasse, de faire partie d'un tout qui transcende douleur ou plaisir personnels. Cela se réalise souvent au cours d'une conversion, dans un contexte religieux ou non. La conversion religieuse, écrivit William James, psychologue américain d'avant-garde, est le processus au cours duquel «le moi jusque-là divisé et conscient d'avoir tort, d'être inférieur et malheureux, devient unifié et conscient d'avoir raison, d'être supérieur et heureux». Une conséquence de la conversion, selon James, c'est le sens du renouveau qui illumine le monde de l'individu. James cite Jonathan Edwards: «L'apparence de toute chose était altérée. Une lueur paisible et douce de gloire divine semblait avoir presque tout touché.»

De même, deux spécialistes des sciences sociales de notre époque, Peter Berger et Thomas Luckmann, affirment que la conversion religieuse constitue le prototype d'une altération de la vision qu'a de la vie l'individu concerné. Ils soulignent qu'un changement du même type peut être produit par l'endoctrinement politique ou une psychothérapie. Ainsi, surtout quand il s'agit d'adultes, la conversion peut être une rupture avec le passé, l'affirmation que le renouveau est possible et qu'on s'y engage.

L'expérience de Charles Colson, que l'on a déjà surnommé l'«homme de main» de Richard Nixon, illustre ce type de transition. Sa conversion fut d'ordre religieux. À l'époque du scandale du Watergate, Colson était aux prises avec sa vision du monde et son identité à lui. Il rencontra un ancien associé qui s'était converti et dont les nouvelles attitudes l'étonnèrent. Colson se convertit sous l'influence conjuguée de cet homme et de ses lectures et réflexions. Colson écrit que, grâce à sa conversion, il a acquis une nouvelle perspective du monde et de lui-même. Il a senti jaillir de lui toutes les émotions négatives qu'il éprouvait auparavant. Il sent que la présence de Dieu remplit le vide qui était en lui et lui donne une nouvelle conscience de toute chose.

Colson fut par la suite condamné à la prison en raison de son implication dans l'affaire du Watergate. Certains virent sa conversion comme le stratagème d'un homme intelligent et retors qui veut éviter la prison à tout prix. Mais l'engagement de Colson ne tiédit jamais. En prison, il devint un apôtre du Christ. À sa libération, il travailla en prison à la création d'un mouvement apostolique, faisant don à cette cause de ses honoraires de conférencier et d'une partie de ses droits d'auteur.

La conversion de Colson fut provoquée par son mécontentement et par sa perplexité. Souvent, c'est le vide intérieur, l'absence de but ou des problèmes personnels qui ouvrent la voie à la conversion. Dans certains cas, toutefois, l'individu rapporte que sa conversion a eu lieu quand il s'est soudainement vu confronté à quelque chose qui ressemblait à un désir intérieur. Voici ce que dit l'un des répondants: «Je suis entré en contact avec la foi à l'âge de dix-neuf ans. Quand j'en ai entendu parler, j'ai su que c'était ce que je cherchais. Ce n'est pas parce que j'éprouvais un sentiment de culpabilité ou d'incompétence. Ce n'était pas le cas. Non, j'ai simplement fait une découverte qui m'a fait avancer de façon irrésistible.»

Une fois convertis, les gens parlent de renouveau dans bien des aspects de leur vie: amour, acceptation des autres, développement personnel, but dans la vie, paix de l'esprit. Il y a également un changement de comportement, comme celui que nous a raconté Kevin, dont le naufrage a été évité grâce à sa conversion. Kevin ressemble à un joueur de football professionnel, mais il est urbaniste dans une ville de l'Est. Voici comment il raconte son expérience.

Il est indiscutable que l'événement le plus important de ma vie, mon expérience la plus précieuse, a été le voyage spirituel que j'ai entrepris il y a plusieurs années. J'avais vingt et un ans. J'étudiais à l'université en sociologie et en urbanisme. Dans ma vie personnelle, on aurait pu dire que j'étudiais l'autodestruction: drogues, sexe et activités criminelles. Tout cela pour échapper à d'intenses sentiments d'insécurité, de confusion et à l'impression que ma vie n'avait pas de sens.

J'étais un rebelle enragé. Je m'engageais dans les groupes d'activistes à l'université et dans toutes les organisations qui me permettaient de me défouler sur le monde hypocrite de mes parents qui, à mon point de vue, était la cause de mon «mal-être». J'éprouvais du ressentiment à l'égard d'une société dans laquelle on considérait que mon père avait réussi du fait qu'il détenait un doctorat et qu'il était un professeur respecté. Pourtant, il avait abandonné femme et enfants pour se remarier avec quelqu'un qui convenait mieux à son style de vie. Mon deuxième père et mon troisième n'ont réussi qu'à intensifier ma colère et mon désir de battre le système.

En réfléchissant à cette période troublée de ma vie, je me rends compte qu'à ce moment-là j'étais prêt pour quelque chose, quoi que ce soit qui pourrait me faire abandonner mes comportements d'autodestruction et m'apporter un peu de stabilité. Pourtant, je sens que, même sans la douleur et les traumatismes, j'aurais éprouvé le besoin d'avoir un but qui me dépasse moi-même et qui dépasse mes objectifs personnels.

Mon pèlerinage spirituel a été accéléré par la lecture fortuite d'un ouvrage de David Wilkerson intitulé *The Cross and the Switchblade*. Il m'est tombé sous la main au cours de mes recherches sur la délinquance et sur les gangs de jeunes. J'y ai trouvé plus que des statistiques pour mes travaux. Le livre contenait le témoignage d'un homme sur sa relation personnelle avec Dieu. Je me suis dit que si cet homme disait la vérité, il entretenait une relation authentique et importante avec Dieu, et que j'en voulais une aussi.

Peu après la lecture du livre, Wilkerson prononça une allocution à l'université de Kevin. C'est durant cette allocution que Kevin connut son expérience de conversion. Le moment est resté gravé dans sa mémoire.

La seule façon d'exprimer la magnitude de ce moment, c'est de parler des émotions qui m'ont rempli. J'ai immédiatement senti monter en moi un sentiment de paix et de tranquillité, accompagné de la conscience d'un amour si total et complet que j'ai fondu en larmes aussitôt que j'en ai vu la beauté. À ce moment, j'ai su que ma vie ne serait plus jamais la même.

ACTIVISME POLITIQUE

Comme nous l'avons dit, l'expérience de la conversion, c'est-à-dire le sentiment d'être sauvé d'un passé plus ou moins satisfaisant et d'être catapulté dans une nouvelle vie stimulante, peut également se produire dans un contexte non religieux. Le secret, c'est de découvrir votre propre «obsession magnifique», ce qui exalte votre âme et transforme votre vie. Pour certains, il s'agit de la politique ou de l'activisme politique.

Il est rare que l'on associe la politique avec le développement et la plénitude. Beaucoup d'entre nous sont d'accord avec cette femme du Sud qui disait avoir l'intention de voter pour un candidat local qui avait la réputation d'être malhonnête: «Si l'homme n'est pas mauvais quand il entre en fonction, expliquait-elle, il le sera après son terme. À quoi servirait de détruire un homme de bien?»

En dépit de ces vues désabusées, certains trouvent que l'arène politique offre une expérience transcendante qui ajoute du sens à leur vie et l'enrichit. Certains font l'expérience de la conversion par la participation. La conversion d'Emily s'est produite dans un mouvement politique et social. Maintenant âgée d'une cinquantaine d'années, Emily est reporter. Son grand tournant se produisit dans une grande ville de l'Est, quand elle avait trente-neuf ans et qu'elle était la mère divorcée de deux jeunes adolescentes.

Je n'avais sans doute jamais ressenti une telle peur, une telle incertitude et de telles attentes qu'à ce moment précis de ma vie. C'est dans cet état d'esprit que j'avais décidé d'assister à une réunion de la National Organization for Women (NOW). Je m'étais toujours intéressée aux mouvements féminins comme celui-là, mais j'avais toujours eu un peu peur de ces féministes qui exaltent le concept merveilleux mais radical de la libération de la femme.

Un beau soir d'été brûlant, j'ai grimpé quatre à quatre les marches conduisant au bureau de la NOW. Il y avait des affiches annonçant des événements organisés à l'intention des femmes en musique, en théâtre et en arts; des avis politiques et des avis de publication d'ouvrages féminins; des journaux et des revues contenant des essais, des récits et des poèmes; ainsi que des annonces portant sur des sujets intéressant les femmes. J'étais alors devenue une femme indépendante. Enfin, je me sentais entière, acceptée, authentique. Pour une femme comme moi, qui avait réprimé ses propres besoins au profit de ceux des autres, l'événement marquait une renaissance. À partir de ce moment-là, j'ai eu une nouvelle famille, la grande famille des femmes. J'étais acceptée, connectée et soutenue par une collectivité de femmes.

Emily participa à diverses activités, comme par exemple à l'organisation du «train de la libération» destiné à appuyer le passage de l'amendement constitutionnel déclarant l'égalité des droits pour la femme, le fameux *Equal Rights Amendment* (ERA), et à honorer la mémoire des suffragettes. Pendant un certain temps, elle fut présidente de la section locale de la NOW. Son engagement changea sa perspective du monde et d'elle-même, changement qui subsiste encore. Elle se souvient que, un jour, alors qu'elle courait sous la pluie pour attraper le train qui la ramènerait chez elle, elle fut envahie par des pensées et des sentiments d'une intensité qu'elle n'avait jamais connue auparavant.

> J'appréciais la chance que j'avais de vivre à une époque qui me permettait de faire l'expérience de ma conscience de femme. J'ai alors décidé de travailler à rendre le monde plus conscient et à l'améliorer, croyant alors, comme je le crois encore, que le féminisme est le tranchant de l'humanisme.

Emily est toujours membre de la NOW, mais elle a cessé d'y être active. Toutefois, elle continue de vivre selon les principes qu'elle y a appris: «Je crois que mon engagement dans le féminisme s'actualise chaque jour, dans chaque chose que je fais.» Comme c'est le cas chez ceux qui font l'expérience d'une conversion religieuse, la vie d'Emily, ses habitudes, ses points de vue et son comportement ont changé de façon spectaculaire, à la suite de sa conversion au féminisme.

Les gens ne doivent pas nécessairement s'engager dans une cause comme le féminisme pour être affectés par des idées politiques. Andrea est active dans le Parti démocrate américain. Maintenant dans la quarantaine, elle se lança dans la politique en 1969, après avoir été admise au Barreau. Andrea était une étudiante sérieuse. Elle évitait de participer aux manifestations qui étaient à la mode sur tous les campus du pays. Le patron du cabinet d'avocats dans lequel elle travaillait était actif en politique locale. Un jour, il l'invita à une réunion de son club de démocrates.

> J'y suis allée pensant m'y ennuyer à mourir. J'avais accepté son invitation pour lui faire plaisir. Une fois là, j'ai entendu des débats orageux sur la guerre du Viêt-nam, sur les problèmes nationaux, comme la pauvreté, et sur la nécessité de mobiliser les gens — les gens comme moi — qui sont si pris par leur propre vie qu'ils se rendent à peine compte des problèmes du monde.
>
> Je me suis tout à coup sentie pleine de vie et j'ai éprouvé des sentiments nouveaux pour moi. Un mélange de culpabilité et

d'enthousiasme. Culpabilité pour avoir passé ma vie jusque-là à me contempler le nombril et enthousiasme parce que je m'éveillais tout à coup au monde. À partir de ce moment, j'ai pris la résolution de ne plus jamais me laisser absorber par ma carrière au point d'être indifférente au monde et à ses problèmes.

Andrea est restée active en politique pendant près de vingt ans. Elle s'est présentée à des élections et a été élue déléguée au Congrès national du Parti démocrate. C'est elle qui le dit: «Je ne peux plus m'en passer. La politique est ma drogue.»

GUERRE

L'expérience de la guerre est comparable à celle du voyage en ce qu'elle est une incursion temporaire dans un nouveau monde social. Mais elle risque davantage d'être traumatisante et déshumanisante que tous les autres types de transitions. Il se peut que les soldats au front éprouvent de graves difficultés psychologiques, surtout quand leur unité a été engagée dans des actes aveugles de destruction massive de l'ennemi. Les anciens combattants de la guerre du Viêt-nam semblent avoir des problèmes particuliers d'adaptation aux séquelles de la guerre, en partie à cause de la nature même de la guerre, mais aussi en raison du manque de soutien ressenti à leur retour. Certains ont dit avoir fait des cauchemars pendant de nombreuses années après leur retour.

La plupart d'entre nous pensent que l'expérience de la guerre peut difficilement être autre chose qu'un grand tournant négatif. Pourtant, un certain nombre de militaires ayant servi au Viêt-nam nous ont dit que l'expérience avait été positive pour eux. Prenons comme exemple le cas de Greg, planificateur financier marié et père de deux enfants. À vingt-quatre ans, il s'était porté volontaire pour le service au Viêt-nam. Il était pilote de C-130, à l'époque. Il considérait que son service au Viêt-nam faisait partie de ses responsabilités professionnelles.

Ce qui m'a le plus marqué durant mon service au front, c'est l'engagement de chacun à travailler pour une seule équipe. Nous étions dépendants les uns des autres. Il nous fallait nous faire confiance si nous voulions nous en sortir vivants. Mais cette expérience nous a fait en vouloir au gouvernement de nous avoir foutus dans cette guerre. J'ai alors pris la décision de ne pas faire de carrière militaire dans l'aviation. J'étais convaincu que notre présence au Viêt-nam était un effort pour imposer des changements à des gens qui n'en voulaient pas.

Plus que toute autre chose, être là m'a permis d'apprécier mieux la vie et m'a incité à la vivre à fond. Les petites frustrations que nous connaissons tous semblent là-bas si insignifiantes. Mon métier ne me satisfaisait pas. Bien sûr, aux yeux de la société, je réussissais. J'étais officier dans l'aviation et excellent pilote par surcroît. Mais je ne sentais pas que je réussissais sur le plan personnel.

Je me suis dit qu'il me fallait prendre ma vie en main. Je ne voulais plus que le gouvernement contrôle tout dans ma vie. J'ai commencé à prendre mes propres décisions. J'ai tellement aimé cela que j'ai lancé ma propre entreprise où j'ai la main haute sur tout.

Greg découvrit son besoin d'autonomie au Viêt-nam. Jamie, ancien combattant du Viêt-nam, était également dans l'aviation. Il fut plus traumatisé que Greg, mais ne ressentit aucun désappointement à l'égard du gouvernement.

Mon affectation d'un an au Viêt-nam, loin de ma famille, a été un grand tournant dans ma vie. Avant, mon travail en génie m'avait mis en contact étroit avec de nombreux pilotes qui étaient rentrés de là-bas. Chaque jour, je volais avec eux et j'écoutais leurs histoires de guerre. Cette affectation allait être ma première expérience de combat réel. J'étais inquiet de laisser ma femme et mes enfants. Je ne savais pas comment je réagirais au danger. L'entraînement en survie préalable à mon affectation ne m'avait pas vraiment préparé à mon travail au Viêt-nam. Les cinq jours suivant mon arrivée là-bas, on nous a donné les cours standard de survie et on nous a montré comment nous en tirer si notre avion s'écrasait dans l'eau. La semaine suivante a été consacrée à la phase d'entraînement en enclos et à la piste de survie.

Pendant la phase d'entraînement en enclos, nous avons passé du temps à l'extérieur — dans un enclos de barbelés, par temps d'hiver, avec pour toute nourriture une soupe aqueuse au poisson et au riz —, puis nous avons eu droit au cours standard sur les techniques d'interrogatoire chinoises. Cette expérience était tout à fait nouvelle pour moi. Je me sentais mieux quand finissait enfin la journée, nu dans une cellule depuis le matin, à une température insupportable, la musique orientale jouant à tue-tête et se mêlant aux cris constants des gardiens, mais j'avais peur de passer trop de temps dans cette atmosphère.

Ensuite est venue la période passée dans une petite boîte et le bruit a recommencé quand les gardiens se sont mis à frapper du bâton sur la boîte. Celle-ci était si petite que ma tête touchait à un côté et mon derrière au côté opposé, mes jambes étant repliées en dessous. Comme j'étais plus grand que la moyenne, j'étais vraiment à l'étroit. Deux personnes poussant sur la porte pour la fermer, j'ai résisté autant que possible pour avoir plus d'espace: ce petit geste de résistance m'a fait me sentir mieux. J'ai passé ce court test sans difficulté. On m'a ensuite entraîné à la survie en jungle et au maniement des petites armes.

L'école finie, un avion nous a transportés à la base aérienne de Da Nang. J'avais le grade de major et on m'a affecté à un poste avancé, dans les hautes terres du centre. On manquait de personnel d'expérience à cet endroit, et le commandement considérait que les haut gradés avaient un effet stabilisateur sur les jeunes pilotes. Le combat est devenu réalité quand, en volant vers ma base, j'ai vu au sol feu et explosions. La réalité m'a frappé encore plus, une fois au sol, quand j'ai pu choisir entre les baraques reconstruites après l'attaque du Têt de l'année précédente et les baraques qui n'avaient pas encore été touchées.

Notre mission consistait à ralentir le transport des approvisionnements par la piste Hô Chi Minh vers le Viêt-nam du Sud, au moyen d'attaques aériennes et du feu d'artillerie en provenance de bases situées près de la frontière. Se faire tirer dessus en plein vol était devenu normal. Les situations de combat lancent des défis uniques à chaque individu et chacun les relève à sa façon.

Nombre de mes nouveaux amis ont commencé à changer leur style de vie, certains peu, d'autres beaucoup. Dans les airs, certains volaient plus haut ou dans des zones jugées sans danger, peu soucieux du déroulement de la mission, alors que d'autres rentraient toujours à la base leur avion criblé de balles. Au sol, un pilote qui avait toujours été très religieux s'est épris d'art érotique et s'est mis à boire pour la première fois de sa vie, avant qu'on ne le renvoie à un poste sédentaire, à Da Nang. Nous buvions tous plus que de raison. Certains d'entre nous sont devenus alcooliques. L'année s'est passée avec pour seul répit deux petites semaines de vacances à Hawaï.

Malgré le traumatisme, Jamie voit quelques conséquences positives à cette expérience.

Mon expérience au Viêt-nam a intensifié mon engagement dans la vie. Je pouvais toucher au danger et cela m'a changé. C'est difficile à expliquer, mais mon sens de la vie est plus aigu maintenant: je vois et j'entends davantage, de façon générale, je suis plus conscient. Savoir que j'ai survécu — que je n'ai pas paniqué, que j'ai gardé mes esprits, préservé mes valeurs et même mon sens de l'humour — m'a permis de relever de nouveaux défis dans la vie avec plus de confiance en moi.

MONDE CULTUREL

La guerre est la forme la plus destructrice de l'expression humaine. La culture — le monde des arts, de la musique, de la danse et de la littérature — est sa forme d'expression la plus créatrice. L'individu peut connaître de grands tournants dans l'une et dans l'autre. Pat, robuste entraîneur de football dans un petit collège, connut son grand tournant grâce à un disque de rock and roll. C'était un excellent joueur de football au secondaire et au collège, mais il était trop petit pour les ligues professionnelles. Pat trouva sa voie en devenant entraîneur. Cependant, il ne le put qu'avec l'aide de Bruce Springsteen.

En deuxième année de secondaire, j'étais déjà un bon athlète. Je n'avais aucune aptitude particulière, je savais donc qu'il me fallait réussir quelque chose dans les sports. Mais ça n'allait pas être facile. Mon père voulait que je me fasse médecin ou avocat. Nous ne nous entendions pas très bien à cette époque. En fait, nous nous disputions souvent, parce qu'il n'aimait pas que je consacre tant de temps au football et qu'il voulait que je devienne plus qu'un athlète.

Mon grand virage s'est amorcé à mon retour de vacances passées avec mes parents. Dans la voiture, sur le chemin du retour, mon père et moi nous sommes violemment disputés. Je suis rentré en trombe dans la maison et j'ai pris mon courrier. J'avais reçu quelques disques d'un club auquel j'appartenais. Un de ces disques était celui d'un artiste que je ne connaissais pas, Bruce Springsteen. Quand je l'ai écouté, j'ai su que les paroles et la musique m'étaient destinées. De la première à la dernière chanson, tout ce que j'entendais semblait s'appliquer à moi et à ma vie. Je l'ai écouté pendant tout le mois. C'était l'histoire de ma vie. Le disque m'a aidé de plusieurs façons à passer à travers l'année suivante, surtout en ce qui concernait mes difficultés avec mon père. Il m'a donné énergie et espoir.

Une des chansons de Springsteen qui fut d'un secours particulier pour Pat était *Growin' Up*. Les paroles reflétaient la situation de Pat et ce qu'il voulait faire, c'est-à-dire que Springsteen aussi était seul dans sa colère, mais déterminé à ne pas se laisser dominer par elle.

Vous pouvez vous imaginer ma surexcitation quand Bruce est plus tard venu donner un concert dans ma ville. Quand j'y suis allé, les idées sont soudainement devenues autre chose que des abstractions. Voir Bruce vivre sa philosophie en concert m'a convaincu de ceci: quoi que l'on fasse dans la vie, si on y travaille assez fort, un jour on en tirera des avantages.

Le lendemain même, Pat recevait une lettre d'un collège. Il pensa que c'était un signe. Il pourrait jouer au football à ce collège et obtenir en même temps un diplôme en éducation physique. Sa vie serait heureuse après tout.

Il a fallu du temps, mais mon père m'a finalement accepté pour ce que j'étais. Il lui a été difficile d'abandonner le rêve de voir son fils médecin et d'accepter le fait que mon cœur et mon avenir appartenaient au football. Mais il a cédé. En fait, je peux dire qu'aujourd'hui il est fier de moi. Peut-être en serais-je arrivé à ce point de toute façon. Qui sait? Mais chaque fois que j'entends son nom ou sa musique, je dis en moi-même: «Merci, Bruce.»

Les expériences culturelles en aident certains à prendre en main une situation difficile. Elles en aident d'autres à trouver leur voie dans la vie. Theresa, petite femme vive, est avocate. Son mari est neurochirurgien. Il y a dix ans, elle vit avec tristesse son fils cadet quitter le foyer pour aller à l'université. Relativement jeune, Theresa eut à faire face au problème du nid vide. Bien sûr, sa vie sociale était bien remplie et elle faisait du bénévolat pour l'hôpital. Mais il y avait un malaise en elle.

Je me sentais un peu vide. À certains moments, c'était presque la panique, comme si ma vie manquait de direction, de but. J'aimais mes activités avec les femmes de mon club, mais je sentais que j'avais besoin de plus. Je devais faire plus, m'adonner à autre chose qu'à des loisirs.

Theresa n'avait pas encore trouvé sa voie quand elle lut un livre qui avait déjà été à l'index. Adolescente, elle avait été une lectrice vorace. Elle décida de se remettre aux plaisirs de la fiction.

Par un bel après-midi, je me suis rendue à la librairie et j'ai bouquiné. J'avais déjà cinq livres en main quand j'en ai vu un autre qu'on avait qualifié de pornographique dans mon adolescence: *L'Amant de Lady Chatterley* de D. H. Lawrence. Ma curiosité était piquée. Je me demandais pourquoi ce roman avait été condamné. Et je me demandais s'il serait encore obscène à notre époque de films porno. J'allais partir quand, impulsivement, j'ai pris le livre et l'ai ajouté à ma pile.

J'avais hâte ce soir-là de passer une heure ou deux dans mes livres. J'ai d'abord pris *L'Amant de Lady Chatterley*. Je ne l'ai pas refermé avant de l'avoir terminé. Je me souviens d'avoir dit à mon mari le lendemain à quel point ce livre m'avait emballée. «Ce n'est pas de la pornographie, lui ai-je dit. C'est un livre qui parle des femmes et de leurs besoins.»

Durant les jours qui suivirent, Theresa réfléchit au message du roman. Elle en parla avec certaines de ses amies.

Je leur ai dit que Lawrence comprenait bien la femme, qu'il était conscient de ce que la société la plaçait dans un carcan et qu'il se rendait compte que la femme éprouvait la même gamme de besoins que l'homme. Je savais qu'il ne viendrait jamais à l'idée de mon mari d'abandonner sa carrière à ce moment dans sa vie. Mais n'était-ce pas ce que moi j'avais fait quand j'avais envoyé mon fils à l'université?

Stimulée par ces idées, Theresa décida de réaliser le rêve qu'elle avait caressé toute sa vie: devenir avocate. Quelque chose en elle lui disait que c'était fou de retourner aux études — à son âge, c'étaient trois années perdues. Pourtant, quelque chose d'autre en elle — que Lawrence avait touché — lui disait: Pourquoi pas? Elle s'inscrivit à la faculté de droit, obtint son diplôme et fut embauchée par un cabinet bien connu dans sa ville.

J'ai à plusieurs égards une nouvelle vie et j'adore ça. Ne vous méprenez pas. J'ai aimé avoir mes enfants et les élever. C'est sans doute ce que j'ai fait de plus créatif. Mais j'étais prête à relever de nouveaux défis et le droit me les a procurés. D'une certaine façon, je dois tout cela à D. H. Lawrence.

Une excursion dans le monde de la littérature a mené Theresa dans une nouvelle vie. Elle avait d'abord hésité en voyant le roman de Lawrence. Elle l'avait toujours considéré comme interdit. Même s'il n'est pas interdit, il se peut qu'un nouveau monde social nous menace. Y pénétrer, c'est entrer dans l'inconnu. Mais il se pourrait bien que le risque nous paye de grands dividendes. Pour bon nombre d'entre nous, c'est la belle aventure. Le nouveau monde social se révèle être une transition vers une nouvelle vie.

10

Transformer les transitions en grands virages

Une année passée en Italie devint le point tournant dans la carrière et dans la vie familiale du romancier John Cheever. L'aventure débuta sans grands préparatifs. Selon sa fille Susan, d'autres familles auraient probablement douté de l'opportunité d'un tel déménagement, mais pas la sienne. Ce fut une expérience importante pour eux tous. Pour John Cheever, ce séjour marqua la début d'une passion pour l'Italie qui allait durer toute sa vie. Son immersion dans l'histoire et la culture italiennes allait enrichir énormément sa vie et son œuvre. Pendant plusieurs années, Cheever connut des problèmes avec l'alcool et lutta contre l'angoisse. Mais l'Italie lui donna une bonne dose de joie. Même quand il se sentait inquiet ou malheureux, il pouvait trouver réconfort et plaisir à se remémorer ses expériences en Italie.

Le séjour de Cheever en Italie eut également de grandes répercussions sur sa relation avec sa fille. Durant cette année, ils prirent une habitude qui allait durer toute la vie de Cheever, celle de dialoguer intensément sur toutes sortes de questions intellectuelles. Leur extraordinaire relation père-fille avait été forgée à l'occasion d'un voyage dans une nouvelle culture.

Toutes les transitions n'apportent pas de contribution positive au développement de l'individu. Il arrive que le voyage ne soit qu'une rupture de la routine qui ne laisse aucune impression durable. Certains ne s'adaptent jamais à un nouvel endroit; d'autres trouvent que le fait d'être ailleurs ne les change que peu ou pas du tout. À d'autres, la guerre peut laisser des cicatrices douloureuses plutôt que d'avoir été un grand tournant positif. D'autres encore se trouvent ennuyés plutôt qu'enchantés par le monde de la culture.

Qu'est-ce qui fait la différence? Il existe des techniques spécifiques, mais également un principe directeur: vous pouvez transformer l'ordinaire en extraordinaire. Ce principe est illustré par l'expérience d'un voyageur qui avait pris des vacances à la campagne. Pendant qu'il roulait dans la campagne de la Nouvelle-Angleterre, il passa devant une grange sur laquelle avaient été peintes un certain nombre de cibles. Au centre de chaque cible était plantée une flèche. Intrigué, le voyageur s'arrêta pour demander au fermier des renseignements sur l'archer d'élite qui habitait là. «Personne dans la région n'est bon archer», répondit le fermier. Désignant la grange du doigt, il dit au voyageur que toutes les flèches avaient été tirées par le jeune fils du voisin. «Il tire ses flèches sur la grange, puis il peint des cibles autour.»

L'ordinaire peut toujours se transformer en extraordinaire. Les techniques suivantes, qui reposent sur ce principe, vous seront utiles pour transformer les transitions en grands tournants.

CONSIDÉREZ LE CHANGEMENT COMME UN DÉFI

Certains observateurs ont accusé les Américains d'être des «néophiles», d'avoir une faim insatiable de nouveauté. En réalité, les gens sont ambivalents quand il s'agit de changement. Ils ont besoin de nouvelles expériences, mais aussi d'attaches au passé. Une vieille histoire raconte le cas d'un homme qui s'était acheté un nouveau boomerang, puis qui s'était tué en lançant son ancien boomerang pour s'en débarrasser. Il faut tirer une leçon de cette histoire. Vous ne pouvez allègrement mettre le passé au rancart. Le passé offre la sécurité, même s'il n'est pas particulièrement satisfaisant. Peu d'entre nous consentent facilement à abandonner leur sécurité.

En outre, le changement présente des risques. C'est l'inconnu. Il demeure toujours possible que le nouveau ne soit pas aussi satisfaisant que l'ancien. Même ceux qui s'engagent délibérément dans le nouveau ont tendance à y entrer avec appréhension. Ceux qui ont déménagé dans un nouvel endroit ont parlé de la stimulation ressentie, mais de leur angoisse aussi. Il y a toujours une menace dans la

transition. C'est pourquoi il faut du courage pour tenter de nouvelles expériences. Ceux qui ont du courage et qui acceptent le
risque, ceux qui voient le changement comme un défi et non comme
un ennemi, ceux-là trouveront probablement que la transition est
une expérience positive.

Nous devons souligner que les nouvelles expériences n'ont pas
toujours d'heureuses conséquences, même quand l'individu a souhaité
le changement. Tous ceux qui se sont lancés audacieusement dans le
nouveau n'en sortiront pas nécessairement exaltés ni même contents
d'avoir fait l'expérience. Mais peut-être votre volonté de tenter
quelque chose de nouveau sera-t-elle renforcée si vous vous souve-
nez des risques que vous courez en évitant le changement. Ceux qui
résistent au changement combattent l'essence même de l'univers, car
le changement est la nature de la vie.

Il nous arrive à tous, à un moment donné, de souhaiter que
l'existence se fige et que les choses restent comme elles sont.
Quand notre fille avait sept ans, un soir nous sommes entrés dans
sa chambre pour lui souhaiter une bonne nuit. Elle sanglotait. Nous
lui avons demandé ce qui n'allait pas. «Rien, répondit-elle. Je pensais simplement à quel point nous sommes tous heureux et combien
je voudrais que rien ne change.» Nous avons essayé de lui faire comprendre que le changement est nécessaire, que nous continuerions
d'être heureux même si tous nous devions changer et que refuser de
changer constituait une plus grave menace pour notre bien-être que
changer.

En d'autres mots, le présent est insaisissable, fuyant. Il est impossible de le fixer. Nous ne pouvons garder les choses dans leur
état actuel. Il nous faut choisir entre le progrès et le déclin. Ceux
qui ne sont pas disposés à accepter le nouveau seront toujours frus-
trés et déprimés.

Toutefois, ceux qui considèrent le changement comme un défi
en tireront probablement quelque avantage. Danielle fait partie
de ces gens. Elle avait vingt-cinq ans quand elle reçut son diplôme en thérapie par la danse. Elle avait envie de voyager, mais
elle souhaitait aussi amorcer sa carrière. Elle décida de déménager
à Londres pour réaliser ses deux souhaits. Danielle n'était pas
consciente à ce moment-là que la thérapie par la danse était une
discipline pour ainsi dire inconnue à Londres. Mais au bout d'un

mois, elle trouva un emploi dans une école privée pour enfants autistiques.

Au début de mon travail, j'éprouvais des sentiments contradictoires. Je me sentais pleine d'ardeur, mais seule aussi, craintive et incompétente. Je me demandais ce que je faisais en Angleterre. Pourquoi n'étais-je pas restée chez moi où je jouissais du support de mes amis et où j'aurais pu trouver un bon emploi et la sécurité? Me rendant au travail sous la pluie, jour après jour, j'ai eu le temps de réfléchir et de trouver des réponses.

Je me suis rendu compte que j'avais eu besoin de déménager à Londres pour pouvoir évaluer objectivement et orienter le cours de ma vie. J'avais besoin de m'éloigner de mon école et de ma famille pour juger sainement de mon avenir. En raison des lois sur le travail en Angleterre, la thérapie par la danse était l'un des rares domaines où j'avais le droit de travailler. Il fallait donc que je réussisse professionnellement ou je serais forcée de rentrer aux États-Unis.

Au cours de l'année qui suivit, Danielle connut la réussite en Angleterre. Elle mit au point un certain nombre de programmes pour les écoles et les hôpitaux des divers quartiers de Londres. Chose qui comptait encore plus que la réussite, Danielle apprit des choses importantes sur elle-même.

Mon expérience m'a enseigné la valeur positive de l'engagement et du changement. J'ai appris que le changement a priorité sur la peur parce qu'il permet de l'affronter et de la vaincre. Je me suis rendu compte que je devais parfaire mon éducation et obtenir mon doctorat, parce que la thérapie par la danse ne me serait utile que comme thérapie d'appoint.

Danielle est maintenant rentrée aux États-Unis. Elle travaille à son doctorat dans une université de Boston et envisage de déménager en Californie pour y exercer sa profession. Elle continue de voir le changement comme un défi. Le changement est devenu son allié, pas son ennemi.

PERSISTEZ

On sait que goutte à goutte l'eau use la pierre la plus dure. La persistance est un ingrédient nécessaire à la réussite. Rien de valable n'arrive rapidement et facilement, ni n'est affaire de hasard. Le célèbre entraîneur de football Vince Lombardi rejetait avec mépris l'idée de la bonne fortune et du hasard. «La chance, disait-il, c'est quand l'occasion favorable rencontre la préparation.» Dans notre étude portant sur les couples qui avaient des ménages heureux et durables, nous avons trouvé que la persistance durant les temps difficiles était un élément essentiel. Aucun de ces ménages n'était à l'abri des difficultés. Et aucun des conjoints ne croyait que la chance avait eu un rôle à jouer dans leur union. Tous soulignèrent l'importance de l'effort et de la persistance dans les moments difficiles. Une des répondantes nous dit: «Notre union est solide, remplie d'amour et de respect, mais il a fallu y travailler et y mettre du temps... Nous sommes mariés depuis vingt ans et nous apprenons encore des choses.» Elle nous fit remarquer qu'elle et son mari avaient réussi à résoudre certains problèmes qui aujourd'hui semblent faire éclater les ménages. Elle se réjouit du fait qu'ils n'ont pas laissé les problèmes les séparer.

La persistance, bien sûr, fait appel à la vigueur autant qu'à la persévérance. Pete Rose a établi un certain nombre de records au base-ball, notamment celui du plus grand nombre de coups sûrs pour un joueur des ligues majeures. Rose n'est pas un géant et il ne fut jamais un frappeur puissant. Mais on le surnomma «Charlie Hustle» parce qu'il donnait toujours son meilleur rendement dans chaque match. Alors que les autres frappeurs se rendaient lentement au premier but, Rose, lui, y courait toujours. Un de nos amis qui avait eu l'occasion de dîner avec lui nous a dit: «Une chose qui m'a vraiment impressionné à son sujet, c'est qu'il croit que si on fait un peu plus que l'autre, chaque fois, on devient le gagnant.»

La persistance fait donc appel à l'effort résolu et continu. La persistance, c'est aussi affronter les problèmes et refuser de reculer devant les difficultés. Christine, décoratrice d'intérieur, est âgée d'une trentaine d'années. Elle nous a raconté que son grand virage s'était produit quatre ans plus tôt, alors qu'elle commençait à faire du jogging. Le jogging l'a transformée en une femme mince et pleine d'énergie. Son mari courait et l'avait incitée à faire de même. Son hésitation initiale fit place à la consternation.

Je n'avais jamais fait d'exercice. J'étais en très mauvaise forme physique. Courir me faisait mal et je voulais m'arrêter. C'était une véritable torture, chaque inspiration me tuait. C'est parce que mon mari m'encourageait que j'ai continué. Au bout de quelques semaines, j'ai remarqué que courir ne m'était plus aussi pénible. J'augmentais la distance parcourue. Par la suite, j'ai fini par courir cinq kilomètres, plusieurs fois par semaine. Quelquefois, j'en courais même dix.

Ç'a été un grand tournant pour moi. J'étais tentée de ne plus courir. J'aurais facilement pu continuer de traîner les pieds et de m'affaler dans un fauteuil. Mais j'ai persévéré. J'ai commencé à bien me sentir physiquement et mentalement. J'ai gagné de la confiance en moi et perdu des kilos. J'avais toujours été un peu déçue par mon apparence et par mes aptitudes physiques. Maintenant, j'en étais fière pour la première fois. Mon mari et moi nous nous sommes rapprochés, du fait que nous partagions la même activité.

Les transitions sont souvent difficiles à leurs premiers stades. Dans certains cas, comme celui de la guerre, la persistance est chose imposée. Dans d'autres, l'individu a le choix: il peut reculer, revenir en arrière. La persistance durant les premières étapes douloureuses peut déboucher sur un grand tournant positif, comme ce fut le cas pour Christine. Une expérience analogue nous fut rapportée par Jodi, une femme dont le grand tournant s'est produit dans le monde de l'escrime. Il y a vingt ans, quand Jodi était adolescente, elle s'engagea dans un programme formel d'entraînement de trois ans en escrime. Ce fut l'une des expériences les plus exigeantes de sa vie.

Même quand j'étais malade et que je faisais de la fièvre, même quand j'étais épuisée, je devais m'entraîner, parfois toute la journée. L'école finie, je devais partir loin du foyer avec les autres étudiantes pour continuer l'entraînement. Nous n'avions pas de vacances comme tout le monde. Mais au bout de trois

ans, mon équipe a gagné la première place en compétition nationale, et moi j'ai gagné la seconde place, sur le plan individuel.

Qu'est-ce qui motive quelqu'un à poursuivre un entraînement
aussi rigoureux? Dans le cas de Jodi, c'était sa volonté inflexible de
maîtriser ce sport.

J'ai envisagé d'abandonner le programme d'entraînement plusieurs fois. Mais je songeais à la honte que je ressentirais si
j'abandonnais, et c'était insupportable. Aujourd'hui je suis contente de ne pas avoir lâché. Je suis fière de moi. J'ai appris que
tout ce qui vaut la peine d'être possédé vaut la peine que l'on
travaille dur pour l'obtenir. J'ai aussi appris que la discipline
est efficace et qu'elle n'est pas avare de récompenses.

La persistance à tout prix est l'apanage des sots. Mais ne pas
persister sous prétexte que la douleur ou les difficultés initiales
sont trop lourdes peut vous priver d'une expérience positive, d'un
grand tournant.

ENGAGEZ-VOUS DANS DE NOUVELLES RELATIONS

Une étude portant sur les expériences émotionnelles et conduite
dans huit pays a conclu que les relations constituent la source la
plus importante d'émotions. Quand on a demandé aux répondants
quelles étaient les choses qui leur apportaient le plus de joie et de
bonheur, le plus souvent, ils répondirent: les relations avec les
amis. Les sources les plus fréquentes de joie et de bonheur sont les
relations familiales et les nouveaux amis.

Malheureusement, les transitions nous séparent de nos amis,
nous privant ainsi d'une des principales sources de bonheur dans
notre vie. Par conséquent, il est important de se faire de nouveaux
amis, de forger de nouvelles relations. Ces relations n'ont pas besoin d'être permanentes. Dans le cas d'un voyage, par exemple, apprendre à connaître les gens de l'endroit plutôt que se contenter de
faire du tourisme peut transformer l'expérience en un grand tournant positif. Un jeune homme nous a raconté qu'un voyage à Samoa

fut pour lui un grand tournant parce qu'il y avait trouvé les gens si généreux et chaleureux. «Je me promenais dans la rue, et j'avais à peine le temps de faire trois pas qu'on m'invitait à dîner et que j'avais un endroit où passer la nuit.» Il fut profondément touché par la grande bienveillance des Samoans qui se soucient sincèrement du bien-être des autres. Même s'il n'a pas pu y retourner, la gentillesse de ce peuple lui est restée dans le cœur. «Les effets de ce voyage sur moi ont été profonds. Je n'oublierai jamais comment ces gens traitent les étrangers. Je sens que j'ai encore un peu de Samoa en moi. J'espère ne jamais perdre cela. J'avais juré qu'une fois rentré chez moi, si quelqu'un avait besoin d'un repas ou d'un endroit où loger, si je le pouvais, je le lui donnerais.»

Déménager peut aussi causer la rupture permanente d'une relation. Elizabeth, agente d'artistes en Californie, parle encore avec émotion de son départ de l'Oklahoma, il y a plus de vingt ans. Le déménagement lui permit de changer une situation qui lui causait une sorte de détresse. Une des valeurs des transitions c'est qu'elles peuvent nous permettre — en fait, elles sont peut-être le seul moyen — de résoudre certaines difficultés de la vie. Dans le cas d'Elizabeth, le déménagement lui était imposé. Il lui rendit son indépendance et lui fit acquérir une famille de remplacement. Elizabeth ressent encore occasionnellement des sentiments de culpabilité, mais elle sait qu'elle a pris la seule décision qui lui permettrait de se développer.

> J'avais dix-huit ans et je sortais de l'école secondaire. J'avais été élevée dans une famille très stricte. Mon père régnait en dictateur sur la famille. Il contrôlait ma façon de m'habiller, de parler, de travailler à l'école et même mon choix d'amis. Et ma mère acceptait tout ce qu'il disait. Elle n'était pas aussi sévère que lui, mais elle ne m'était d'aucune aide pour faire face aux litanies de règles de mon père.

Le père d'Elizabeth craignait particulièrement qu'elle s'adonne à des activités sexuelles. Il lui interdisait tout contact avec les garçons à l'école sans sa permission, qu'il n'accordait qu'après de longues enquêtes. La vie sociale d'Elizabeth était on ne peut plus limitée.

Je pouvais sortir avec des garçons si mon père me le permettait. Mais peu d'entre eux trouvaient grâce à ses yeux. Il avait toujours quelque chose à redire. Il y a même un garçon dont mon père se méfiait sous prétexte que ses favoris étaient trop longs.

Je ne croyais pas en la révolte ouverte. Au cours de ma dernière année de secondaire, j'ai commencé à fréquenter secrètement un garçon à l'école. Mon père ne l'avait jamais rencontré. Je savais qu'il ne lui plairait pas parce qu'il fumait et buvait de la bière. Vers la fin de l'année, mon père a découvert mon secret. Il était furieux. Il craignait que ma relation devienne plus profonde durant les vacances d'été, même si le garçon allait fréquenter l'université l'automne suivant. Mon père a donc décidé de m'envoyer faire un long séjour chez ma sœur en Californie.

Le déménagement d'Elizabeth marqua le début de son grand tournant. Elle n'avait pas souhaité ce déménagement. En fait, elle se sentait déchirée entre les sentiments qu'elle éprouvait pour son ami et l'insistance de son père. Avec hésitation, mais en fille soumise, elle monta dans l'autobus. Elle avait dix-huit ans, mais elle sentait qu'elle devait encore obéir aux ordres de son père. Une fois arrivée sur la côte Ouest, elle goûta à une liberté jusque-là inconnue. Le contraste avec l'atmosphère étouffante de son foyer gouverné par son dictateur de père et sa taciturne de mère fut rien de moins qu'un choc pour elle.

J'étais comme une pouliche aux courses. Quand la barrière s'est ouverte, je me suis lancée. Je ne suis jamais retournée chez mon père. Le déménagement a été définitif. Si j'étais retournée, je sais que je n'aurais jamais pu gouverner ma propre vie.

Malgré le caractère autoritaire de son père, Elizabeth se sentait proche de sa famille. Elle savait qu'elle tenait à cœur à son père. Il croyait naïvement que les règles qu'il lui imposait la protégeraient. Elle ne pouvait pas se développer dans cette atmosphère étouffante; pourtant, un sentiment de vide s'empara d'elle quand elle quitta ses parents.

Au cours des années qui ont suivi, Elizabeth s'est trouvé une famille de remplacement. Comme elle le dit: «Je me suis rapprochée de bien des gens, hommes et femmes, qui sont devenus des pères et des mères pour moi. Ils sont là quand j'ai besoin d'eux, mais ils ne me forcent pas à agir à leur façon.» S'engager dans de nouvelles relations a permis à Elizabeth de remplir le vide causé par son déménagement. La transition lui a donné la liberté, mais elle sait que la situation aurait été différente si elle ne s'était pas fait de nouveaux amis. Elle a besoin de l'intimité d'une famille. Incapable de maintenir un degré d'intimité avec sa propre famille, Elizabeth s'en est trouvé une autre, ailleurs.

APPRENEZ L'ART DE LA RÉFLEXION POSITIVE

Comme l'homme harcelé par de trop nombreuses demandes mettait son esprit au point mort et se laissait aller là où on le poussait, certains errent dans la vie sans trop réfléchir aux expériences qu'ils vivent. D'autres y réfléchissent, mais s'attardent aux aspects négatifs. Par exemple, ils peuvent penser à un voyage passé, mais s'arrêter aux dépenses qu'il a occasionnées, au mauvais temps ou à un quelconque problème à l'hôtel. Ils peuvent réfléchir à leur déménagement, mais ne considérer que ce qu'ils ont laissé derrière eux.

La réflexion positive est une solution aux pensées négatives qui peuvent vous assaillir chaque jour. Durant la *réflexion,* vous pensez à vos expériences et à leurs conséquences. *Positive* veut dire que vous faites le tri et que vous vous attardez sur ce que vous avez gagné à la suite de ces expériences. Les transitions donnent souvent lieu à de pénibles situations. Mais vous pouvez toujours en tirer quelque chose, même si ce n'est qu'apprendre à ne pas commettre deux fois la même erreur.

Brooke, superbe mannequin maintenant près de la trentaine, apprit la valeur de la réflexion positive quand elle n'était âgée que de huit ans. Elle eut l'occasion de se découvrir une passion pour la mer qui allait durer toute sa vie. Brooke se rappelle qu'elle était toujours malade durant son enfance. Souvent, son père devait la prendre dans ses bras et la porter à l'hôpital pour qu'on la soulage de son asthme. Brooke dut apprendre à vivre avec ce handicap.

Je suis demeurée chétive et vulnérable pendant des années. Il semble que chaque grain de pollen porté par le vent et que chaque touffe d'herbe provoquait chez moi une crise terrible, picotements dans le nez, yeux gonflés et larmoyants, éternuements. Je ne pouvais pas jouer beaucoup dehors. Je passais souvent l'après-midi à la ferme de mes grands-parents à regarder jouer les autres enfants et à rêver de me joindre à eux. Mais je savais que ces longues herbes si attirantes étaient mes ennemies mortelles.

Quand Brooke avait huit ans, sa famille quitta le Midwest et déménagea dans une base militaire des Philippines. Ils avaient accès à une plage privée réservée aux officiers et à leur famille. La sœur de Brooke s'amusait avec les autres enfants sur la plage, mais Brooke, elle, se prit d'une véritable passion pour la mer.

Tout ce que je voulais, c'était rester dans l'eau. J'étais une fillette malingre aux cheveux raides, mais flotter m'était facile. J'ai commencé à aimer la mer parce que j'aimais être au soleil et qu'il n'y avait pas de pollen pour me rendre folle. Mon père ne me permettait pas d'aller à l'eau sans la surveillance d'un adulte et ma mère ne nageait pas du tout. Je le harcelais pour qu'il vienne avec moi. Il me tenait la main pendant que je sautais dans les vagues. Parfois, il me soutenait et nous nagions au-delà des vagues. Malheureusement, l'enthousiasme de mon père s'épuisait avant le mien. Il nous fallait rentrer tôt pour qu'il puisse bavarder avec ses amis.

Finalement, il a eu une idée dont je me souviens encore aussi vivement que si c'était hier. Il m'habilla d'un gros gilet de sécurité orange, du type qui s'attache serré et qui est gonflé derrière le cou et de chaque côté de la poitrine. Il me portait ensuite dans l'eau où il me plaçait près d'une bouée. Il nageait ensuite jusqu'à la rive. Moi je restais là, ballottée comme une petite bouée. Au début, j'ai essayé de nager comme je le faisais d'habitude, sur le ventre, mais je ne pouvais pas me retourner. Ainsi, j'ai appris à flotter sur le dos en laissant le gilet me soutenir.

Brooke trouva exaltante l'expérience de la flottaison. Elle voyait les vagues venir, puis elle les sentait la soulever. Elle comptait les oiseaux dans le ciel et regardait ses orteils. Elle réfléchissait à son gilet et à son principe de fonctionnement. Et au moment même où elle se demandait combien de temps le gilet allait la supporter, son père apparut. Il n'avait pas cessé de la surveiller. Quand elle fut à une certaine distance, il alla la chercher à la nage et la ramena près de la bouée, pour ensuite la laisser dériver de nouveau.

Au début, elle réagit instinctivement à son expérience. Elle avait découvert quelque chose qui la faisait se sentir différente, quelque chose qui mettait du piquant dans sa vie limitée. En grandissant, Brooke réfléchit longuement sur cette expérience et sur ce qu'elle signifiait pour elle. Elle se rendit compte qu'être dans l'eau lui apportait une paix introuvable ailleurs. Et ce fut la réflexion positive qui fit de cette expérience un grand tournant dans sa vie.

Depuis que je me suis aperçue de la différence que le fait d'être entourée d'eau crée en moi, je ne peux plus m'en passer. Je suis allée nager dans des lacs bordés de montagnes enneigées et je me suis tenue debout sous des chutes d'eau glacée. Je me sens en paix dans un bain tourbillon ou même dans une pièce où il y a un aquarium. L'expérience d'une enfant profitant d'une belle soirée d'été près de la mer peut sembler banale, mais l'impact sur ma personnalité a été profond.

Mon expérience dans la mer a été la première occasion d'apprendre à me détendre mentalement. Dans l'eau, je pouvais me reposer, laisser l'eau me porter. De là, je suis passée à un rôle plus actif. J'ai gagné de l'assurance et de l'endurance physique. Bientôt, je passai tous les après-midi dans la piscine à poursuivre les autres et à me faire de nouveaux amis. Si je n'avais pas fait cette expérience de la mer, peut-être mes parents auraient-ils continué de me traiter comme une quasi-invalide et n'aurais-je pas eu beaucoup d'amis. Mais j'ai eu la chance d'apprendre à flotter, à m'isoler du stress et des petits ennuis et, de là, à faire de l'exercice et à acquérir la force dont j'ai besoin pour profiter pleinement de la vie.

Il arrive souvent que nous soyons trop pris par toutes sortes d'exigences pour avoir du temps à consacrer à la réflexion positive. Trop souvent, nous agissons comme si nous faisions le tour du monde en dix jours, chaque moment est rempli et il ne reste plus de temps pour réfléchir à ce que nous faisons. C'est une erreur de se laisser accaparer à ce point. Louis, un agent de publicité new-yorkais qui ressemble à un professeur d'université timide, connut son grand virage en Afrique. Ce fut un grand tournant de sa vie parce qu'il pouvait consacrer ses soirées à réfléchir sur ce qu'il avait fait durant la journée. Il avait fini de traiter ses affaires à Nairobi douze jours plus tôt que prévu et il se demandait ce qu'il allait faire. Il voulait connaître une expérience différente et non touristique. Il communiqua donc avec un ami qui connaissait bien le pays. Celui-ci le mit en contact avec une société de missionnaires. Louis offrit ses services et la société lui demanda de rendre visite à six missions au Kenya et d'écrire des articles pour sa revue. L'expérience comporta des aspects négatifs et des aspects positifs.

> Durant mon séjour chez les missionnaires, j'ai été témoin d'un style de vie tout à fait différent. Dans la brousse du Kenya, les gens vivent dans la plus grande pauvreté, mais cela ne les empêche pas de garder le sourire. Ils accueillent les visiteurs à bras ouverts et sont disposés à partager avec eux le peu qu'ils ont.
>   Ma première réaction à leur situation fut la pitié. Mais celle-ci s'est graduellement transformée en admiration. Je passais des nuits couché dans mon lit les yeux grands ouverts à essayer d'analyser ce qui se passait en moi. Je me demandais ce que j'étais en train d'apprendre. Après avoir observé le mélange des cultures africaine et occidentale, je savais que j'allais changer.

Louis aurait pu passer ses soirées de bien d'autres façons. Il choisit de réfléchir à ses expériences. Le fait que la réflexion ait été positive l'aida à en faire un grand tournant.

> Depuis cette expérience mémorable, ma vision de la vie a graduellement changé. Avant, j'avais un tempérament bouillant. Je me disputais pour un oui ou pour un non. Je faisais tout ce que

je pouvais pour avoir le dernier mot dans les discussions, que j'aie raison ou tort.

À mon retour chez moi, j'ai remarqué en moi un changement d'attitude envers les petits ennuis de la vie. Je me souvenais des Africains qui charriaient l'eau sur plusieurs kilomètres jusqu'à leur modeste logement. Je voyais dès lors un robinet fuyant comme un petit ennui que je pouvais endurer. La faiblesse de ma cheville faisait partie de la vie et la vie continuait malgré cela. Plutôt que de faire la tournée des bars, je passais mes temps libres à faire des visites dans les hôpitaux et à me consacrer à des activités en plein air avec ma famille.

Louis sent qu'il a maintenant une conscience plus vive de ce qui est vraiment important. Il croit qu'il respecte davantage ses semblables et qu'il les considère comme des personnes et non comme des objets ou des produits. Louis pense qu'il est davantage capable d'avoir des rapports avec les autres. Il aime beaucoup plus la personne qu'il est maintenant que celle qu'il était avant son grand virage.

APPRENEZ L'ART DE L'OBSERVATION ACTIVE

Les psychologues soulignent l'importance de l'écoute active. L'écoute active consiste à déployer tous nos moyens pour arriver à bien comprendre ce que quelqu'un dit. Nous pouvons avoir l'air d'écouter quelqu'un sans vraiment entendre ses propos: nos pensées vagabondent ou nous n'écoutons pas assez attentivement pour comprendre. Il se peut également que nous entendions les mots, mais que nous leur donnions un sens différent du sens voulu par le locuteur. L'écoute active exige que l'on prête attention aux signes non verbaux autant qu'aux paroles, que l'on permette au locuteur de s'exprimer sans l'interrompre et que l'on reformule ce qu'il a dit pour s'assurer d'avoir bien compris. L'écoute active nécessite donc effort et énergie.

L'observation active est analogue. Vous pouvez regarder quelque chose sans vraiment le voir, c'est-à-dire sans l'absorber dans votre conscient. Ou vous pouvez n'en voir qu'une partie, négligeant ainsi ce qui pourrait être important. Un savant qui travaillait dans l'industrie rapporta un incident intéressant qui illustre bien ce point. Cela se passait dans les années qui ont précédé la Première Guerre mondiale, au moment où Sir William Ramsay, découvreur des gaz argon, xénon, néon et krypton, donnait des conférences sur ses travaux. Le savant avait aidé à la préparation de l'équipement expérimental de démonstration et écoutait la conférence avec intérêt.

Sir William expliqua à son auditoire comment il avait découvert les gaz et la signification de leur nom: nouveau (néon), inactif (argon), caché (krypton) et étrange (xénon). Dans sa dernière allocution, il souligna le fait que chacun de ces gaz émet une lumière différente quand un courant électrique le traverse. Il fit passer une charge électrique dans chaque tube de gaz qu'il avait avec lui et son auditoire put voir différentes couleurs de lumière. Le savant pensa que c'était là un spectacle fascinant. Les cinq cents participants applaudirent poliment et rentrèrent chez eux, inconscients du fait qu'ils venaient de voir la première lampe au néon de l'histoire. Ce n'est que quelques années plus tard qu'un autre savant présent à la démonstration allait reconnaître l'importance commerciale du néon. Ce savant s'était livré à une observation active.

Ceux qui connaissent de grands tournants au cours de leurs transitions ont appris l'art de l'observation active. Quand ils voyagent, ils observent leur nouvel environnement et tentent d'en assimiler le plus possible. Ils vivent avec les gens et les choses qui les entourent. Écoutons Kelly, directrice d'un magasin à rayons, nous décrire son grand tournant, qui se produisit quand elle avait dix-neuf ans.

J'avais trouvé un travail d'été dans un restaurant en Suisse. C'était la première fois que je quittais les États-Unis. J'étais la seule employée étrangère et je ne parlais pas un traître mot de français. Les heures de travail étaient longues, mais durant mes heures libres j'allais me promener dans la campagne et, les jours de congé, je faisais des voyages dans les villes avoisinantes.

J'étais constamment étonnée par les différences culturelles entre les Suisses et moi, de leur façon de nettoyer les planchers à leur façon de vendre le lait. J'ai dû demander à mon patron de m'expliquer pourquoi les choses se faisaient de telle ou telle façon. J'étais allée en Suisse pensant que j'étais l'Américaine «civilisée». Mais je me suis sentie de plus en plus comme une paysanne dans cette ville, une ignorante qui ne connaissait rien du monde.

Kelly s'était livrée à l'observation active, c'est-à-dire qu'en plus d'observer les choses elle avait remarqué les détails, y avait pensé et s'en était informée. Les différences culturelles la laissèrent perplexes jusqu'à ce qu'un éclair de compréhension la traverse un beau soir.

J'admirais le coucher de soleil dans un champ tout en réfléchissant aux différences culturelles. J'ai pris conscience alors que nous étions différents, que tous les endroits ne se ressemblent pas. Il y a tant à explorer et à découvrir, tant de nouveaux mondes. C'est cela qui est merveilleux. Il n'est pas nécessaire que les autres me ressemblent ou que moi je leur ressemble. Ce sont nos différences qui rendent la vie fascinante.

L'observation active requiert effort et réflexion. Il s'agit d'appréhender son environnement plutôt que de se contenter de le «rencontrer». Léonard, expert-conseil en administration, spécialiste des techniques de règlement de conflits, pratiqua l'art de l'observation active durant son adolescence. Comme résultat, ce qui aurait pu n'être qu'une escapade de jeunesse devint pour lui un grand tournant.

Léonard a toujours été sensible à son environnement. Il est à l'écoute des sentiments des autres. Il remarque les choses qui l'entourent. Ce sont ces qualités qui font de lui un expert-conseil efficace. Ce sont elles aussi qui l'ont préparé à son grand tournant. À l'époque, il n'avait que quatorze ans et il vivait dans un village du Nord-Ouest. Il réussissait bien à l'école, tant du point de vue scolaire que du point de vue social. Mais Léonard décida d'aller tenter sa chance seul.

J'étais le benjamin d'une famille de neuf enfants. D'après ce que je pouvais constater, aucun de nous n'allait nulle part. Nous avions été tour à tour employés agricoles, hommes de ferme, cuisiniers dans les camps de bûcherons et employés d'hôtel. Il nous arrivait régulièrement de devoir faire appel à l'aide sociale.

Mes frères et sœurs acceptaient notre style de vie. Moi pas. J'avais appris ce que c'était de vivre à l'aise en fréquentant le foyer de mes amis, en travaillant pour les gens riches de ma ville et en lisant des romans. En classe, quand le professeur nous donna *Les Raisins de la colère* comme lecture obligatoire, j'ai pensé que c'était l'histoire de ma vie qui était racontée. C'est alors que j'ai décidé de partir et de trouver mon propre destin.

Ce fut une décision difficile. Léonard ne souhaitait pas partir avant la fin de l'année scolaire à cause des amis qu'il s'était faits à l'école. Plus important encore, il ne voulait pas quitter son amie et les parents de celle-ci qui avaient été comme une seconde famille pour lui. Mais il trouvait que la vie à la maison était intolérable. Il devait partir. Au printemps, avant de finir sa neuvième année, il prit la route vers les fermes du nord de la Caroline. Il arriverait à temps pour les semailles du printemps et pour la récolte du blé d'hiver. Il pensa qu'il lui serait facile de trouver du travail avant l'arrivée de la grosse vague de travailleurs d'été.

Mais c'était l'année 1952, l'un des pires hivers pour les camps de bûcherons. De nombreux bûcherons étaient venus dans la région à la recherche de travail. Des saisonniers aussi. Léonard se joignit à eux tous dans un camp, en attendant que la moisson soit prête à être récoltée. Il n'avait pas emporté beaucoup d'argent. Il se fit des amis parmi les bûcherons et les saisonniers.

Je n'avais pas de couvertures. Les nuits étaient froides. Nous dormions dans un creux près d'un ruisseau et l'air était très humide. J'avais froid. Un des saisonniers s'est occupé de moi. Il m'a dit d'aller chez le boucher le lendemain et d'acheter un grand rouleau de papier pour m'en envelopper comme d'une couverture. Ça a marché. Mais malheureusement mon sommeil agité et le craquement du papier ont dû en empêcher certains de dormir. Pendant que j'étais parti chercher du travail en ville, ils ont brûlé mon sac de couchage de fortune. Mais ils ont tous partagé une partie de leurs vêtements avec moi, ce qui fit que cette nuit-là j'avais des tas de pantalons et de chemises pour me couvrir.

J'arrivais au bout de mes économies. J'ai donc dû rogner sur la nourriture. Je buvais une tasse de café et mangeais une grosse tablette de chocolat pour le petit déjeuner, le lunch et le dîner. À la fin de ma deuxième semaine de travail, je prenais une tasse de café pour le petit déjeuner et le souper, et une tablette de chocolat pour le lunch. La troisième semaine je me contentais du lunch.

Tout le monde voulait travailler. Tous auraient fait n'importe quoi pour gagner de l'argent. Mais aucun des villageois n'avait de travail ni vraiment d'argent pour payer des salaires. Tout le bois avait été coupé, les maisons réparées et repeintes. Les granges étaient propres, les mauvaises herbes coupées et la machinerie réparée. Quelque quinze mille hommes comme nous parcouraient les environs à la recherche de travail.

Durant la journée, Léonard regardait les hommes jouer aux dés et souvent parier un salaire qu'ils n'avaient pas encore gagné. Il en vit qui mettaient en jeu vêtements et biens sur un simple coup de dés. Il entendit parler du meurtre qui avait été commis quand un gros bûcheron avait été surpris à tricher. Le bûcheron avait été défié par un saisonnier à la lame agile. Léonard vit le bûcheron se faire clouer la main au plancher et le troisième dé rouler. Il ne revit jamais plus le tricheur.

Ceux qui manquaient aux règlements étaient sévèrement punis. En plus de voir punir les contrevenants, Léonard vit souvent ceux qui étaient étrangers au camp se faire battre et expulser. Ceux qui respectaient les règles trouvaient dans le camp le refuge dont ils avaient besoin. Même si la nourriture était rare, les hommes partageaient le peu qu'ils avaient. Léonard était en sécurité, il faisait partie du groupe.

On m'acceptait, peut-être parce que j'étais le seul jeune du camp, peut-être parce que je ne mendiais pas, peut-être parce que je leur faisais penser à eux-mêmes quand ils étaient jeunes, je ne sais pas. J'ai appris à faire du café de chicot, du ragoût de vagabond, du thé de pissenlit et de la soupe à l'herbe verte. J'ai aussi appris à trapper.

Enfin les moissons mûrirent et il y eut du travail. Dans le camp, la vie devint plus facile et l'atmosphère moins tendue. Toutefois, le père de l'amie de Léonard le retrouva et insista pour qu'il retourne à l'école. Léonard étudia un peu plus que les autres et reçut son diplôme en même temps qu'eux. Il croit que la bienveillance du père de son amie et l'intérêt que témoignèrent ses professeurs à «récupérer le fugueur» l'aidèrent à terminer son année scolaire.

En réfléchissant à son expérience, Léonard vit dans le camp plus qu'un simple groupe d'hommes désespérés. Il vit plus que le jeu et la violence. Il vit le partage et la bienveillance d'hommes au bord même de l'abîme. Il avait absorbé son environnement. Il put donc y réfléchir et, par conséquent, se développer.

Ma période de saisonnier vagabond reste toujours dans mon esprit. J'ai appris les règles qu'une société se fait à l'intérieur d'une autre société. Sans cette expérience, je n'aurais pas la même tolérance envers ceux qui sont dans le besoin. Je ne serais pas engagé dans des organisations qui luttent contre la faim dans le monde. Je n'aurais jamais essayé de comprendre les gens d'autres cultures.

J'ai eu l'occasion de vivre dans différentes classes de la société. Saisonnier, puis membre de la classe ouvrière pauvre, et plus tard homme d'affaires prospère, j'ai pu voir le monde d'un œil différent chaque fois. Mon intolérance envers le statut social de ma famille a teinté mon regard sur le monde. J'aurais pu être un voleur ou un bandit, recourir à la force ou au mensonge pour atteindre mes fins, si je n'avais vu que les gens, même pauvres et affamés, ont encore de l'honneur.

Dans le cas de Léonard, l'observation active a transformé une expérience potentiellement négative en un grand tournant positif. Elle peut également transformer une expérience banale en grand virage. Ce fut le cas de Derek, un directeur d'entreprise qui parle et sourit avec assurance. Il réfléchit quelques instants à ses grands tournants puis déclara: «Le plus important pour moi, c'est quand j'ai cessé de fumer. J'ai fumé de l'âge de onze ans à l'âge de trente-cinq ans. L'abandon du tabac n'a pas seulement amélioré ma santé, il a changé toute ma vie.»

Un incident qui aurait pu être banal et au cours duquel Derek pratiqua l'art de l'observation active provoqua sa décision de cesser de fumer. Derek et sa femme venaient d'emménager dans une nouvelle maison. Ils étaient invités chez un de leurs voisins pour prendre un verre et faire connaissance. Le voisin, un homme qui parlait vite et nerveusement, fumait une cigarette après l'autre. Sa conversation était ponctuée d'accès de toux. Mais c'était un homme d'affaires qui réussissait merveilleusement, un homme intéressant, un conteur de blagues intarissable. Derek et sa femme rentrèrent chez eux de fort bonne humeur.

> Je ne pouvais pas m'empêcher de recréer la scène dans ma tête, pour revivre les joyeux moments, mais aussi pour observer mon voisin en imagination, pendant qu'il grillait ses cigarettes en gigotant et en toussant. Je n'arrivais pas à chasser cette image de mon esprit. Toute la semaine suivante, je le voyais chaque fois que j'allumais une cigarette. Il était devenu le miroir de mon avenir: il était ce que j'allais devenir quelques années plus tard.

Dix jours après la soirée, Derek jeta les cigarettes qui lui restaient. Il n'a jamais plus fumé depuis. Il sent qu'avoir renoncé au tabac a changé sa vie.

> Pendant longtemps, j'avais essayé de cesser de fumer, mais je recommençais chaque fois. Chaque fois, je pouvais voir ma personnalité changer et redevenir comme avant. Non-fumeur, je suis plus détendu, plus calme. Je suis davantage conscient de mes émotions. Tout compte fait, je suis en meilleure santé à tous les points de vue.
>
> Après avoir cessé de fumer, je suis même devenu un meilleur joueur de tennis, gagnant plus de matches que j'en perdais; tout un changement dans ma performance. Je pouvais concentrer mon attention sur le jeu au lieu de ne penser qu'à mon besoin

d'une cigarette. Le tabac avait affecté presque tous les aspects de ma vie. Y renoncer a eu le même effet. Je suis une nouvelle personne.

Derek s'est servi d'un événement relativement insignifiant — prendre un verre avec ses voisins dans un nouvel environnement — mais, grâce à l'observation active, il l'a transformé en grand tournant positif. Son expérience est un bon exemple de la puissance de l'observation active, qui peut transformer le banal comme le dramatique en occasions de développement.

11

Choisir pour se développer

D'après l'historien grec Hérodote, les Perses recouraient à une méthode particulière pour prendre les décisions importantes. Ils discutaient de l'affaire après s'être enivrés. Le lendemain, une fois dégrisés, ils reconsidéraient la décision prise. Ils faisaient aussi l'inverse, c'est-à-dire prendre d'abord la décision à jeun et la reconsidérer étant saouls. Dans les deux cas, ils devaient être d'accord avec la décision initiale avant qu'elle ne devînt finale.

Même si Hérodote n'est pas réputé pour son infaillibilité historique, cette anecdote souligne l'importance dont nous sommes tous conscients de prendre les grandes décisions avec prudence. C'est le cheminement vers la décision qui est crucial. Nombre de grands tournants racontés dans le présent ouvrage ont mis en jeu la prise de décisions. Cependant, les grands tournants dont nous nous apprêtons à parler sont ceux dans lesquels les répondants ont déclaré que le processus même de la prise de décision constituait l'expérience importante.

SE DÉVELOPPER, C'EST CHOISIR

Nous ne nous développons pas parce que nous sommes obligés de le faire. Ce n'est pas non plus en refusant tout risque et en espérant que tout s'arrangera pour le mieux que nous nous développons. Nous nous développons (ou pas) à la suite de décisions. Ces décisions peuvent être une réaction à quelque expérience ou événement extérieur. Ou elles peuvent être l'aboutissement d'un processus interne, que ce soit pour atteindre de nouveaux sommets ou pour suivre nos propres penchants.

David Hartman, l'ancien animateur de *Good Morning America*, au réseau américain ABC, fit des études pour travailler dans le monde des affaires. Après avoir reçu son diplôme, il fit son service dans l'aviation. Il était chargé d'un ordinateur de l'aviation militaire stratégique. Une des découvertes qu'il fit, c'est son horreur de mettre une cravate et de travailler toute la journée, jour après jour, à un bureau. Il détestait également travailler dans une organisation où il devait obéir à des ordres. En d'autres mots, sa formation le destinait à travailler dans un monde qui ne le satisferait pas, le monde des affaires. Néanmoins, quelques mois avant d'être rendu à la vie civile, il accepta un poste dans une grande société. Après tout, c'était ce à quoi ses études l'avaient destiné.

Sa vie prit une nouvelle direction quand son compagnon de chambre lui suggéra que, puisqu'ils aimaient tous deux le monde du spectacle, ils devraient s'arranger pour y travailler. L'idée fit son chemin dans la tête de Hartman. Il avait un penchant pour le monde artistique et était plein de talent. Il jouait de six instruments de musique. Il avait fait partie d'une chorale dans son enfance. En troisième année d'université, il avait travaillé à temps partiel comme annonceur de radio et de télévision. En outre, et c'est ce qui comptait à ses yeux, il avait adoré cela.

Hartman réfléchit au conseil de ses parents selon lequel il devait trouver un travail qui lui plaisait. Il se rendit compte que c'était l'envie de sécurité plus que l'amour du métier qui l'avait attiré vers le monde des affaires. Il décida de renoncer à la sécurité et se lança dans une carrière incertaine mais exaltante. Cette décision était nécessaire s'il voulait se développer et devenir indépendant.

D'habitude, une décision de cette nature est une réaction à des facteurs internes et externes. Par exemple, Carl est un «self-made-millionnaire», un entrepreneur qui a réussi dans de nombreux projets commerciaux. Il a aussi connu la réussite dans à peu près tout ce qu'il a fait dans la vie. Mais son grand tournant se produisit parce qu'il était mécontent d'une de ses carrières.

J'ai toujours aimé les affaires et j'ai toujours aimé l'enseignement. J'ai donc combiné les deux dans ma première vraie carrière. J'ai obtenu mon diplôme en administration et j'ai commencé à enseigner à l'université d'État. J'enseignais bien, je faisais beaucoup de recherche et j'ai beaucoup publié. Évidemment, ma carrière a progressé et je suis vite devenu maître de conférences. Puis, une combinaison de choses a changé ma vie.

D'abord je me suis trouvé de plus en plus déçu par la vie universitaire. Avec les étudiants, ça allait bien, mais les membres de la faculté étaient vraiment des isolés. Dans les réunions, il n'y avait jamais de camaraderie, aucune impression que nous étions un groupe de gens qui pensaient de la même façon et qui poursuivaient les mêmes objectifs. Personne ne semblait se soucier de ce que faisaient les autres. Chacun s'intéressait à sa propre recherche et se balançait de celle des autres. J'ai envisagé de changer d'établissement, mais quelque chose me rongeait.

Ma recherche portait sur les innovateurs qui réussissent et je publiais des articles sur ce sujet. Je pensais que moi aussi je pourrais faire ce qu'ils faisaient. Les récompenses financières seraient énormes. L'enseignement me manquerait, bien sûr, mais pas l'indifférence de mes collègues. J'ai décidé d'attendre de savoir ce que je voulais vraiment faire de ma vie avant de changer d'université.

Le mécontentement de Carl, né de l'atmosphère de son département, et l'échec de ses rêves de réussite dans le monde des affaires furent ses facteurs internes de motivation. Puis, un facteur externe lui fit prendre sa décision. Une foire sur les franchises eut lieu dans sa ville. Il y alla, non pour envisager l'achat d'une franchise, mais pour voir jusqu'à quel point des innovations étaient présentées. Il conversa avec le représentant d'une société qui franchise des débits de papier peint. Puis il commença à critiquer l'organisation, faisant ressortir les points sur lesquels cette société devait améliorer son approche. Le représentant écouta poliment, jusqu'à ce qu'un attroupement se forme autour d'eux.

C'était merveilleux, j'avais tout à coup une classe devant moi. J'ai donc décidé de leur donner un cours improvisé. Mais le représentant a commencé à s'agiter quand il a vu que les autres m'écoutaient attentivement. Il m'interrompit pour me demander: «De combien d'entreprises réussies avez-vous été propriétaire, monsieur?»

«Je suis professeur d'université, lui rétorquai-je. C'est ça que j'enseigne.» Il poussa un petit hennissement et dit, d'un ton évidemment sarcastique: «Je veux bien le croire!» J'ai vu sourire certains des auditeurs et le groupe s'est dispersé avant que je puisse reprendre mon cours.

Carl se sentait humilié. Il était furieux. Mais l'incident le poussa à prendre une décision.

Je suis parti l'air digne, résolu à leur prouver que je savais ce que je disais. J'ai marché les huit kilomètres jusqu'à mon appartement, en pensant à ce que j'allais faire. Une fois arrivé, j'avais déjà conçu tout mon projet. Je démissionnerais à la fin de l'année scolaire. Entre-temps, je lancerais mon entreprise et je vendrais des franchises. C'est comme ça que l'on fait de l'argent. Il faut trouver des idées originales et les vendre. Pas acheter celles des autres.

Carl ouvrit une librairie qui était aussi un café. L'idée était innovatrice. L'entreprise devint florissante et il vendit de nombreuses franchises. L'année suivante, il se lança dans d'autres entreprises, s'efforçant toujours d'être innovateur. Les franchises ont rapporté gros à Carl. Mais sa décision de quitter l'université pour plonger dans le monde des affaires ne fut pas facile à prendre. L'enseignement lui manque encore aujourd'hui. Il lui a fallu beaucoup de courage pour renoncer à la sécurité de sa chaire et il a dû prendre de grands risques. Les décisions qui constituent des grands tournants ne sont pas nécessairement faciles à prendre. Mais comme aboutissement de la prise de décision, il y a la promesse d'une nouvelle vie.

Est-il exagéré de parler de «nouvelle vie»? Les décisions importantes peuvent-elles provoquer en nous de grands changements? Pas toujours, bien sûr. Mais ceux qui choisissent de se développer, ceux qui ont fait l'expérience de décisions marquantes, disent que souvent l'aboutissement est un changement spectaculaire. En outre, le changement n'est pas uniquement le résultat de la décision même, il provient aussi du seul fait d'avoir pris une décision cruciale. Au cours de nos premières années de vie, nous devons nécessairement nous fier aux autres pour qu'ils prennent les décisions à notre place. Mais si nous voulons continuer de nous développer, nous devons savoir comment prendre nos propres décisions. La conséquence pourrait bien être l'acquisition d'une nouvelle perspective de vie.

Pam, jeune employée dans une société de placements, s'est trouvée forcée de prendre une décision cruciale, à l'âge de vingt ans. En première année d'université, elle avait choisi la biologie. Elle espérait depuis sa tendre enfance entrer à l'école de médecine vétérinaire. L'amour des animaux existe toujours chez Pam. En fait, son chien et son chat se disputaient son attention, pendant qu'elle nous racontait son grand tournant.

Je n'avais jamais envisagé de faire autre chose dans la vie que soigner les animaux malades. Mais durant ma première année d'université, j'ai eu à faire face à une crise. J'avais choisi la biologie en sachant bien que l'étape suivante, l'admission à l'école de médecine vétérinaire, serait très difficile. Mais j'avais présumé que tout se déroulerait selon mes plans. Dans certains cours de sciences et de mathématiques, ça allait. Mais d'autres cours me dépassaient à un tel point que je me demande encore comment j'ai pu les réussir.

Au début, j'ai essayé d'ignorer mon angoisse croissante de ne pas pouvoir réussir les cours qui devenaient de plus en plus difficiles. Je refusais de réfléchir sérieusement à la situation, de peur de trouver une réponse que je ne voulais pas savoir. Une de mes caractéristiques à l'époque, c'était que, une fois la décision prise, je ne changeais jamais d'idée. Pour moi, changer d'idée, c'était faire preuve de faiblesse.

Pam dut s'inscrire à des cours de physique. Elle n'avait aucune difficulté avec les cours d'anglais, de littérature, de sociologie et de psychologie. Elle s'était débrouillée dans ses autres cours de sciences, même si cela avait été pénible. Mais la physique fut son Waterloo. Elle n'y comprenait rien. Pam ne pouvait se dérober à la réalité: elle échouait. Ce qu'elle ressentait alors, elle s'en souvient, c'était vraiment la terreur.

Je ne m'étais pas laissé de choix et ce que j'avais me glissait entre les doigts. J'ai commencé à faire des cauchemars: morts, cadavres, monstres qui me serraient les côtes jusqu'à m'étouffer. Finalement, j'ai essayé d'analyser la situation comme si j'étais quelqu'un d'autre. Je me suis rendu compte à quel point j'avais été stupide et entêtée. J'étais comme un chat qui insistait pour être un chien.

J'ai donc envisagé de me réorienter en administration. J'en ai parlé à des amis. J'ai commencé à aimer l'idée du changement et à ressentir en moi une paix mêlée de hâte. À ma surprise, quand j'ai parlé à mes parents de ma décision, ils m'ont offert leur soutien et leur amour.

Pam voit maintenant que plus de ressources lui étaient disponibles à l'époque qu'elle ne le croyait. Elle aurait pu prendre des cours particuliers en physique et réussir.

Je pense que j'étais arrivée à un point tournant de ma vie où il me fallait effectuer un changement. Peut-être aurais-je pu réussir dans la voie que j'avais choisie. Mais soudainement, toutes sortes de possibilités s'offraient à moi. Quelque chose en moi me poussait à changer. J'avais écouté ma tête trop longtemps, maintenant j'allais laisser parler mon cœur.

Il arrive à Pam de se demander ce que serait sa vie si elle s'était entêtée à devenir vétérinaire. Mais elle est satisfaite de la décision qu'elle a prise. Elle s'est rendu compte plus tard que cette expérience avait été un grand tournant pour elle, parce qu'elle ne craignait plus de prendre des décisions, de faire des choix.

J'ai commencé à réagir aux choix offerts et au changement avec l'attitude de quelqu'un pour qui presque tout serait possible. Cela m'a amenée à plus d'introspection. J'ai pu devenir une adulte plutôt que de rester la petite fille de ma mère. J'ai cessé de vivre selon ce que je croyais être les attentes des autres, pour vivre en fonction de mes propres aspirations. En les assumant, mes objectifs sont devenus beaucoup plus réalistes. Ma façon de penser s'est assouplie. Je n'avais plus besoin de m'entêter dans une décision. Je pouvais rire de moi-même.

Pour Pam, la décision de changer d'objectif de carrière ne se réduisait pas à changer le type de travail qu'elle ferait plus tard. Elle lui a donné une nouvelle vision d'elle-même. «J'ai commencé à croire que nous pouvons trouver de la valeur dans quelque choix que nous fassions. J'ai découvert ce que c'est d'être libre.» Quelle que soit la nature du choix que nous faisons, l'acte même de prendre une décision libre peut devenir une expérience marquante.

Bien sûr, la nature de la décision n'est pas sans importance. Toutes les prises de décision ne mènent pas nécessairement à de grands tournants. La décision doit porter sur quelque chose que l'individu estime important dans sa vie. Le type le plus courant de décisions identifiées comme étant devenues des grands tournants concerne le travail ou la carrière. Mais les répondants ont également parlé d'un grand nombre de décisions marquantes différentes, de la décision de devenir végétarien à celle de cesse de fumer, en passant par celle d'intenter des poursuites contre le conseil d'administration d'un immeuble de condominium.

Il y a une bonne raison qui explique pourquoi les gens trouvent importantes les décisions qui portent sur leur travail ou sur leur carrière. Nous passons une grande partie de notre vie à travailler. Le travail constitue donc un élément essentiel de notre bien-être. Ceux qui perdent leur emploi font souvent l'expérience du stress. Depuis plus d'une centaine d'années, on a observé que le taux d'admission dans les hôpitaux psychiatriques monte de façon spectaculaire en période de récession économique et qu'il fléchit durant les périodes de prospérité. Quand le taux de chômage grimpe, le taux de suicide grimpe aussi, de même que le nombre des décès attribués à certaines maladies, comme les maladies cardio-vasculaires et la cirrhose du foie. En outre, les chômeurs sont plus vulnérables à la dépression, à l'angoisse et à l'insomnie. Ils ont tendance à être agressifs et souffrent plus souvent de problèmes conjugaux.

Malheureusement, travailler dans de mauvaises conditions ou faire un métier qui ne nous satisfait pas peut engendrer beaucoup de stress. On a établi un lien entre les conditions de travail stressantes et certains états physiques comme la migraine, les cardiopathies, les ulcères d'estomac et l'hypertension.

Ted est un bon exemple de personne dont le grand tournant a exigé qu'il prenne une décision à propos de sa carrière stressante. Son enthousiasme quand il parle de sa nouvelle vie contraste fortement avec l'air morne qu'il a quand il discute de sa première carrière. Dans la trentaine, Ted était gérant d'une société de la côte Ouest engagée dans la technologie médicale. Il avait atteint ce poste en quatre ans seulement. Mais il y avait un prix à payer.

> J'avais tout sacrifié pour réussir, ou plutôt pour ce que je croyais être la réussite. Je n'avais aucun intérêt en dehors de mon travail. Ma femme envisageait de divorcer. J'avais été en voyage d'affaires pendant 45 semaines, l'année d'avant. Mes enfants n'aimaient pas quand je rentrais. J'étais tout à fait détaché du monde; je mangeais et respirais la technologie médicale. Je ne comprenais pas pourquoi ma réussite fulgurante n'impressionnait pas ma famille. Je savais que, quelques mois plus tard, tout mon travail allait me rapporter beaucoup d'argent. C'est alors que j'ai appris que l'entreprise allait être vendue à une société britannique qui n'avait pas l'intention de faire des affaires en Amérique.

La vente de l'entreprise secoua Ted et le fit sortir de sa course folle vers la réussite financière. Toute sa vision du monde était ébranlée. Comme beaucoup de Nord-Américains, il s'était défini en termes de travail. Son identité et sa valeur en tant que personne avait été fonction de sa réusite en affaires. Heureusement, Ted avait en lui les ressources nécessaires pour changer sa façon de voir. Ce faisant, il vit tout sous un jour nouveau.

> Pendant longtemps j'avais refusé tous ceux qui étaient proches de moi et je m'étais aliéné toutes les choses qui meublent une vie normale. J'avais reporté la vie à plus tard, quand j'aurais récolté les récompenses de mon dur labeur. Tout à coup, sans avertissement, voilà qu'il n'y aurait pas de récompenses. Ce qui, je le saurais plus tard, allait sans doute être sans importance de toute façon, parce que je n'aurais plus de famille non plus. À

quoi bon un gros chèque de paye s'il n'y a personne avec qui le partager? Je me suis enfin rendu compte — grâce en partie à l'évaluation que ma femme a faite de notre vie — que j'avais commis une erreur terrible. Non seulement j'avais perdu ma carrière, mais j'étais en train de perdre aussi ma famille.

Ted se rendit compte qu'il devait s'occuper d'une chose urgente: sa carrière. Quel que soit l'avenir de son ménage et de sa famille, il aurait toujours à travailler. Il avait le choix: il pouvait accepter un poste à Londres, trouver un emploi analogue dans une autre société ou se chercher un poste de vendeur dans un autre type d'entreprise. Pour la première fois depuis des années, Ted ne fonda pas sa décision exclusivement sur des critères d'argent.

Ma plus grande préoccupation, c'était de sauver mon ménage, ma famille. En discutant avec ma femme d'une mutation possible à Londres, j'ai vite vu que si j'acceptais le poste, je serais le seul à partir. Par conséquent, j'ai rayé de ma liste cette possibilité. Si je trouvais un poste semblable ici, je devrais encore me déplacer très fréquemment. Possibilité rayée de ma liste aussi. Il ne me restait plus qu'à trouver un poste de vendeur dans une entreprise de la ville.

Malheureusement, trouver un emploi se révéla plus difficile que Ted ne l'avait cru. Chaque entrevue débouchait sur une offre de travail analogue à celui qu'il venait de perdre. Au bout de trois mois de chômage, Ted connut de graves difficultés financières. Le moment était venu de prendre des mesures draconiennes. Ted décida de retourner à l'université en automne. Il trouva un emploi d'été comme sauveteur à Los Angeles, pour faire vivre sa famille. Une remorque garée dans le terrain de stationnement de la plage devint leur résidence temporaire.

Malgré les incertitudes et les difficultés financières, l'été sur la plage fut «l'un des plus mémorables de leur vie», selon Ted. Mais les cours allaient commencer et il fallait trouver un domicile permanent. Ted et sa femme trouvèrent un appartement. Les trois enfants allaient partager une chambre. Les parents auraient l'autre. Celle-ci servirait également de bureau pour Ted. Par la suite, Ted décrocha un contrat d'étude de marché pour une entreprise locale. Une fois ce travail terminé, il décida de devenir spécialiste indépendant en étude de marché et de suivre des cours à temps partiel. «Un beau matin de septembre, dit-il, j'ai lancé ma propre entreprise sur une table de jeu, dans la chambre à coucher de mon appartement.»

Après des débuts difficiles, Ted connut de nouveau la réussite à titre d'homme d'affaires. Mais il ne le fit jamais plus au détriment de sa vie familiale. Son ménage va bien. Un nouveau principe dirige maintenant sa vie: «Ne jamais laisser dépendre la qualité de sa vie d'une entreprise ou de quiconque.» Décider lui-même de sa vie fut pour Ted un grand tournant.

LE POUVOIR DE CHOISIR

Quand nous faisons nos propres choix (au lieu de laisser nos parents, notre conjoint ou nos amis les faire pour nous), nous nous servons d'un outil puissant — le pouvoir de choisir — qui favorisera notre développement. Faire des choix donne de la puissance, parce que les décisions importantes ouvrent souvent des portes sans qu'on s'y attende. De plus, comme l'illustre le cas de Pam, le fait même de choisir produit souvent des résultats non prévus. Pam pensait qu'elle était simplement en train de changer de projet de carrière quand elle abandonna ses études de médecine vétérinaire. Elle ne s'était pas rendu compte que sa volonté de prendre la décision lui donnerait une nouvelle liberté, que le fait même de décider accélérerait son développement.

La liberté est une des conséquences positives du fait de choisir: autonomie accrue, mais aussi libération d'un fardeau. Pour beaucoup, la liberté que procure la capacité de choisir est semblable à celle que connut Pam: sentiment d'être autonome, d'assumer sa vie et de pouvoir se débrouiller dans le monde. La découverte de cette puissance en nous est exaltante.

Considérons le cas de Sarah, qui reçut son diplôme universitaire au milieu des années soixante-dix. Sarah est une rouquine pleine d'entrain qui avoue se faire du mauvais sang pour un oui ou pour un non. Le jour de la collation des grades, exactement un an après son mariage, elle reçut son diplôme et dut faire face à une évidence troublante. Elle était «dans cet état qui caractérise si bien la femme traditionnelle: enceinte». Sarah se morfondait; elle ne savait que faire.

À ce moment même j'ai été placée devant le dilemme éternel: être une mère qui travaille ou être une mère au foyer. Émotionnellement, je n'arrivais pas à me décider, à trancher la question. Toutefois, pour ce qui était de ma conscience, le choix s'imposait.

Sarah sentait qu'elle n'avait pas vraiment le choix. Elle devait rester à la maison et s'occuper de son bébé. Mais elle sentait aussi que la société ne récompense pas ce type de décision.

La maternité semble être une anomalie de la vie. Par exemple, chaque fois qu'on vous présente à quelqu'un on vous demande ce que vous faites. Être mère n'a pas statut de carrière. Tout ce qui compte, c'est que vous ameniez les enfants à la petite ligue de base-ball et que vous accompagniez votre mari aux réceptions d'affaires. Preuve encore plus flagrante du mépris de la «carrière» de mère, on parlait souvent de moi en tant que la mère de Karl ou la femme de Bert.

Sarah passa dix années à osciller entre la frustration et la colère, à être déprimée et à blâmer son mari et ses enfants pour ce qu'elle ressentait. À un moment donné, elle prit la décision difficile de céder à son envie d'autonomie et elle retourna sur le marché du travail. Elle finit par trouver un emploi dans les relations publiques, s'occupant du compte d'un aménageur foncier. «Mon seul regret, dit-elle, c'est de ne pas l'avoir fait plus tôt.» Sarah trouve que «rien ne donne autant à quelqu'un l'impression d'être important et puissant que le fait de gagner sa propre vie. De plus, le sentiment d'être plus puissante et plus autonome a amélioré ses relations avec les siens. La frustration ne la pousse plus à se répandre en invectives contre eux. Sa nouvelle autonomie n'a pas éloigné Sarah des siens; au contraire, elle lui a donné le sentiment de puissance personnelle dont elle avait besoin pour assumer avec plus d'entrain ses responsabilités à l'intérieur de la cellule familiale.

En d'autres mots, devenir plus autonome ne signifie pas s'isoler des autres ou se montrer indifférent à leurs luttes et à leurs aspirations. Souvent les expériences qui deviennent de grands tournants font précisément le contraire. Elles nous donnent la force intérieure qu'il nous faut pour «être là» pour les autres, ainsi que les ressources nécessaires pour être sensibles à leurs besoins. C'est ce qui arriva à Andy, organisateur de concerts de rock et de jazz. Dans une chapelle de Boston, en 1978, Andy, aux prises avec des questions sur le sens de la vie, ne se rendit pas compte qu'il souffrait de l'angoisse engendrée par une transition et que, par la suite, il deviendrait plus autonome, mais également plus sensible aux autres.

Andy est un homme moustachu au crâne dégarni, dans la trentaine avancée. Il a exercé plusieurs carrières dans sa vie. Né et élevé dans une ferme de l'Est, il choisit, comme beaucoup d'autres jeunes ruraux, d'aller travailler à la ville. Il devint directeur dans une agence immobilière. Il se maria et pendant un certain temps son ménage et sa carrière furent des succès. Mais Andy était de moins en moins satisfait de son travail. À peu près en même temps, des difficultés conjugales naquirent. En 1974, son mariage se brisa. La coupure avec son passé fut nette: il quitta également le domaine de l'immobilier. À cette étape de sa vie, Andy sentait qu'il devait s'éloigner de tout.

Dans un effort de reconstruction de sa vie, Andy choisit de se lancer dans l'industrie des boîtes disco, alors en plein essor. Il ouvrit plusieurs établissements. Il collabora avec les compagnies de disques et les magazines de musique à la promotion de la musique disco. En moins d'une année, il connaissait le succès. Mais le président de la société propriétaire des boîtes prit certaines décisions qui menèrent Andy au désastre financier et à la perte de son emploi. Au bout de huit mois de chômage, Andy réussit à convaincre le propriétaire d'une autre boîte qu'il pourrait la gérer efficacement. On lui donna le poste. Pendant un certain temps, Andy connut une réussite fulgurante. Mais la concurrence grandissante et la popularité déclinante de la musique disco amenèrent bientôt le propriétaire à fermer son établissement. Andy s'était consacré corps et âme à son travail: cette fermeture eut le même effet sur lui que la mort d'un être cher.

Assis dans une chapelle, à Boston, Andy se mit à réfléchir à sa situation.

Je me suis rendu compte que j'étais un homme brisé, que j'avais l'esprit brisé. Je souffrais de la fatigue du combat et aussi d'épuisement professionnel. Aucun médecin ne pouvait rien pour moi. J'étais en si piètre état que mon père est venu à la ville pour me chercher. Il croyait que j'avais besoin de temps et de la tranquillité de la ferme pour réparer mes forces. Je ne voulais pas quitter la ville; j'avais peur de ne jamais la revoir. Mais mon père avait raison. Le séjour à la ferme était vraiment ce dont j'avais besoin.

Par la suite, Andy se lança dans l'organisation de concerts. Plus il réfléchissait à ce qui s'était passé, plus il était convaincu qu'il y avait un but derrière tout cela. Il se remit sur le bon chemin au cours de son expérience dans la chapelle. C'est là qu'il se posa des questions sur le sens de sa vie, réflexion qu'il poursuivit durant son séjour à la ferme de son père. Il décida de changer sa vie. Il se persuada que quel que soit le genre de travail qu'il choisisse, celui-ci devrait être de nature à enrichir la vie des autres.

Andy se considère comme un «guérisseur blessé», quelqu'un qui a connu bien des déceptions, et qui, par conséquent, est en mesure d'aider ceux qui souffrent des mêmes difficultés. Maintenant, il est de retour à la ville et organise des concerts. Mais il ne voit plus son travail du même œil: «Je ne travaille plus simplement pour l'argent. Je n'organiserai pas de concerts rien que pour faire un paquet de dollars. Je ne travaille qu'avec des musiciens dont je crois qu'ils aident les gens à se sentir mieux.» Andy dit qu'il peut arriver à faire cela seulement parce qu'il a lui-même appris à compter davantage sur ses propres ressources, à trouver la force et le courage de se relever et de poursuivre sa route.

Le sentiment d'être autonome fait naître une plus grande sensibilité aux autres. C'est l'un des aspects de la liberté qui a souvent été ressenti par ceux qui ont pris des décisions devenues plus tard des grands tournants. Un autre aspect de la liberté qui vient du choix, c'est le sentiment qu'un poids nous a été enlevé des épaules. Prenons le cas de Peter, trente ans, ingénieur spécialisé en réseaux numériques. Il y a quatre ans, Peter cessa de cacher son homosexualité. Quand il était au collège et à l'université, il sortait avec des femmes, mais «avait envie d'être intime avec d'autres hommes».

Toutefois, la plupart du temps il éprouvait un sentiment de culpabilité. Il essaya de réprimer ses pulsions. Il discuta de la chose avec un conseiller, mais cela ne fit qu'intensifier ses sentiments de confusion et de culpabilité. Quand Peter entra dans l'âge adulte, il était toujours aux prises avec ces sentiments.

Ce n'est qu'après avoir emménagé dans sa propre maison que Peter a enfin pu accepter sa situation. C'était un jour de février. Une violente tempête de neige l'empêchait de se rendre au travail. Il s'assit dans un fauteuil et se mit à réfléchir à sa vie. En regardant par la fenêtre, il vit ses voisins, un couple marié, devant leur maison, en train de jouer joyeusement dans la neige. Il enviait leur bonheur. Mais son envie fit bientôt place à d'autres sentiments.

En premier lieu, j'ai pensé à quel point je souhaitais être à la place du mari. Ensuite je me suis dit que je me mentais à moi-même, que je ne voulais pas être marié à cette femme, que j'étais gai.

C'était la première fois que j'avouais, même à moi-même, que non seulement j'éprouvais des attirances homosexuelles, mais que j'étais gai, que je voulais l'être et que je désirais avoir une relation stable avec un homme. Dès ce moment, j'ai décidé de m'accepter.

Plus encore, j'ai décidé de ne plus me cacher aux autres, y compris à ma famille et à mes amis. J'en avais assez de me mentir à moi-même. Je voulais moi aussi être heureux avec quelqu'un que j'aimerais tout comme c'était le cas pour mes voisins.

Peter ressentit un immense soulagement. Il lui fut quand même difficile de s'ouvrir à sa famille et à ses amis. Mais une fois qu'il l'eut fait, il éprouva un sentiment de libération. Il se rendit compte qu'il lui aurait été impossible de continuer de se développer s'il n'avait pas accepté son orientation sexuelle et s'il ne l'avait pas ouvertement reconnue. «Maintenant, dit-il, je me sens heureux et libre.»

L'expérience de Sam, bien que moins spectaculaire, fut aussi libératrice pour lui. Sam est un radiologue qui, tard dans la vingtaine, décida de maigrir. Il se souvient de la date précise où il a pris cette décision: le 24 mars 1983. Il ne sait pas pourquoi cette date en particulier, tout ce qu'il sait, c'est qu'il s'y préparait depuis quelque temps. «En fait, je me portais mal. Je sentais que le moment était venu de changer.» Il décida non seulement de perdre du poids, mais aussi d'améliorer son apparence générale. Il se joignit aux Weight Watchers, consulta un spécialiste de la mode et commença à faire de l'exercice. Il se sent maintenant comme un nouvel homme: «Ce qui est drôle, c'est que j'ai commencé à me sentir mieux aussitôt après avoir pris ma décision. Je n'ai même pas dû attendre de commencer à maigrir.»

Le fait de prendre des décisions importantes, en plus d'intensifier le sentiment que l'on est libre, renforce généralement le respect de soi. Faire un choix et agir en conséquence, c'est prendre sa vie en main. C'est l'expression de la confiance en sa capacité d'être sagace, rationnel et actif. Cela renforce naturellement le respect de soi.

Accroître son respect de soi pourrait ne pas être facile. Une fois la décision prise, il se peut que l'individu se voie attaquer par ses propres doutes, par des amis qui ne comprennent pas assez vite et par une famille qui le désapprouve. La prise de décision ouvre une porte, certes, mais il est rare que celle-ci donne sur une voie aisée. S'il est difficile de prendre une décision, la mettre en œuvre requiert par ailleurs détermination et courage.

Martin, chimiste au service de la recherche d'une grande société, eut à faire face aux conséquences de la prise de décision quand il choisit de faire un doctorat. À l'époque, il occupait un bon poste de représentant pour une société pharmaceutique importante. Il touchait un bon salaire, augmenté de grands avantages sociaux. Son poste était sûr et lui offrait de nombreuses possibilités d'avancement. Mais il se fatigua de toujours attendre que les médecins, toujours débordés, acceptent de le recevoir. Il n'aimait pas la façon condescendante dont certains d'entre eux lui parlaient. Il en avait assez de passer tant d'heures dans sa voiture. Il voulait relever un nouveau défi.

Martin décida de résoudre ses difficultés et de suivre ses aspirations en retournant à l'école pour obtenir un doctorat et devenir chimiste. C'est à ce moment qu'il connut son premier problème. Son père était d'avis que son projet était irresponsable: il ne pouvait croire que Martin laisserait tomber la sécurité financière gagnée pour poursuivre une nouvelle carrière dont la réussite était aléatoire. Il ne fut pas facile à Martin de convaincre son père, mais il y parvint. Son père finit par accepter, à contrecœur.

Martin reprit ses études avec enthousiasme. Il adorait la chimie. Il s'éprit bientôt d'une étudiante. Celle-ci obtint son baccalauréat en même temps que lui passa ses examens d'admission. Ils décidèrent de célébrer leur succès en s'épousant. Le père de Martin lui rappela les obligations financières du mariage et l'enjoignit d'essayer de reprendre son ancien poste. Les efforts du père n'eurent aucun effet sur Martin, jusqu'à ce que sa femme devienne enceinte. À la pensée d'un travail sûr et à bon salaire, Martin fut tenté d'abandonner son rêve et d'assumer sa responsabilité de mari et de père.

Mais je ne le pouvais pas. Me contenter de vendre des médicament aux médecins ne me suffisait pas. Quelque chose en moi me poussait à finir mon doctorat. Je savais que je ne serais jamais satisfait si j'abandonnais mes études et mon rêve.

Au début, la femme de Martin appuya sa décision de rester à l'école. Mais ni l'un ni l'autre n'avaient prévu les difficultés financières qui les attendaient. Le traitement de Martin à l'université était leur seule source de revenus. Cela suffisait à peine. Martin était trop fier pour demander de l'aide à ses parents, bien qu'ils auraient largement eu les moyens de la lui accorder. Il voulait prouver à son père qu'il pouvait s'en sortir seul. Vint le moment critique: sa femme, épuisée par les tâches domestiques, demanda à Martin de l'inviter à dîner au restaurant et de chercher une gardienne.

Je lui ai dit que nous n'en avions pas les moyens. Elle m'a répondu que nous aurions les moyens de nous payer beaucoup plus de choses si je n'étais pas aussi entêté et si je demandais à mon père de nous aider. Je lui ai rétorqué qu'il n'en était pas question. Je ne pouvais demander à mon père de subventionner une aventure qu'il désapprouvait.

Nous nous sommes disputés pendant un certain temps. Je sais maintenant que le moment était mal choisi pour une telle querelle. Nous étions tous deux fatigués: elle, par un bébé qui pleurnichait toute la journée, et moi, par les exigences de mes études.

Malheureusement, Martin et sa femme ne résolurent pas leurs problèmes. Ils continuèrent de se chamailler. La pensée qu'il pourrait mettre fin à toutes leurs difficultés en abandonnant ses études et en retournant chez son ancien employeur tenaillait Martin. Cette pensée le séduisait et le mettait en colère, tour à tour. Quand il était en colère, ses disputes avec sa femme étaient plus nombreuses. Au bout de quelques mois de conflit, celle-ci le quitta. Mais Martin ne lâcha pas pour autant son rêve.

J'aimais ma femme et mon enfant, mais j'étais poussé à terminer le voyage que j'avais entrepris. Dans mon esprit, c'était le test final sur mon identité et sur ce que je voulais faire de ma vie. Au cours des deux années qui ont suivi, j'ai continué mes études, tout en travaillant à temps partiel et l'été. Je voyais mon fils régulièrement. Paradoxalement, il semble que ma femme et moi nous nous soyons rapprochés durant cette période de séparation. Nous étions mieux en mesure de reconnaître chez l'autre les qualités auxquelles nous attachions de la valeur. Puis nous nous sommes remis en ménage, juste avant que je ne reçoive mon diplôme.

Pour Martin, l'obtention de son doctorat fut la fin d'une lutte ardue. Il sent que son diplôme a marqué le «début d'une nouvelle ère de développement fondé sur la confiance en soi, la maturité et l'engagement dans l'avenir». La décision initiale de Martin l'a mis sur le chemin du développement. Mais ce chemin n'a pas été sans embûches. Il lui a coûté une longue inquiétude d'ordre financier et a failli lui coûter son mariage. Martin ne regrette cependant pas sa décision, car il est sûr d'avoir effectué le bon choix.

Nous avons vu comment le fait de prendre une décision et de la mettre en œuvre peut nous donner le respect de nous-mêmes. Mais n'est-il pas vrai que le respect de soi est la base nécessaire à la prise de telles décisions, plutôt que le résultat de ces décisions? Le manque de respect peut-il empêcher les gens de prendre des décisions?

Il est vrai que ceux qui ont un grand respect d'eux-mêmes sont plus disposés que les autres à prendre des décisions importantes. Mais la relation entre la prise de décision et le respect de soi travaille dans les deux sens. Nous avons découvert que certains, apparemment mus de l'intérieur par une puissante envie de se développer, prennent des décisions malgré leur manque relatif de respect d'eux-mêmes. Ils émergent du processus décisionnel armés d'une nouvelle vision d'eux-mêmes. Leur respect d'eux-mêmes devient plus fort et leur permet, par la suite, de prendre beaucoup plus facilement des décisions.

Considérons le cas de Phyllis, officier de marine à la retraite, maintenant ingénieure. Au début de la vingtaine, alors qu'elle était en deuxième année dans une université du Colorado, elle prit la décision inattendue et audacieuse de répondre à une petite annonce. Cette décision changea sa vie. Phyllis avait changé d'orientation durant sa première année d'université: elle avait lâché l'éducation physique pour se lancer dans l'anglais. Elle avait également fait une demande d'admission dans un programme de maîtrise en anglais où on avait accepté son dossier préliminaire. Une fois son premier cycle terminé, Phyllis planifia de passer l'été chez une amie, de travailler à temps partiel et d'étudier en vue des examens de qualification qu'elle devait réussir pour être admise dans le programme de maîtrise.

Elle demanda le soutien financier de ses parents, mais ils lui dirent qu'ils préféraient la voir rentrer à la maison, dans l'Est, pour y passer l'été. Son père lui donnerait du travail dans un journal et elle gagnerait plus d'argent qu'en travaillant à temps partiel comme elle avait prévu de le faire. Phyllis ne pouvait pas accepter la proposition de son père.

> Au début, je n'étais pas sûre de mes capacités. J'étais terrifiée à l'idée d'avoir un travail grâce à l'influence de mon père et de ne pas y réussir. J'avais vraiment un sentiment d'infériorité. C'est à ce moment-là que, ne sachant pas vers quoi me tourner et recherchant désespérément une solution de rechange, j'ai reçu dans mon courrier une brochure de la marine. La marine m'avait toujours intéressée. Mon cousin avait été dans la réserve navale durant la Seconde Guerre mondiale et durant la guerre de Corée. J'ai fait ma petite enquête et j'ai décidé de m'enrôler.

Même si elle n'avait pas encore été acceptée, Phyllis eut la tâche difficile d'informer ses parents de sa décision. Comme elle s'y était attendue, ils n'étaient pas d'accord. Elle leur dit que son service militaire ne ferait que reporter de deux ans ses études de deuxième cycle. Finalement, ils acceptèrent sa décision. En octobre 1956, Phyllis entrait à l'école des officers de marine. Mais c'est vingt-cinq ans qu'elle passa comme officier naval, pas seulement deux.

Maintenant, en réfléchissant à sa décision, Phyllis se rend compte qu'elle a choisi ce qui, à l'époque, lui avait semblé la seule solution. «Je me sentais prisonnière d'une situation que je ne contrôlais pas et je sentais que je n'arrivais pas à m'en tirer. La marine m'a offert aventure, stimulation, nouveaux amis et nouvelles expériences. Elle m'a donné l'occasion de cesser, enfin, de m'accrocher aux jupes de ma mère.»

Évidemment, d'autres solutions s'offraient à elle. Un de ses professeurs lui avait suggéré d'envoyer une demande d'admission au programme de doctorat de Yale. Mais Phyllis croyait qu'elle ne pourrait pas réussir dans cette prestigieuse université. En outre, c'était là le projet de son professeur, pas le sien.

À la réflexion, je me rends compte que le sentiment le plus vif que j'éprouvais, c'était celui d'être prise dans un piège, de voir que quelqu'un d'autre — mes parents ou mon professeur — choisissait pour moi ma voie. Je voulais me sortir de cette situation. La difficulté, c'est que je ne me sentais pas assez forte pour le faire moi-même. Par conséquent, quand la brochure de la marine est arrivée, j'ai saisi l'occasion. J'ai décidé de laisser la marine provoquer la rupture pour moi. J'ai remplacé mes parents par la marine mais au moins ce choix était le *mien*.

Une fois dans le service, Phyllis aima son travail. Elle s'intéressa au génie et, par la suite, la marine l'envoya dans une université où elle fit une maîtrise en génie électronique. Elle ne doute pas un seul instant d'avoir pris la bonne décision.

J'ai appris à avoir confiance en moi. Graduellement, mon complexe d'infériorité s'est évanoui. Je me suis fait beaucoup d'amis; j'ai beaucoup voyagé. J'ai fait de nouvelles expériences mais, plus important encore, j'ai appris à être fière de mon travail et de moi-même.

Il est probable que ceux qui ont un grand respect pour eux-mêmes acceptent mieux les autres. Ils ressentent moins le besoin de les manipuler pour se protéger. Ainsi, il n'est pas surprenant que, comme les expériences de Sarah et d'Andy le laissent entendre, l'amélioration des relations avec les autres est une deuxième conséquence de la prise d'une décision critique. Pour avoir renforcé son respect de lui-même à la suite d'une décision prise et mise en œuvre, l'individu est en mesure d'avoir des rapports plus ouverts et plus utiles avec les autres.

Ces «autres personnes» avec qui l'individu peut entretenir de meilleurs rapports comprennent les membres de sa famille. Bien sûr, toutes les relations ne sont pas améliorées par la seule prise d'une décision importante. Comme dans le cas de Martin et de sa femme, la relation peut en souffrir. Martin et sa femme entretenaient une bonne relation, mais celle-ci dégénéra jusqu'à la rupture. Toutefois, à la fin du compte, il put la sauver.

Marcia, dessinatrice de mode dans la soixantaine, est propriétaire de sa propre affaire. Il y a à peine huit ans, elle n'était qu'une ménagère qui s'ennuyait dans une union durable, mais souvent stagnante et malheureuse. Sachant qu'elle devait changer sa vie, elle décida, à l'âge de cinquante-deux ans, de lancer sa propre entreprise. Elle avait passé sa vie à confectionner des vêtements pour parents et amis. Elle décida qu'elle pouvait transformer, utiliser son talent pour monter une affaire rentable.

Elle commença à travailler à la maison, avec des amies. À la suite d'articles parus dans les journaux locaux louant sa réussite, elle commença à avoir plus de clients qu'elle n'était en mesure d'en servir. Elle avait besoin de plus d'espace pour travailler. Elle loua une boutique et, maintenant, elle jouit d'une clientèle vaste et fidèle.

Sa décision transforma sa relation avec son mari. Le mariage de Marcia avait toujours été stable, mais ennuyeux. Pendant trente ans, elle avait joué le rôle traditionnel de l'épouse et de la mère. Après le départ des enfants, toutefois, elle se rendit compte qu'elle et son mari avaient cristallisé leur vie commune autour des enfants. La plupart de leurs conversations portaient sur eux. C'était une famille que Marcia et son mari avaient bâtie, pas un ménage.

Quand Marcia fit part de sa décision à son mari, il fut d'abord pris par surprise. Pourquoi voulait-elle lancer une entreprise à son âge? Qu'est-ce que parents et amis iraient s'imaginer sur sa capacité à lui de faire vivre sa femme? Comment réussirait-elle en affaires tout en tenant maison? Plus que tout, ce qui le renversa, c'est que Marcia lui présentait une décision déjà prise plutôt qu'une idée à explorer.

> Il était vraiment troublé. Mais je sais maintenant que le mettre devant un fait accompli était la meilleure chose à faire. Je l'ai vraiment stupéfié. Si je m'étais contentée de discuter de l'idée avec lui, je passerais sans doute encore toutes mes journées assise chez moi. Quand je lui ai révélé mes projets, je crois qu'il s'est rendu compte à quel point il connaissait peu la femme avec qui il était marié depuis trente ans. Je suppose que moi-même je me connaissais mal. J'étais un peu étonnée d'avoir eu le courage de le placer devant le fait accompli, plutôt que de lui demander son opinion.

Une des conséquences inattendues de la décision de Marcia fut qu'elle acquit une nouvelle vision d'elle-même, de son mari et de son union avec lui. «Il a longtemps lutté contre ma décision, mais c'est fini. Certains soirs, il fait même la cuisine. Pour la première fois en trente ans, nous vivons comme des amis qui se soucient l'un de l'autre. N'est-ce pas un véritable miracle?» Marcia a lancé sa propre entreprise pour trouver un nouveau sens à sa vie et pour dissiper ses sentiments d'ennui et d'insatisfaction. Non seulement elle a trouvé une nouvelle raison de vivre, mais elle est aussi entrée dans une nouvelle étape de son union avec son mari.

Comme Marcia l'a découvert, la prise de décision est nécessaire si l'on veut que de nouvelles portes s'ouvrent devant nous. Dans son autobiographie, Lee Iacocca déclare que le fait d'être disposé à prendre des décisions et à les mettre en œuvre est vraiment ce qui fait un bon administrateur. C'est également ce qui permet à l'individu de se développer.

12

Les techniques du choix

Certains prennent des décisions cruciales dès leur tendre enfance. A. J. Foyt, le célèbre coureur automobile, n'était âgé que de cinq ans quand il prit la décision de consacrer sa vie à ce sport. Depuis l'âge de trois ans, il s'amusait avec une voiture sport miniature ou il la conduisait. Il usa la voiture au bout de deux ans. Son père, mécanicien, travaillait sur les circuits de course; il lui bâtit une voiture de course à sa mesure qui pouvait faire jusqu'à 80 kilomètres à l'heure. Un soir, il amena A. J. à un circuit de course de Houston, où l'enfant devait faire un premier tour de piste, en guise de baptême de la voiture. Même enfant, A. J. savait qu'on ne fait pas une course avec une seule voiture. Il lança donc un défi à l'un des meilleurs coureurs de la piste. Ce n'est qu'après que A. J. eut insisté et que son père eut consenti que le coureur abasourdi accepta de faire une course de trois tours de piste, lui aussi en voiture naine. A. J. gagna. Dès lors, il consacra sa vie à la course automobile.

A. J. Foyt devint l'un des meilleurs coureurs que la nation ait connus. Mais c'était une décision risquée qu'il avait prise. Et s'il avait échoué? Ou s'il avait été médiocre? Ou encore, s'il s'était retrouvé prisonnier d'un choix de carrière qui ne l'aurait pas satisfait une fois adulte? La prise de décision est, à tout âge, une entreprise hasardeuse.

LES RISQUES DU CHOIX

Le mot «aboulie» désigne un trouble mental caractérisé par une diminution considérable ou une disparition de la volonté. Certains psychologues croient que l'aboulie est un trouble largement répandu. Si c'est le cas, peut-être cela explique-t-il pourquoi presque instinctivement nous reconnaissons que choisir comporte des risques. Examinons le cas de quelques personnes dont les décisions cruciales furent loin de leur apporter les avantages escomptés.

Dans certains cas, l'individu connaît des conséquences négatives pour la simple raison que sa décision déclenche une série d'événements imprévus. Dans d'autres, cependant, il se peut que la décision même soit erronée. Terry, quarante-six ans, directeur des ventes pour un fabricant de chaussures, réfléchit aujourd'hui à la décision cruciale qu'il prit sur un coup de tête et qui se révéla fort mauvaise pour lui. Il avait dix-sept ans et fréquentait l'école secondaire. Bon élève, il était également arrière dans l'équipe de basket. Il ne se souvient d'aucune difficulté sérieuse qu'il aurait pu éprouver à ce moment. Mais un jour, son meilleur ami lui dit qu'il abandonnait ses études pour s'enrôler dans le corps des marines. Impulsivement, Terry lui rétorqua que s'il s'enrôlait plutôt dans la marine, alors lui aussi le ferait.

«Il accepta», dit Terry avec regret.

Il cherchait le plaisir et l'aventure. Moi aussi je trouvais l'idée de m'enrôler emballante. La lubie nous serait passée si nous avions attendu. Mais non, nous avons agi immédiatement. Depuis lors, je n'ai pas cessé d'en subir les conséquences.

En fait, ma décision m'a pour ainsi dire paralysé dans la vie. J'avais projeté d'être professionnel, peut-être ingénieur. Mais en réalité, après mon service dans la marine, je n'ai fait que sauter d'un emploi à l'autre. J'ai essayé de faire quelque chose de ma vie, mais je me suis rendu compte que je payais pour avoir pris une mauvaise décision. Je paye encore.

Aujourd'hui, Terry réussit du point de vue financier. Il occupe un poste administratif. Mais il y a un vide dans sa vie, une aspiration non réalisée. Un peu comme la serveuse de restaurant à

Hollywood qui vous dit: «Je ne suis pas vraiment serveuse, je suis actrice.» Contrairement à la serveuse et à tous ceux qui ont envie de plus, Terry vivra sans doute toute sa vie avec des aspirations non réalisées. Malheureusement, ses parents lui ont permis de mettre en œuvre une décision importante prise impulsivement et dont l'étourderie lui est restée sur le cœur depuis près de trente ans.

Si Terry prit hâtivement sa décision, Fran, elle, la prit les yeux fermés, sans avoir les éléments de connaissance nécessaires. Elle est maintenant âgée de trente-sept ans et est gérante de la réception dans un grand hôtel de la côte Ouest. Fran rougit légèrement en nous racontant son grand tournant.

> J'ai toujours pensé que j'étais une femme rationnelle, mue par de grandes aspirations. Mais, vers l'âge de vingt-cinq ans, j'ai fait quelque chose de vraiment stupide: je suis tombée amoureuse.
>
> En réalité, c'était plutôt un béguin. Nous sortions ensemble depuis trois semaines quand un beau soir, à l'occasion d'une fête, il m'a demandé de l'épouser. Le croiriez-vous si je vous disais qu'alors je ne savais rien de lui, si ce n'est qu'il était beau comme un dieu, qu'il avait un bon emploi et qu'il était fou de moi.

Impulsivement, Fran accepta sa demande et ils se marièrent deux mois plus tard. Sur l'insistance de son mari, elle devint enceinte immédiatement après. Ils eurent un fils. Et sur l'insistance de son mari, Fran quitta son travail pour se consacrer à sa maison et à son fils.

> J'ai peine à croire que j'ai pu faire tout cela. Pourtant c'est vrai. Avant le mariage, nous n'avions jamais discuté d'enfants. Vous pouvez imaginer ma surprise quand j'ai découvert qu'il voulait une épouse traditionnelle qui lui donnerait une grosse famille et qui resterait à la maison pour s'en occuper. Je voulais des enfants; j'adore mon fils. Mais je ne voulais pas élever ma propre équipe de base-ball. Et je ne voulais pas cesser de travailler non plus.
>
> Les quelques années qui suivirent, j'ai pris la pilule, sans le lui dire. Il se demandait pourquoi je n'étais pas enceinte. Quand

il a découvert que je prenais la pilule, il s'est mis en colère. Dès ce moment, notre relation s'est rapidement détériorée et nous avons divorcé peu après.

Fran retourna au travail. Elle sent qu'elle a appris une leçon précieuse: comment rester rationnelle dans sa prise de décision.

Ç'a été la seule fois où je me suis laissé emporter par mes sentiments. Avant de me marier, je ne m'étais pas donné la peine d'apprendre des choses sur lui, du moins les choses qui comptent, comme ce qu'il attendait d'une femme et ce qu'il voulait dans un mariage.

Tout compte fait, Fran regrette amèrement sa décision.

Oui, j'ai mon fils, Mais une fois établie avec mon mari et consciente du bourbier dans lequel je m'étais fourrée, je me suis résolue à ne plus faire les quatre volontés de mon mari. En fait, je sens que j'ai perdu presque cinq ans de ma vie dans ce mariage.

Décisions impulsives. Décisions aveugles. Elles peuvent laisser des regrets éternels chez celui qui les prend. Il en va de même pour les décisions fondées sur un idéalisme excessif. Certaines personnes sont idéalistes au point de ne pas envisager rationnellement les conséquences de leurs décisions. C'est le cas de Jack, qui prit une décision qu'il regretta plus tard. Jack fit son choix en 1968, quand les États-Unis s'étaient lancés dans la guerre du Viêt-nam.

À ce moment-là, cette guerre me semblait nécessaire. J'avais grandi dans une famille fort traditionnelle, avec des parents très patriotes. Mes opinions politiques étaient influencées par l'attitude traditionnelle selon laquelle rien de moins que la victoire totale des États-Unis correspondrait à la vraie justice sociale. J'étais parfaitement convaincu que le seul aboutissement possible de cette guerre était la victoire inconditionnelle des États-Unis. Et c'est ce que j'ai cru jusqu'à l'âge de vingt-sept ans.

J'ai donc considéré mon enrôlement comme l'occasion rêvée de faire mon devoir de patriote et ma part comme citoyen. L'été suivant, je faisais mon entraînement de base à Qantico, en Virginie. Immédiatement après, on m'envoyait au Viêt-nam.

Maintenant capitaine dans l'armée, Jack a beaucoup réfléchi sur la guerre et sur sa décision de s'enrôler. Mais il trouve encore difficile d'évaluer l'importance des conséquences qu'a eues sa décision.

Selon toutes les normes, ma vie n'a pas seulement été réussie, mais heureuse. Cependant, au cours des quatre ou cinq dernières années — à partir du moment où je me suis avoué que notre engagement au Viêt-nam avait été une grave erreur —, je suis devenu de moins en moins satisfait de ma vie.

Il m'est difficile d'effectuer une analyse réaliste de mon insatisfaction, mais je suppose que ça a beaucoup à voir avec l'envie. Je suis envieux des civils de mon âge, qui semblent avoir beaucoup plus de latitude que moi dans la conduite de leur vie quotidienne.

La pensée de démissionner m'est entrée dans l'esprit il y a environ trois ans. Depuis, j'ai pris contact avec de nombreuses sociétés et j'ai reçu quelques réactions favorables à mon curriculum vitæ. Cependant, nul n'est disposé à m'offrir un poste plus important que le niveau inférieur de direction.

Le résultat de tout cela, c'est que je suis dans un grand dilemme au point de vue de ma carrière. Je peux rester dans l'armée, où ma réputation est faite et où je grimpe dans l'échelle hiérarchique sans difficulté. Ou je peux tout recommencer, à peu près au même point que le ferait un nouveau diplômé d'université. Ni l'une ni l'autre de ces voies ne me plaît vraiment. Mais étant donné la nature de l'alternative, j'ai choisi de garder mon poste actuel.

Jack attend avec impatience le jour où il prendra sa retraite de l'armée. Il croit qu'il aura alors une meilleure perspective sur la décision qu'il a prise jadis. Mais à présent il est presque sûr qu'il aurait été plus heureux et plus satisfait s'il était demeuré dans la vie civile et s'il avait fait carrière en affaires.

Y a-t-il moyen d'éviter de prendre le type de décision que l'on regrette plus tard? Non. Rien n'est jamais garanti; toutes les décisions comportent des risques. En 1981, David Stockman, directeur du budget fédéral dans l'administration Reagan, accorda une entrevue qui fut publiée dans la revue *The Atlantic*. C'était chose risquée. L'administration Reagan fut embarrassée par les réponses franches et détaillées de Stockman. Par la suite, Stockman dut démissionner. La décision d'accorder l'entrevue pourrait bien avoir été le point tournant de sa carrière dans le gouvernement.

D'autres acteurs sur la scène politique ont pris des décisions qui semblent presque, du point de vue d'un observateur, des gestes d'autodestruction. La décision de Richard Nixon à propos du cambriolage au Watergate l'a mené directement à abandonner la présidence. Peut-être que ce ne fut, comme les membres de son administration le dirent, qu'un «cambriolage de troisième ordre» mais la décision de tenter d'étouffer l'affaire causa la perte de Nixon. De même, après que le sénateur Gary Hart eut décidé de passer un peu de temps avec un joli mannequin, d'abord à Miami puis à Washington, il se dit innocent de tout méfait. Cependant, la publicité malveillante qui s'ensuivit força Hart, alors favori comme leader du Parti démocrate, à abandonner la course.

Pourtant, la solution n'est pas d'éviter d'avoir à choisir, car ce refus serait au détriment de notre développement. Même si nous évitons les décisions impulsives, aveugles ou exagérément idéalistes, reste la possibilité que nos espoirs d'accomplissement soient déçus à la suite des conséquences imprévisibles de ces décisions. Mais il existe des moyens de réduire au minimum l'indésirable; nous pouvons maximiser les probabilités voulant que les conséquences d'une décision favoriseront notre développement.

CHOISIR POUR SE DÉVELOPPER

Puisque la prise de décision est si intimement liée à notre développement, il importe de savoir comment prendre de bonnes décisions. En réalité, les décisions multiples que nous prenons au cours de notre vie, qu'elles marquent des grands tournants ou pas, ont des conséquences variées. Certaines nous font souffrir. D'autres nous enrichissent. La question est de savoir comment prendre les bonnes, celles qui augmenteront notre bien-être.

Un certain nombre d'étapes sont nécessaires à la prise de bonnes décisions. Ces étapes rendent plus probable que vous ferez le meilleur choix dans telle ou telle situation. En fait, vous devez traiter le processus de prise de décision comme un exercice de résolution de problème. Formulons les étapes sous forme de questions auxquelles vous devez répondre dans l'ordre:

1. Quel est le problème?

Quelquefois, les gens s'attaquent à un symptôme plutôt qu'au vrai problème. Si, par exemple, vous êtes insatisfait de votre carrière et que vous essayez de soulager votre état d'insatisfaction en vous permettant de folles dépenses — nouvelle voiture, nouvelle maison, nouvelle chaîne stéréo —, vous ne faites que traiter le symptôme, pas le problème. La première étape du processus de prise de décision est essentielle: vous devez identifier la nature du problème, puis déterminer s'il nécessite ou non une décision de votre part.

2. Que voulez-vous?

Que désirez-vous accomplir? Que cherchez-vous dans une carrière? dans votre mariage? dans votre vie en général? Quels sont vos standards? vos priorités dans la vie? En référence précise au problème que vous avez défini, que souhaitez-vous voir se produire?

3. Quelles sont les possibilités?

Ne succombez pas à la tentation de vous croire pris au piège, sans choix possible. Vous avez toujours le choix. Si votre problème met en jeu une autre personne, explorez avec elle les diverses possibilités. Si la solution du problème vous incombe, demandez à un ami ou à un parent d'imaginer avec vous toutes les issues possibles.

4. Jusqu'à quel point les diverses possibilités sont-elles réalistes?

Les psychologues nous recommandent de mettre nos idées à l'épreuve du «réalisme», c'est-à-dire de bien réfléchir à chacune des ramifications de chaque possibilité. Le geste que vous vous proposez est-il réaliste? Vous aidera-t-il à atteindre votre but? Les avantages éventuels en valent-ils la peine?

Évaluez soigneusement chaque possibilité avant d'en choisir une. Il peut être utile de consigner par écrit la meilleure et la pire des hypothèses pour chaque cas. Au fait des meilleures et des pires conséquences possibles, vous pourrez mettre en pratique le «principe minimax»: choisissez la solution qui réduit au minimum vos risques de perte et qui maximise vos possibilités de gagner.

Par exemple, supposons que vous ayez deux propositions de placement pour votre argent. L'une peut vous faire gagner 10 p. 100, mais elle peut aussi vous faire perdre jusqu'à 20 p. 100. L'autre peut vous faire gagner 30 p. 100 de votre placement, mais aussi vous le faire perdre en entier. Le principe minimax vous incite à choisir la première proposition, parce que le plus grand risque de perte que présente la deuxième dépasse largement le gain relativement faible qui est possible. Même si vous aimez prendre des risques et que vous ne respectez pas le principe minimax, il serait sage de considérer la pire et la meilleure des hypothèses avant de choisir.

5. Que ferez-vous si la solution choisie n'est pas efficace?

Avant que votre décision ne soit irrévocable, demandez-vous toujours ce qui pourrait ne pas marcher dans chacune des possibilités. Il faut parer à toute éventualité. Ayez un plan de rechange au cas où la solution choisie serait inefficace. Mettez ensuite votre décision en œuvre, mais restez prêt à adopter le plan de rechange.

Les décisions importantes doivent être prises en fonction des questions susmentionnées. Mais la prise de décision qui favorise le développement requiert plus que cela. Les pensées et suggestions suivantes sont fondées sur les expériences des répondants que nous avons interviewés au sujet de leurs grands tournants.

AFFIRMEZ VOTRE VOLONTÉ DE VOUS DÉVELOPPER

Fondez vos décisions sur votre résolution de vous développer. Mais n'est-il pas vrai que nous préférons tous le développement à la stagnation? N'est-ce pas inné?

En réalité, nous préférons nous développer, mais nous ne préférons pas nécessairement devoir faire face à l'incertitude et à la douleur que cela peut causer. Il se peut que quelquefois nous soyons confrontés à ce que Freud appelait l'instinct de mort et que nous nous retrouvions pris dans un cheminement d'autodestruction. Paula, quarante-deux ans, mère de deux enfants, divorcée, connut son grand tournant au cours d'une confrontation avec ses propres tendances à l'autodestruction.

Elle travaille comme artiste dans une entreprise de vente par correspondance. Selon toute apparence, elle possédait tout ce que la vie avait à offrir. Même si elle avait vécu une union malheureuse qui s'était terminée par un divorce, elle entretenait de bonnes relations avec ses parents, ses frères et sœurs, ainsi qu'avec ses enfants. Son grand tournant s'amorça peu après son divorce, quand elle tomba gravement malade.

> Je m'étais toujours crue indestructible. Dans ma famille, forte de son héritage allemand, nous apprenions à supporter nos difficultés sans nous plaindre. Aussi, j'avais tendance à attacher peu d'importance à la maladie.

Cette fois-là, cependant, Paula faisait face à un vrai problème. Son médecin diagnostiqua une infection de la vésicule biliaire et on la transporta d'urgence à la salle d'opération. L'intervention chirurgicale ne mit toutefois pas fin à ses difficultés.

> Mon rétablissement a été extrêmement lent et d'autres complications sont apparues. J'ai commencé à ressentir de fortes douleurs dans une jambe, mais j'en ai à peine parlé aux médecins et

aux infirmières qui me rendaient visite dans ma chambre d'hôpital. Rentrée à la maison, j'avais toujours mal. Un jour, je me suis aperçue que ma jambe gauche était deux fois plus grosse que l'autre et qu'elle était bleue. Il s'est révélé que je souffrais d'une grave thrombose dans le mollet gauche et d'une phlébite opiniâtre.

Je suis retournée à l'hôpital et, une fois de plus, j'étais une patiente exemplaire. Je suis restée couchée stoïquement, j'ai pris mes médicaments et j'ai essayé de m'habituer au fait que j'avais un sac d'eau chaude attaché à une jambe et une intraveineuse de soluté piquée de l'autre côté. Mais je ne me rétablissais pas.

Le changement de mon état, c'est-à-dire mon grand tournant, s'est produit quand, le dixième jour de mon traitement, le spécialiste est venu me voir. Il était alarmé du fait que je ne réagissais pas positivement et m'a confrontée avec mon désir de vivre. Ou plutôt, mon absence de désir de vivre.

Je me suis rendu compte qu'il avait raison: je flirtais avec la mort. J'étais dans un creux de vague à ce point de ma vie. Paula l'indestructible, dont le mariage avait éclaté, était à plat dans son lit, passant d'une grave maladie à une autre. Mon respect de moi-même en a pris un coup. J'étais en train de me tuer. Et je ne m'en étais même pas rendu compte avant que le médecin ne me le fasse remarquer. C'est à ce moment-là que j'ai pris ma décision. J'ai décidé de vivre. En trois jours, je m'étais suffisamment rétablie pour être en mesure de rentrer chez moi. Deux semaines plus tard, j'étais de retour au travail.

Paula n'a jamais plus été immobilisée depuis. Sa décision d'affirmer son goût de la vie partait de son refus de continuer à être la victime passive qu'elle était devenue après son divorce. Le médecin lui avait fait voir le précipice dans lequel elle s'était aveuglément jetée. Mais elle dut prendre la décision de renverser la situation. Elle devait décider soit de changer, soit de laisser les événements la mener et la supprimer. Paula choisit la vie et le développement.

SOYEZ DISPOSÉ À PRENDRE DES RISQUES

La prise de décision, nous l'avons dit, comporte toujours des risques. Le principe minimax représente un moyen d'évaluer les risques, mais il ne les fait pas disparaître. Robert Frost illustra bien le dilemme de la prise de décision dans son poème *The Road Not Taken*. Arrivés à une fourche sur notre chemin, nous devons décider quelle voie emprunter. Nous ne pouvons choisir les deux. Nous voudrions savoir ce que nous réserve chacune, mais ce n'est pas possible. Il nous faut choisir. Et ce choix changera toute notre vie de façon importante. Ainsi, le risque ne peut être éliminé. Vous ne pouvez savoir si c'est la voie la plus souvent empruntée ou celle qui l'est le moins souvent qui vous apportera la plus grande satisfaction. Tout ce que vous savez, c'est que vous devez choisir l'une ou l'autre.

Au fond, il n'est même pas souhaitable d'éliminer le risque, car c'est souvent celui-ci qui rapporte le plus. La carrière de la célèbre Mary Martin monta en flèche à la suite d'une soirée d'amateurs dans une boîte new-yorkaise. Elle avait exécuté deux numéros, dont *Il Bacio*. Mais cette aria était si grandiloquente qu'elle attrapait le fou rire chaque fois qu'elle la chantait. Pour masquer cela, et pour s'amuser aussi, elle avait «jazzé» la partie de l'aria qui la faisait rire. Ce soir-là, elle prit la décision hasardeuse de chanter sa propre version, à une époque où personne n'avait même envisagé de rythmer les classiques.

Elle entonna donc l'aria de façon traditionnelle. Son auditoire silencieux l'écoutait chanter de sa meilleure voix d'opéra. Puis elle se lança dans sa version «jazzée». Quand elle eut terminé, l'auditoire se leva pour l'applaudir. Sa nouvelle carrière était lancée. Elle avait choisi le «chemin le moins souvent emprunté» et les dividendes avaient été grands. Elle aurait pu choisir de chanter l'aria de façon traditionnelle. Mais cela représentait un risque aussi: son ascension vers la gloire aurait pu être retardée ou Mary aurait pu chosir une voie tout à fait différente.

D'une autre façon aussi, il est nécessaire que nous soyons disposés à prendre des risques. Il arrive que la décision qui doit être prise provoque une rupture avec le passé plutôt qu'un élan vers l'avenir. C'est-à-dire qu'il n'y a peut-être aucun objectif en vue, aucune porte à ouvrir, aucune lumière à suivre. Il se peut qu'il n'y ait qu'un présent opprimant dont il faille se libérer.

Sheila, infirmière diplômée, est dans la quarantaine. Blonde et râblée, il semble qu'elle pourrait tenir bon dans toutes les situations. L'occasion d'essayer lui fut donnée quand elle avait trente-six ans. À cette époque, son ménage de quinze ans se portait mal. Son mari souhaitait un mariage ouvert dans lequel chacun serait libre d'avoir des rapports sexuels avec d'autres. Ce type d'arrangement n'intéressait pas Sheila.

En plus de ses difficultés conjugales, Sheila était aux prises avec des problèmes de santé et de travail.

J'avais subi une intervention chirurgicale au cours de laquelle on m'avait enlevé une grosse tumeur. Cette intervention me laissa quelque peu diminuée physiquement, et j'avais tendance à me fatiguer plus facilement qu'avant. Je savais que je n'avais plus la résistance nécessaire pour pratiquer mon métier au chevet des malades, comme je le faisais alors. Je devais contempler la réalité en face: j'avais besoin d'un travail pour survivre. J'étais trop fière pour dépendre de mon mari.

Sheila trouva un nouveau poste qui semblait idéal: elle allait former le personnel hospitalier en réadaptation physique. Peu après que Sheila eut obtenu ce poste, l'infirmière-chef prit sa retraite. L'infirmière qui la remplaça, expérimentée en réadaptation physique, choisit de former son propre personnel. Le poste de Sheila fut éliminé. Elle accepta alors de travailler comme superviseur, au service de réadaptation des alcooliques hospitalisés de son centre. Les difficultés ne tardèrent pas à survenir.

J'étais particulièrement inquiète pour la sécurité des patients de mon service. Je n'ai pas pu obtenir d'équipement de sécurité standard jusqu'au jour où un de mes patients fut pris de convulsions et faillit en mourir. Le rapport entre le nombre des infirmières et celui des patients était insuffisant. Je dotais mon service d'un nombre suffisant d'infirmières pour venir à bout de la tâche sur vingt-quatre heures, mais comme elles n'étaient pas exclusivement attachées à mon service, on venait les chercher si on avait besoin d'elles ailleurs. Le service de réadaptation des alcooliques n'était pas considéré comme requérant beaucoup de personnel, parce que les patients n'étaient pas vraiment «malades». Deux samedis soir de suite, j'ai reçu un appel, à neuf heures du soir, m'informant que, aux soins intensifs, où les patients étaient «malades», on avait besoin de mon infirmière de service. Je suis restée avec une aide-infirmière non diplômée comme seule employée de service.

Certains de mes patients en étaient au stade de la désintoxication et craignaient pour leur sécurité. J'ai donc dû mettre la main à la pâte et travailler avec eux. Tout ça en plus des heures déjà longues que je devais travailler durant le jour. (Soit dit en passant, on ne me payait que quarante heures de toute façon.) J'ai demandé à plusieurs reprises qu'on m'accorde un ratio infirmières/patients qui soit plus sûr, mais en vain. Tout ce que j'ai réussi à gagner, c'est la réputation d'être déraisonnable. La situation a duré cinq mois, jusqu'à la semaine où j'ai dû travailler 93 heures.

Ce fut cette longue semaine de travail qui força Sheila à mettre fin à la situation. Elle ne pouvait plus satisfaire aux exigences irréalistes et aux responsabilités exagérées qu'on lui imposait. Elle présenta sa démission à la directrice des soins infirmiers. Sheila devait être en mesure de subvenir à ses besoins, mais elle n'avait aucun autre travail en vue. Pas même une idée de ce qu'elle allait faire. Mais elle était convaincue qu'elle devait s'échapper de cet hôpital.

Pendant un certain temps, elle chercha du travail, mais en vain. Sheila crut avoir commis une erreur terrible. Finalement, elle trouva un poste de directrice médicale dans une maison de retraités. Ce travail la satisfit et, même aujourd'hui, il la satisfait encore. Huit ans plus tard, elle peut apprécier la valeur de la décision risquée qu'elle avait prise.

Cela ne veut pas dire que cette décision ne me faisait pas peur, loin de là. Je ne savais pas ce que l'avenir me réservait. Tout ce que je savais, c'est que je devais quitter mon travail, qui me tuait physiquement et affectivement. Mon intégrité personnelle, et professionnelle aussi, exigeait de moi une décision

272

draconienne. Heureusement, le risque a été payant. Aujourd'hui j'ai un bon poste et je suis heureuse.

CROYEZ EN VOTRE CAPACITÉ DE RACHETER VOS MAUVAIS CHOIX

Que faire si vous prenez un risque et que les résultats ne sont pas ceux que vous escomptiez? Ou si votre décision se révèle désastreuse? Il faut alors croire en votre capacité de racheter la situation en faisant un autre choix. Pour faire allusion à Tennyson, disons que mieux vaut avoir choisi et perdu que de n'avoir jamais choisi. Mieux vaut prendre des décisions qui pourraient se révéler inadéquates que de stagner et de les laisser prendre par les autres. En fait, il est probable que vous ferez de mauvais choix ou des choix qui auront des résultats différents de ceux que vous escomptiez. Ce qui compte ici, c'est que vous croyiez en votre capacité de vous libérer des conséquences non voulues de vos décisions.

Quand Bruce obtint son baccalauréat en administration, il était convaincu d'avoir un avantage sur les autres. C'était en 1981. Il voulait se lancer directement en gestion. Bien éduqué, bien bronzé et en bonne santé, Bruce était sûr de réussir tout ce qu'il entreprendrait. «Je me croyais envoyé du ciel, un cadeau pour les femmes et pour le monde des affaires.» Il choisit de se lancer dans la restauration.

Ma philosophie était simple: je préférais être un gros poisson dans un petit lac qu'un petit poisson dans un grand. Presque personne dans la restauration, y compris les gérants de haut niveau, ne détenait de diplômes universitaires. Aussi, je pensais qu'il me serait facile de gravir les échelons et d'arriver rapidement à un poste de direction. J'ai décroché mon premier emploi dans un restaurant servant des repas rapides, puis j'ai travaillé pour une chaîne d'envergure nationale comme apprenti gérant.

Cet emploi était terrible. Je devais travailler de longues heures — de 60 à 70 heures par semaine — et traiter avec des employés d'un niveau social différent du mien et dont la vision du monde n'était pas la mienne. La plupart d'entre eux ne voyaient pas plus loin que le bout de leur nez, et n'attachaient pas beaucoup d'importance aux objectifs à long terme.

Pour couronner tout cela, mes seuls contacts avec les clients avaient lieu quand ils se plaignaient: le repas était brûlé, trop long à être servi, ou on s'était trompé de commande. Au bout d'un certain temps, une situation comme ça commence à vous abattre. Surtout quand vous n'avez pas de collègues à qui confier vos ennuis.

En plus des autres difficultés qu'il éprouvait, Bruce était troublé par le haut taux de roulement du personnel. Il devait constamment traiter avec de nouveaux employés et gérants. Qui plus est, à mesure qu'il acquérait de l'expérience dans son poste, la pression exercée sur lui augmentait. Plus il devenait efficace, plus sa charge de travail s'alourdissait. En outre, Bruce n'a jamais aimé devoir jongler avec des tâches multiples comme commander des aliments, faire la cuisine, s'occuper du nettoyage et surveiller le personnel. Il préférait se consacrer à une occupation à la fois et bien s'en acquitter.

Il est évident que ce travail ne convenait pas à Bruce. Pourtant, il le conserva pendant un an avant de changer de voie.

J'ai réfléchi longuement. D'où est-ce que je venais? Où est-ce que j'allais? Comme je voyais les choses, ou bien je restais où j'étais et continuais de souffrir de stress et de fatigue, ou bien je changeais de domaine pour faire quelque chose qui me plairait. La décision était simple. Être un vieillard à quarante ans ne m'intéressait pas. J'ai choisi de quitter mon emploi.

Presque au moment où Bruce décida de quitter son poste, il vit dans un magazine une offre d'emploi de directeur du marketing dans une société d'électronique. Ayant fait sa spécialisation en marketing, il décida de postuler l'emploi, qu'il obtint. Aujourd'hui, il adore son travail. Sa brève incursion dans le monde de la restauration fut une «mauvaise expérience», selon ses propres termes, mais elle l'a mené à quelque chose de mieux. Maintenant, il se réjouit que son ancien travail l'ait tant tourmenté, car s'il avait été le moindrement acceptable, peut-être que Bruce y serait resté, se privant ainsi d'une vie meilleure.

Si mon travail dans la restauration avait réussi, il est concevable que je ne me serais jamais lancé en marketing. Et c'est le domaine que j'aime, ma voie dans la vie. Aujourd'hui, ça m'est égal d'être un gros poisson ou un petit. Tout ce que je veux, c'est faire un travail qui me satisfasse. Mon emploi en restauration fut le grand tournant qui m'a mis sur la bonne voie dans la vie.

NE LIMITEZ PAS VOTRE CAPACITÉ DE CHANGER

D'aucuns prétendent qu'on ne peut enseigner de nouveaux tours à un vieux chien, ou encore qu'on ne peut changer sa nature — chasser le naturel, il revient au galop. Pourtant, un nombre incalculable de thérapeutes et de chroniqueurs dans les courriers du cœur font miroiter la possibilité de changements rapides et relativement simples. Que ce soit le bref conseil de Ann Landers ou la promesse d'un thérapeute californien selon laquelle vous pouvez cesser de fumer en soixante minutes, de toute part on vous affirme et réaffirme que vous pouvez changer vos habitudes.

Entre le pessimisme exagéré de certains et les offres de solutions instantanées, il y a un juste milieu: le fait que nous changeons. Nous brisons de vieilles habitudes. Nous acquérons de nouvelles aptitudes ou en améliorons d'anciennes. Nous apprenons de meilleures façons d'entretenir des rapports avec les autres. Nous changeons de carrière. Nous suivons des cours et... voilà que nous pouvons mieux faire valoir nos idées. Nous entrons en thérapie et... nous apprenons à surmonter nos névroses. Nous nous joignons à un petit groupe et... nous voilà plus assurés.

Il se pourrait que nous décidions de nous changer à un âge remarquablement jeune. Un répondant nous a raconté que, jeune garçon, il était timide, renfermé, anxieux. Avant de commencer sa huitième année scolaire, sa famille déménagea dans une autre ville. À ce moment, plutôt que de se laisser intimider par une nouvelle situation, il prit la décision d'être ouvert, avenant et assuré. Sa décision résultait du fait que personne ne le connaissait à sa nouvelle école; ce serait donc une bonne occasion de sortir de son ornière. Résultat: il devint l'un des garçons les plus populaires de sa classe. Il croit devoir sa personnalité actuelle à ce changement conscient.

Un autre répondant d'âge moyen, Bob, agent dans une société de prêts hypothécaires, établit un rapport entre une décision analogue à celle dont nous venons de parler et le changement de sa personnalité.

Quand j'étais jeune, j'étais sarcastique et d'humeur instable. Au football, je me mettais à crier quand mes coéquipiers commettaient des erreurs. J'étais toujours en colère. Puis, un jour, un ami m'a fait remarquer que ma conduite était insupportable. Il me l'a dit en ami, comme s'il espérait que je change. Sa réprimande a été comme un miroir dans lequel je me suis vu clairement pour la première fois. Et je n'ai pas aimé ce que j'ai vu.

Sur-le-champ j'ai décidé que ce n'était pas le type de personne que je voulais être et que je devais changer. C'est ce que j'ai fait. J'ai appris à maîtriser mon tempérament et à choisir mes mots avec plus de soin. Je l'ai fait en me rappelant chaque jour le type de personne que je voulais être. Quelquefois j'ai dû littéralement tourner ma langue sept fois avant de parler, mais j'ai réussi à ne pas céder à mes impulsions.

Aujourd'hui, je suis rarement sarcastique. Mes amis me considèrent comme quelqu'un dont l'humeur est égale. Je pense que la possibilité de choisir qui l'on veut être est beaucoup plus grande qu'on ne le croit généralement.

Si nous le voulons vraiment et si nous choisissons de le faire, nous pouvons apporter des changements dans notre vie, nos habitudes, nos attitudes et nos modes d'interaction. Il importe de ne pas limiter nos choix sous prétexte que notre capacité de changer est elle aussi limitée.

SOYEZ DISPOSÉ À ENVISAGER L'INHABITUEL

Si limiter notre capacité de changer étouffe notre développement, restreindre les types de changement possible est tout aussi nuisible. Nous devons éviter de rejeter instinctivement une possibilité du fait que nous la croyons irréaliste, peu pratique ou bizarre. Pour nous donner toutes les chances de nous développer, nous devons considérer sérieusement toutes les possibilités, y réfléchir.

Est-il possible, par exemple, que la meilleure décision soit celle qui, de prime abord, nous semblait contraire au bon sens et aux conseils des autres? Norman, un homme dans la trentaine, est plein de vie et sait s'exprimer. Pour lui, la réponse à la question posée est oui. Contre l'avis de ses parents et amis, contrairement à ses propres habitudes de comportement, Norman quitta un emploi pour lequel il s'était formé pendant huit dures années. Quand il décida de quitter son poste, il n'y avait travaillé que quelques mois.

Mes parents n'arrivaient pas à le croire quand je le leur ai appris. Mes amis m'ont dit que j'avais simplement besoin de vacances. J'avais enfin reçu mon doctorat en biologie et je travaillais dans un laboratoire de recherches. C'était l'aboutissement de longues années de labeur. Et voilà que je voulais laisser tout cela. Pour la plupart des gens que je connaissais, j'étais en train de tout jeter par la fenêtre pour faire un travail qui n'avait rien à voir avec mes années de formation.

Norman quitta le laboratoire pour devenir directeur d'un groupe qui se fait champion des droits du consommateur. Il obtint ce poste par l'entremise d'un ancien camarade d'université. Ni ses parents ni ses amis ne comprenaient pourquoi il mettait de côté si rapidement sa carrière en recherche. En vérité, Norman en était arrivé à cette décision après mûre réflexion. Cependant, ce fut le jour de ce qu'il appelle «la tuerie» que sa décision se cristallisa.

J'ai toujours aimé les animaux. Au début, les recherches sur eux ne me touchaient pas trop parce que nous travaillions seulement avec des rats. Mais, croyez-le ou non, j'ai commencé à m'attacher à eux. J'étais le seul dans le laboratoire qui les caressait avant de leur trancher la gorge.

Les chercheurs des salles de laboratoire adjacentes se servaient de chiens pour leurs expériences. Durant mes pauses, j'allais souvent jouer avec ces chiens. J'étais malheureux et je le devenais de plus en plus, à mesure qu'approchait le jour de la «tuerie». Il nous fallait tuer tout un lot de rats ce jour-là pour terminer une série d'expériences. Plus je pensais à passer toute une journée à tuer des rats et à prélever un échantillon de leur cerveau, plus j'étais écœuré.

Ce jour-là, je ne me suis pas rendu au travail; j'ai appelé pour dire que j'étais malade. J'ai laissé le carnage aux assistants.

Norman n'est pas opposé à la recherche sur les animaux. Il sait qu'elle produit de grands bienfaits pour l'humanité. «Il faut que quelqu'un la fasse cette recherche, mais moi je ne le peux pas», avoue-t-il. Heureusement, Norman avait le choix. Comme depuis plusieurs mois son avenir dans la recherche l'inquiétait de plus en plus, il en avait parlé à un camarade d'université, directeur national d'un groupe de consommateurs. Celui-ci avait offert un poste à Norman. Le lendemain de la «tuerie», Norman le rappelait et acceptait le poste.

J'ai dit à mes amis du laboratoire que je gagnerais autant d'argent qu'au laboratoire, peut-être plus, dans quelques années. «Mais tu as un doctorat, m'ont-ils dit; tu ne vas plus t'en servir?» Je leur ai répondu que je ne le savais pas, que peut-être mon doctorat me serait utile d'une certaine façon et que, si ce n'était pas le cas, ça n'était pas aussi important que ma paix d'esprit.

Je ne pense pas avoir jamais rien fait de si radical dans ma vie, un geste que parents et amis trouvaient stupide et contraire au but que je recherchais. Mais chaque fois que je passe devant le laboratoire, je suis content d'avoir eu le courage de partir. Il y a trois ans j'étais un chercheur déprimé, aujourd'hui je suis le défenseur heureux des droits du consommateur.

Norman est convaincu que sa décision était non seulement la bonne, mais aussi la meilleure qu'il eût pu prendre. C'est cela qui devrait le plus compter dans la prise de décision. Ce qui est important, ce n'est pas de choisir quelque chose de «normal» ou que la plupart des gens choisiraient aussi. C'est plutôt de prendre la décision la plus favorable à notre développement, qu'elle soit étrange ou pas.

POURSUIVEZ VOTRE RÊVE, PAS CELUI DE VOS PARENTS

Sans le savoir, nombeux sont ceux qui poursuivent un rêve qui n'est pas vraiment le leur. Nos parents nourrissent des rêves pour nous. Souvent leurs rêves persistent, même si nous ne les partageons pas. Ted Koppel, célèbre journaliste de la télévision américaine, est juif et marié à une catholique. Ce mariage fut loin de plaire à la belle-mère de Ted. Ce n'était pas le mari dont elle avait rêvé pour sa fille. Après vingt ans de mariage, Ted lui fit un jour remarquer que son union avait été plus heureuse qu'elle ne l'avait prévu. Sa belle-mère se contenta de lui répondre: «Seul l'avenir le dira.»

Nous n'aimons pas désappointer nos parents. Mais c'est une erreur de prendre nos décisions en fonction du rêve qu'ils ont caressé pour nous. Malheureusement, certains ne se rendent pas compte de ce qu'ils font, jusqu'à ce que quelqu'un leur en fasse prendre conscience. Adam, entrepreneur en construction, nous raconta que ses parents avaient prévu depuis sa naissance qu'il deviendrait avocat. Ce n'est qu'après son mariage et après avoir été refusé par un certain nombre d'écoles de droit, et après aussi que sa femme l'eut fait réfléchir sur son comportement, qu'Adam se rendit compte de ce qui se passait dans sa vie. Il était occupé à remplir machinalement des demandes d'admission dans d'autres écoles quand sa femme lui demanda pourquoi il s'acharnait à vivre le rêve des autres. Pourquoi ne pouvait-il pas être lui-même? Ils eurent une vive discussion, et Adam s'aperçut que sa femme avait raison. Il décida de poursuivre ses propres rêves plutôt que celui de ses parents.

De même, Audrey, nutritionniste dans un centre médical de banlieue, se rappelle comment ses parents avaient établi son programme de cours, quand elle était en huitième année. C'était un programme de secrétariat. Quand elle le fit voir à son professeur principal, celle-ci lui demanda si c'était vraiment ce qu'elle voulait faire. Audrey se souvient avec gratitude de la scène qui suivit.

Je ne sais pas ce que j'ai marmotté. Mon professeur a examiné le programme encore une fois, avant de le déchirer doucement. Puis elle a rempli une autre formule indiquant un programme préparatoire à l'université, et elle m'a demandé de le faire signer par mes parents. Dès ce moment, ma vie a changé. Du fond du cœur, je lui suis reconnaissante d'avoir eu le courage de faire cela à ma place.

Pour Joan, rédactrice à la pige et romancière, la prise de conscience se fit à la suite d'un éclair de lucidité. Bien qu'elle ait trente-sept ans, Joan a l'air d'en avoir trente. C'est une femme heureuse qui n'hésite pas à parler du passé comme du présent. Selon elle, ce fut un éclair de lucidité qui changea le cours de sa vie. Joan grandit dans une famille où la vie de chacune des trois filles a été tôt définie par les parents. L'aînée était considérée comme brillante; elle s'est taillé une carrière prometteuse dans les sciences. Les parents définirent la cadette comme étant une espèce de pionnière, de rebelle. Elle aussi a réussi dans la vie comme professionnelle, mais pas avant d'avoir fait toutes sortes de choses, comme des courses en montgolfière ou des escapades en Europe avec un homme de deux fois son âge. Dans le cas de Joan, toutefois, l'étiquette était bien différente.

Mes parents disaient que j'étais la douce, la traditionnelle, celle qui aimait les tâches domestiques et le foyer. Alors que ma sœur aînée recevait à Noël des jeux de construction ou de chimie, et la cadette, des cerfs-volants, à moi on me donnait de jolis chandails, du vernis à ongles et des poupées. Comme mes parents voulaient que nous atteignions toutes à la sécurité financière, j'allais être enseignante, travail que mes parents jugeaient ne pas être excessivement exigeant sur le plan intellectuel, mais qui ferait appel à mes talents innés de mère et ne nuirait pas à mon but principal. Ainsi, je me suis mariée à un bel homme dont j'ai eu deux enfants. Nous étions un couple digne des contes de fées.

Mais, comme dans toutes les histoires, il doit y avoir un point culminant. C'est là que mon grand tournant s'est vraiment amorcé. Nous vivions à Hawaï où mon mari travaillait fort à mettre sur pied son cabinet d'avocat. Moi, je restais à la maison, occupée à changer les couches, à préparer les biberons et à crocheter des tapis. Les repas étaient raffinés et servis promptement à l'heure dite. J'étais fière de n'avoir pas servi deux fois la même assiette durant toute une année. Toutes les chemises de mon mari étaient amidonnées et repassées. Notre foyer ressemblait à une de ces annonces que publient les magazines consacrés à la décoration.

Au beau milieu de toute cette perfection, Joan devint de plus en plus consciente que quelque chose n'allait pas. Elle n'éprouvait pas le sentiment d'accomplissement qu'elle aurait dû. Elle commença à se disputer avec son mari. Elle se sentit de plus en plus abattue. Elle ne savait pas vraiment ce qu'elle voulait ni pourquoi elle se sentait ainsi. Tout ce qu'elle savait, c'était que quelque chose la minait. Elle vivait le rêve de ses parents, mais pour elle c'était un véritable cauchemar. Après avoir lutté contre ses sentiments pendant une année, Joan reçut une lettre de sa mère qui fit jaillir en elle un éclair de lucidité.

C'était mon vingt-sixième anniversaire de naissance. Ma mère m'a envoyé une lettre très sentimentale, avec une carte et un présent. Une phrase dans sa lettre m'est restée gravée dans la tête toute la semaine suivante: elle disait que j'étais devenue tout ce qu'elle avait toujours désiré que je sois. Ce qu'*elle* avait toujours désiré que je sois. Elle m'adressait un compliment, certes, mais sans le savoir elle avait mis le doigt sur mon problème.

Ce que je n'avais jamais considéré jusque-là, c'est que je réalisais les espoirs de mes parents, pas les miens. Quand ferais-je donc ce que je voulais? Quand pourrais-je réaliser mes rêves à moi au lieu de ceux de mes parents? Ce qui est drôle, c'est que quand, comme moi, on passe vingt-six ans à vivre un plan directeur conçu par d'autres, il est difficile de discerner ce que l'on veut vraiment de ce que l'on en est venu à accepter comme étant ce que l'on devrait vouloir.

L'expérience de Joan évoque une histoire que raconte Woody Allen. Il eut un jour un rêve dans lequel on le faisait brûler au bûcher. Toute sa vie repassait devant ses yeux. Il put voir sa mère qui tricotait et son père qui coupait du bois. Alors il pensa que, juste comme il allait mourir, c'était la vie d'un autre qui se déroulait devant ses yeux.

Joan aussi vit la vie de quelqu'un d'autre se dérouler devant ses yeux. Ce n'était pas la vie qu'elle avait choisie. Elle discuta de ce problème avec son mari. Il l'encouragea à suivre un nouveau plan qui serait le sien à elle. Il se dit disposé à la soutenir, quoi qu'elle choisisse.

À l'université, Joan s'était spécialisée en rédaction, car elle adorait écrire. Elle décida donc de tenter sa chance comme écrivain. Pour la première fois de leur vie, les enfants furent envoyés chez une baby-sitter. Joan resta à la maison et passa ses journées devant sa machine à écrire. Ses parents lui firent part de leur désapprobation. Joan et son mari eurent à faire face non seulement aux reproches des parents de Joan, mais aussi à la résistance et aux larmes de deux enfants qui avaient rarement été séparés de leur mère. Mais tout ce beau monde survécut.

En fait, ils firent plus que survivre. Ils partagent maintenant une riche vie familiale qui avait échappé à Joan les premières années.

Jerry et moi sommes mariés depuis dix-sept ans et nous sommes heureux ensemble. Je ne sais pas où je serais si je n'avais pas reconnu la nature de mon problème — peut-être à l'asile d'aliénés, qui sait. J'entends encore mes parents. Ils sont bien intentionnés. Parfois, il m'arrive de me sentir coupable de trouver ma plénitude dans le fait que je suis davantage qu'une mère et qu'une épouse. Mais je suis extrêmement heureuse maintenant. Je sais qui je suis et où je veux aller.

J'ai accroché une affiche que j'adore près de ma machine à écrire. Elle dit que les deux seules choses durables que l'on peut donner à ses enfants, ce sont des racines et des ailes. On m'avait donné des racines, certes, mais les ailes ont été difficiles à obtenir.

Joan finit par avoir ses ailes. Elle les gagna parce qu'elle eut la volonté de prendre la dure décision de poursuivre ses propres objectifs plutôt que ceux de ses parents. Les décisions de ce genre sont difficiles. Vous courez le risque de blesser ou de bouleverser les autres. Toutefois, si vous reculez devant elles, vous courez le risque d'enrayer votre propre développement. À long terme, ni les parents de Joan ni ses enfants n'auraient été heureux si elle était demeurée une épouse et une mère maussade. Sa décision de poursuivre son propre rêve a par la suite profité à chacun. «Mes parents et mes enfants sont fiers de ce que j'ai accompli, dit Joan. On dirait que c'est ce qu'ils avaient toujours voulu pour moi. Mes rêves ont donné un regain de vie à tous les miens.»

Joan incite ses enfants à découvrir leurs propres rêves et à les poursuivre avec passion. Que ces rêves correspondent à ceux de Joan ou pas, c'est sans importance. Comme elle l'a découvert, quand on prend une décision qui donne des ailes en plus des racines, il est presque certain qu'on améliorera non seulement son bien-être, mais aussi celui des êtres chers.

LE COMMENCEMENT

N'imaginez pas, parce qu'une chose vous semble difficile à accomplir, qu'elle soit humainement impossible. De même, si une
chose est humainement réalisable et souhaitable, considérez que
vous êtes vous aussi capable de l'accomplir.

Marc Aurèle

13

Se rendre maître de sa vie
Dix principes

«Dix des femmes les plus heureuses du pays», titre une annonce publicitaire. Et qui sont-elles? Dix femmes qui ont maigri grâce à la méthode préconisée dans l'annonce. Un autre message publicitaire promet le bonheur à tout enfant qui apprend le piano. Un autre encore laisse entendre que la fraîcheur de l'haleine est la clé du paradis. Les publicitaires connaissent bien notre quête du bonheur. Ils savent que nous sommes comme ce personnage de Tourgueniev qui dit: «Je m'attends au bonheur. Je l'exige.» Et ils nous offrent leurs divers produits comme des moyens d'atteindre au bonheur.

À un niveau plus profond, le bonheur ne provient pas de ce que l'on fait ou reçoit telle ou telle chose. Il est un sous-produit de notre engagement dans notre processus de développement. C'est une reconnaissance du fait que toute expérience ou situation nous offre des possibilités et que même l'inattendu, l'imprévisible, le non-souhaitable et la douleur nous sont finalement des occasions de nous développer et de nous assumer. Cette réflexion nous amène à poser d'importantes questions: Comment exploiter les situations et les expériences pour le développement personnel? Comment s'empêcher de succomber au désespoir dans les situations traumatisantes? Comment reconnaître et saisir une occasion de développement? Comment se rendre maître de sa vie?

Durant toute l'histoire de l'humanité, on a cherché la réponse à ces questions. Certaines des réponses ne servent à rien. Elles sont comme l'ancienne cure égyptienne contre le rhume qui faisait appel à l'exorcisme. Le malade devait prononcer une incantation:

«Va-t'en, rhume, fils de rhume, toi qui brises les os, détruis le crâne et rends malades les sept ouvertures de la tête. Jette-toi au sol, puanteur, puanteur, puanteur.» On arguera que ce remède n'est pas moins efficace que beaucoup des remèdes que l'on utilise de nos jours, mais il ne règle rien.

Les réponses et méthodes que nous préconisons sont fondées sur les expériences des centaines de répondants qui nous ont fait part de leurs grands tournants. De leurs expériences, nous avons fait ressortir certains principes qui semblent universellement applicables. En particulier, il y a dix principes auxquels on peut recourir dans diverses situations pour amorcer un grand tournant positif.

1. ASSUMEZ-VOUS

La maladie, la mort, la perte d'un emploi, les relations amoureuses difficiles, tout cela fait partie des expériences douloureuses de la vie. Certains y font face en blâmant le ciel, le destin ou les autres. On ne peut nier qu'un élément de chance joue dans ce qui nous arrive. Il se peut que d'autres nous exploitent ou nous fassent du tort. Mais, en fin de compte, c'est nous qui devons assumer notre vie. Pour continuer de nous développer, nous ne devons pas nous dérober, nous enfoncer dans le confort factice que pourrait offrir l'état de victime. Quels que soient les mauvais traitements subis, quoi que nous fassions, nous ne sommes jamais obligés de jouer le rôle de la victime.

Amy, de religion mormone, sent qu'on lui a fait du tort et qu'on l'a poussée dans une situation qui est devenue plus tard un grand tournant pour elle. Rien dans la vie ne l'avait préparée à faire face à une telle situation. En bonne mormone, elle avait acquis tôt dans la vie les aptitudes qui feraient d'elle une épouse et une mère modèles. Aujourd'hui, sa personnalité avenante et sa façon assurée de faire valoir ses idées contrastent vivement avec la passivité et l'obéissance aux hommes qu'on lui avait apprises. Elle se souvient que, quand elle avait appris la broderie au temple, l'enseignante avait insisté ainsi auprès des jeunes filles de la classe: «Brodez parfaitement, pour que vos futurs époux soient impressionnés par vos aptitudes ménagères.» Elle se souvient aussi que, comme elle grandissait, son seul objectif important était le mariage, union dans laquelle elle serait à jamais heureuse. Initialement, il semblait qu'elle avait atteint son objectif de mormone. Elle s'était mariée au temple et l'union était scellée pour l'éternité.

J'ai fait mon devoir d'épouse tel qu'il était prescrit à l'époque, j'ai aidé mon mari à finir ses études, je l'ai suivi d'un bout à l'autre du pays au gré de son travail, j'ai préparé des réceptions et des dîners parfaits, j'ai fait du bénévolat pour les œuvres de charité, bref, j'ai été, de façon générale, une source de soutien pour mon mari. En outre, je l'aimais.

Mais à mon étonnement et à mon horreur, après vingt-quatre ans de mariage, j'ai été congédiée de mon poste d'épouse. Mon mari a demandé le divorce. En six mois je perdais non seulement mon identité, celle d'avoir été l'épouse parfaite, mais aussi ma maison, mon rôle social, mes rapports avec les autres couples qui avaient été nos amis, mon statut financier et, plus douloureux encore, mon compagnon pour l'éternité.

Amy rejoignit les rangs des femmes mûres qui se retrouvent seules. Elle découvrit que les règles s'appliquant aux femmes ainsi que leurs rôles avaient changé. Elle trouva qu'on attendait de plus en plus des femmes qu'elles poursuivent une carrière, qu'elles soient autonomes et qu'elles subviennent à leurs propres besoins. Cette nouvelle situation la désavantageait, parce qu'elle n'avait ni l'éducation nécessaire à la poursuite d'une carrière, ni le système de croyances qui aurait pu la soutenir dans cette direction. Amy avait été traitée injustement par son mari, qui avait violé les croyances mormones et l'avait laissée dans le pétrin. Elle avait été traitée injustement par les couples d'amis qui l'avaient abandonnée. À ce moment-là, Amy aurait pu commencer à s'apitoyer sur son sort jusqu'à la fin de ses jours, à stagner et à blâmer les autres de sa situation. Mais non, Amy décida de s'assumer.

La première étape a consisté à cesser de m'envelopper dans le passé, de m'y accrocher comme à une bouée de sauvetage. Je voulais être en mesure de surmonter mon chagrin et de faire quelque chose de ma vie. J'ai pris des cours en immobilier et j'ai obtenu mon permis. J'ai ensuite trouvé un emploi chez un lotisseur qui vendait des terrains sur lesquels on bâtirait des chalets. Plus tard, j'ai ouvert ma propre agence. Je serai bientôt le courtier indépendant le plus important de la ville.

En raison de ses croyances religieuses, Amy doit encore affronter le fait qu'elle soit divorcée et seule. Mais en prenant en main le cours de sa vie, elle a transformé un événement douloureux en un grand tournant positif.

Si on m'avait donné le choix, je n'aurais jamais divorcé. Je ne souhaite le divorce à personne. Mais, au bout du compte, il m'a été bénéfique. Je me suis développée de plus de façons que je ne peux comprendre. Je suis plus heureuse et plus sereine que je ne l'ai jamais été durant mon mariage.

Amy connaît d'autres mormones pour qui la vie, après le divorce, fut vraiment pénible. Amy a refusé que cela lui arrive à elle. En assumant son propre bien-être, elle a profité de son divorce pour se créer un nouveau style de vie.

2. AFFIRMEZ VOTRE VALEUR

Les crises nous affectent souvent dans notre respect de nous-mêmes, ce qui nous rend moins à même de les régler. Car pour tirer parti d'une situation, il faut que nous croyions en nous-mêmes et que nous soyons conscients de notre propre valeur. Les gens qui ont un grand respect d'eux-mêmes ont tendance à être plus engagés vis-à-vis des autres et à entretenir des rapports plus sains avec eux. Il est plus probable qu'ils s'efforceront de cultiver leurs talents personnels et d'exceller dans ce qu'ils font. Alors, affirmer votre valeur — augmenter votre respect de vous-même —, c'est vous armer d'un outil précieux pour votre développement.

On affirme sa valeur plus d'une fois dans sa vie. Le respect de soi est un atout bien précaire. Nous devrons tous réaffirmer notre valeur à de multiples reprises. Particulièrement en temps de crise, il se peut que vous doutiez de vos aptitudes, de votre capacité, de votre valeur. Il importe que vous attaquiez ce problème si vous voulez que la crise soit pour vous une occasion de vous développer. Keith, dentiste, le découvrit quand une situation critique dans sa vie l'obligea à se poser la question: Quelle sorte de personne serais-je si je pouvais tuer un autre être humain?

Keith ne semble pas être le type d'homme capable de tuer. C'est un homme doux qui aime à connaître personnellement ses clients. Il parle longuement de son travail et de sa famille. Keith est marié et a trois enfants. Mais quand il parle de son grand tournant, une pointe dure comme la pierre paraît dans sa voix.

La question de savoir si oui ou non Keith pouvait tuer émergea à la suite de son service au Viêt-nam au début des années soixante-dix. À titre de dentiste militaire, il était peu probable qu'il aurait l'occasion de tuer qui que ce soit. Mais au Viêt-nam, le front, c'était partout. En outre, Keith était envoyé régulièrement aux services médicaux mobiles près de la ligne de combat. Que ferait-il s'il était confronté à l'ennemi?

Keith s'inquiétait également de sa sécurité et de son avenir. Il était préoccupé par l'idée de quitter sa famille, par la possibilité de tuer quelqu'un ou de se faire tuer et de ne plus jamais revoir les siens. Même si Keith n'a jamais tué personne, ni n'a jamais vu quelqu'un se faire tuer, sa crise ne se résorba pas à son retour au pays, elle s'intensifia.

J'étais amer. Amer parce que mon pays m'avait envoyé là et m'avait fait gaspiller presque un an de ma vie. En même temps, j'étais conscient de ce que les valeurs qui m'étaient chères — obéir aux ordres, répondre à l'appel de la patrie — m'obligeaient à aller au Viêt-nam. C'était donc un dilemme.

J'ai commencé à éprouver du ressentiment à l'égard de mon pays et envers moi-même pour avoir obéi si servilement. J'ai remis en question mes croyances. On m'avait formé pour que je sois quelqu'un qui guérit. Mon travail était d'aider les gens, pas de leur faire du mal. Mais mon pays m'envoyait au Viêt-nam, pour que j'aide ceux qui tuaient du monde. J'étais déchiré entre ma profonde aversion pour la guerre et mon devoir de patriote.

En réfléchissant à ses expériences et à ses croyances, Keith se trouva en proie à d'autres conflits intérieurs. Il ressentait le besoin d'être maître de sa vie, mais il voyait bien qu'aller au Viêt-nam représentait le contraire. Il avait besoin d'avoir foi en lui-même, mais il se demandait jusqu'à quel point ce serait possible, compte tenu du sentiment qu'il avait d'être trahi par sa propre échelle de valeurs et de ne plus la comprendre. Il commença à se demander en quoi croire. Il avait toujours supporté l'idée que les hommes doivent être forts, autosuffisants et rationnels. Voilà qu'il se voyait changer.

Au diable le machisme; je pense qu'il ne faut pas s'empêcher de pleurer, de ressentir et de manifester ses sentiments. J'ai découver que je suis plus heureux et mieux dans ma peau quand je peux me montrer tendre, manifester mon amour et pleurer, si mes émotions m'y poussent. Je me suis rendu compte de tout cela un samedi de pluie, quand j'ai pensé à un jeune homme que j'avais traité au Viêt-nam. Il faisait toutes sortes de projets. Il allait se marier aussitôt rentré; et moi, j'espérais de tout mon cœur que ses projets se réalisent.

Je pensais que c'était merveilleux de pouvoir faire des projets pour l'avenir. Quand j'ai réfléchi à la folie de la guerre, à la façon dont elle détruit la vie de tant d'humains, les larmes me sont montées aux yeux. Ma femme l'a remarqué. J'étais embarrassé, mais je lui ai quand même révélé mes pensées. Elle aussi a eu les larmes aux yeux et m'a dit qu'il était merveilleux que je sois si sensible.

L'effet de tout cela sur ma vie, c'est que j'ai commencé à mieux me comprendre et à pouvoir répondre à la question aussi vieille que le monde: Qui suis-je? J'ai pris conscience du fait que je suis un être humain digne. Il se peut que j'aie encore à affronter des situations comme celle du Viêt-nam, mais au moins je suis maintenant assuré que, quoi qu'il arrive, je choisirai d'agir dans mon meilleur intérêt et dans le meilleur intérêt des autres.

L'affirmation de sa propre valeur — du fait qu'il est «un être humain digne» — aida Keith à surmonter son amertume. Il considère maintenant sa «crise de valeurs» comme un point tournant dans ses efforts pour se développer.

3. TROUVEZ L'ÉQUILIBRE ENTRE LE SOUCI DE VOUS-MÊME ET LE SOUCI DES AUTRES

Affirmer votre propre valeur laisse supposer que vous vous souciez de vous-même et de votre bien-être. Mais même les Anciens savaient qu'on ne peut continuer de se développer si on ne pense qu'à soi. Une vieille légende perse raconte qu'un père était un jour parti pour un long voyage. Il avait laissé un miroir à son fils. À son retour, le père découvrit que le fils était mort de faim, trop occupé qu'il avait été à se regarder dans le miroir pour songer à se nourrir. La vie qui ne se préoccupe que d'elle-même est une vie qui s'autodétruit.

Il se peut que vous vous souciiez trop de votre bien-être, ou pas assez. Vous pourriez gaspiller trop d'énergie et de temps, absorbé par vos propres problèmes. Voilà qui vous nuirait, à vous et à vos relations. Les gens qui sont déprimés, par exemple, voient s'intensifier leur dépression, à mesure qu'ils ruminent ce qu'ils ressentent. Ceux qui pensent trop à eux-mêmes ont probablement des relations interpersonnelles, y compris des relations conjugales, moins riches que celles des gens qui sont davantage orientés vers les autres. Maintenir un sain équilibre entre le souci de vous-même et le souci des autres ne peut que vous faire profiter au maximum de toutes vos expériences.

Malheureusement, une situation de crise inattendue tend non seulement à miner votre respect de vous-même, mais aussi à vous absorber entièrement. Certains se laissent prendre par leurs problèmes au point d'en arriver à n'écouter qu'à peine les autres et encore moins à leur manifester de l'intérêt. D'autres trouvent que se soucier d'autrui est un bon moyen de surmonter leurs propres difficultés et de faire de la situation une occasion de développement. C'est ce qui arriva à Katie, directrice du personnel dans une filiale de General Motors.

Katie est maintenant dans la trentaine; adolescente, elle fut marquée par le divorce de ses parents. Elle se souvient d'avoir ressenti chagrin, confusion et frustration quand sa mère lui demanda avec qui, du père ou de la mère, elle voulait vivre. «Je ne comprenais pas ce qui arrivait à mes parents. Je craignais que ma mère ne nous quitte. J'ai pleuré pendant des jours entiers. J'allais à l'école, mais j'étais incapable de concentrer mon attention sur mes études. Je me sentais abandonnée.»

La pire appréhension de Katie devint réalité. Un jour elle rentra de l'école et s'aperçut que sa mère était partie. Katie, avec ses frères et sœurs, attendit le retour du père. Tous pleuraient. Ils supplièrent leur père, à son retour, de faire revenir leur mère; mais celle-ci avait disparu. Ni la famille ni les amis proches ne savaient où elle était. Des jours, des semaines passèrent sans nouvelles d'elle.

Le père de Katie devint de plus en plus déprimé. Sa famille s'était fragmentée: un groupe sans chef ni direction. Le chagrin de Katie était profond. Mais elle ne pouvait s'y complaire; quelqu'un devait garder la famille unie, et c'est elle qui assuma cette responsabilité.

> J'ai choisi d'être un parent-enfant. Non seulement j'étais la fille de mon père, mais j'étais aussi sa meilleure amie, sa gouvernante et sa secrétaire. Pour mes frères et sœurs, en plus d'être l'aînée, j'étais l'amie, la conseillère, l'enseignante.

Katie put garder la famille unie et concentrer son attention sur ses études tout à la fois. Mais ce ne fut pas facile pour elle. Au bout de quelques années, la mère reprit contact avec sa famille. Elle voulait revoir ses enfants. Le père s'y opposa: il incita les enfants à refuser de voir leur mère. D'après lui, le fait qu'elle les ait abandonnés prouvait qu'elle ne les aimait pas. Devant le désir de ses enfants de revoir leur mère, le père se posa des questions sur l'amour qu'ils avaient pour lui.

Les enfants ne voulaient pas blesser leur père, mais ils désiraient ardemment voir leur mère. Katie, elle, était prise entre deux feux: «Je ne savais que faire. D'une part, je voulais réconforter mes frères et sœurs; d'autre part, je ne voulais pas déplaire à mon père. En gros, je pense que j'ai réussi des deux côtés. Je me suis arrangée pour que ma mère vienne nous voir une fois de temps en temps quand mon père était au travail.» Le père savait que les enfants étaient en contact avec leur mère. Mais il lui était plus facile de l'accepter s'il ne savait pas exactement quand ils se rencontraient. En outre, ses enfants le rassuraient fréquemment: ils l'aimaient et l'appréciaient.

Même si la mère de Katie a quitté le foyer il y a dix-huit ans, il existe encore des tensions entre elle et son père au sujet des rencontres des enfants avec la mère. Le fait que son père ne soit pas disposé à oublier le passé cause beaucoup de chagrin à Katie. Pourtant, elle considère que l'expérience lui a été utile du fait qu'elle lui a donné force, maturité et fierté. En refusant de se noyer dans le souci d'elle-même et en conservant le souci des autres, Katie a pu s'épanouir plutôt que de se recroqueviller dans l'apitoiement sur elle-même, comme son père l'avait fait.

4. TROUVEZ LES RESSOURCES DISPONIBLES ET PROFITEZ-EN

Après le passage du raz-de-marée que constitue l'adversité, nous nous retrouvons souvent seuls. Cette solitude provient de ce que nous nous sentons impuissants, privés des ressources nécessaires pour relever le défi. Il est important alors de nous rappeler que nous avons toujours le choix, parce qu'il y a toujours des ressources à notre disposition. Une des ressources qui vint en aide à Keith, le dentiste, dans sa «crise de valeurs», fut un article du psychologue Carl Rogers. Keith ne se souvient plus du titre ni de la revue qui le contenait. Mais il se souvient clairement du soutien qu'il lui a apporté.

> Rogers discute du fait que nous avons tous deux échelles de valeurs. L'une nous est extérieure. Ce sont les valeurs que nous acquérons, durant notre vie, de diverses sources: Église, parents, gouvernements, lois, publicité, films. Rogers croit que nous nous contentons d'accepter ces valeurs, de les assimiler à fond sans les mettre en doute, et d'agir en fonction de celles-ci. L'autre échelle de valeurs est intérieure. C'est ce en quoi nous croyons vraiment, quand nous analysons ce que nous ressentons.

Nous avons tendance à fonder notre comportement sur l'échelle de valeurs extérieure du fait que tant de gens soutiennent ces valeurs. Il est possible de vivre pendant des années sans jamais même prendre conscience de la nature des valeurs qui nous gouvernent. Mais si quelque chose se produit qui met en conflit nos deux échelles de valeurs, il se peut que nous commencions à réfléchir à nos valeurs intérieures. C'est exactement ce qui m'est arrivé.

Non seulement l'article jeta une lumière nouvelle sur l'expérience de Keith, mais il l'aida à la surmonter et à se développer.

Kimberly, ménagère, nous parla d'un autre type de ressource. Un grand tournant marqua sa vie quand elle eut à faire face aux crises de son bébé. Kimberly avait interrompu sa carrière de productrice à la télévision pour élever son fils. Elle et son mari, chef des finances dans une grande société manufacturière, avaient convenu qu'elle resterait à la maison pendant trois ou quatre ans. Kimberly avait envisagé de passer des jours de bonheur dans l'intimité de son foyer, comme de longues vacances au cours desquelles elle et son fils goûteraient à la richesse de la vie et s'épanouiraient. Mais la première chose dont elle se rendit compte, c'est que la vie d'un bébé est un tissu d'exigences. Les moments d'intimité sereine avec lui furent bien rares, tout affairée qu'elle était à prendre soin de lui.

Pire encore, l'irritabilité du bébé fit bientôt place aux crises de colère de l'enfant qui grandissait. La réaction de Kimberly fut de recourir à la fessée. Mais cela ne mit pas fin aux crises. Kimberly se désespérait d'être incapable de modifier le comportement de son fils. À la voir si bouleversée, une de ses amies lui suggéra de suivre un cours intitulé «Comment devenir de bons parents», cours qu'elle-même avait suivi et avait trouvé utile.

Kimberly suivit le cours. Elle parla avec le moniteur, qui était conseiller professionnel, et se rendit enfin compte que le comportement de son fils n'était que le prolongement de son propre comportement. Elle n'avait pas vu qu'elle communiquait ses frustrations et ses tensions à son enfant, ni jusqu'à quel point elle éprouvait du ressentiment d'avoir dû interrompre sa carrière. Elle ne s'était pas avoué à elle-même que, après une longue éducation et de nombreuses réussites, elle doutait encore de ses aptitudes à élever un enfant. Elle commença à voir régulièrement le conseiller. Par la suite, elle apprit à accepter sa décision d'interrompre sa carrière. Elle apprit également à penser avant d'agir, à éviter les pensées nuisibles à son amour-propre et à se sentir sûre de ses aptitudes en tant que mère.

C'est grâce à une amie que Kimberly eut accès aux ressources dont elle avait besoin. Il est impossible de surestimer l'importance de nos relations comme ressources. Un homme qui avait vécu une vie riche et heureuse expliqua sa réussite en trois mots: «J'avais un ami.» Son «ami», c'était sa femme. Les relations conjugales harmonieuses sont l'une des plus grandes ressources à notre disposition. L'union heureuse favorise la bonne santé mentale. Les amis proches et les parents constituent également de puissantes ressources. Ils font partie du réseau de soutien social qui nous permet non seulement de faire face à la vie, mais aussi d'en devenir maîtres.

5. APPRENEZ À REDÉFINIR LA SITUATION

Une vieille histoire court toujours à propos d'un homme qui écrivit au ministère de l'Agriculture pour qu'on lui dise comment se débarrasser des pissenlits qui ruinaient l'aspect de sa pelouse. Le ministère lui fit un certain nombre de suggestions. L'homme les essaya toutes, sans arriver à faire disparaître complètement les pissenlits. Exaspéré, il écrivit de nouveau au ministère pour se plaindre que toutes les méthodes avaient échoué. Il reçut une courte réponse: «Nous vous suggérons d'apprendre à les aimer.»

C'est ça l'art de redéfinir les situations de façon qu'elles ne constituent plus un problème. Ce n'est pas la situation qui change, mais votre perspective. Vous apprenez à considérer comme enrichissante et utile une situation que vous aviez d'abord définie comme pénible. Cette technique est précieuse quand il s'agit de surmonter toutes sortes de difficultés.

Des étudiants d'université déprimés et esseulés, par exemple, se rencontraient en petits groupes dans un commun effort pour vaincre la solitude. À l'un de ces groupes, on enseigna la technique de redéfinition — comment voir la solitude de façon plus positive. On dit aux étudiants de ce groupe que la solitude peut être un moyen d'apprendre un nouveau mode de vie, d'apprendre à s'adapter et à faire preuve de créativité. Quant à l'autre groupe, on l'encouragea à vaincre la solitude au moyen de nouvelles relations sociales. Les membres des deux groupes finirent par surmonter leur solitude, mais ceux qui avaient appris à redéfinir leur situation connurent un plus grand soulagement de leur dépression que les autres.

Redéfinir une situation, ce n'est pas se mentir à soi-même. Ce n'est pas nier ses propres sentiments. La technique se fonde sur le fait que nous pouvons choisir de considérer une situation de multiples façons. Vous pouvez voir la solitude comme le fléau de votre vie ou comme une période de transition dont vous pouvez tirer parti. Vous pouvez considérer une crise comme si elle vous enlevait du bonheur et de la paix, ou vous pouvez la définir comme un obstacle qui, parce que vous l'avez surmonté, a favorisé votre développement. Fait intéressant à noter, votre définition n'est pas fondée sur des conséquences, ce sont plutôt les conséquences qui dépendent de votre définition.

Vicky, trente-cinq ans, comptable dans une grande brasserie, apprit à redéfinir ses situations quand, un jour, elle sentit que sa maison était en train de devenir un hôtel international. Ce qui avait commencé comme une intrusion odieuse se transforma en une aventure extraordinaire.

Il y a cinq ans, tout allait bien chez nous. Mon mari Jed et moi avions chacun un bon poste. Nous partagions une grande et belle maison. Notre fille commençait l'école. Un jour, Jed est rentré et nous a annoncé une nouvelle qui allait changer notre vie. Son patron, actif dans un groupe favorisant les amitiés internationales, lui avait demandé si nous accepterions d'héberger un étudiant étranger pendant un an.

Jed ne m'a pas demandé mon avis. Non. S'il l'avait fait, je lui aurais dit sur-le-champ que c'était la pire idée qu'il ait cue depuis des années. Je n'aime pas avoir des étrangers chez moi. Même quand des amis viennent passer quelques jours à la maison. Enfin, Jed m'informa que, pendant un an, un étranger vivrait avec nous.

Ce soir-là, nous nous sommes disputés. J'ai refusé catégoriquement. Il m'a rétorqué que nous n'avions pas le choix. Après tout, c'était son patron qui lui avait demandé de le faire. Je lui ai dit que nous n'étions pas les baby-sitters de son patron. Mon mari a déclaré qu'il ne s'agissait pas de baby-sitting; il s'agissait plutôt de tendre la main à quelqu'un et de le «toucher». J'ai refusé quand même. Il m'a fait part de la date à laquelle l'étranger arriverait.

Vicky perdit la discussion et gagna un hôte, un jeune Suédois. Au bout d'une semaine, Vicky voulut faire reconnaître à son mari qu'elle avait raison, qu'ils n'étaient désormais plus maîtres de leur vie. Ils ne se sentaient plus libres de faire ce qu'ils voulaient chez eux. Jed haussa les épaules et dit à sa femme à quel point son patron était heureux qu'ils aient accepté de participer à ce programme.

En fin de compte, Jed n'était pas plus enchanté que moi d'avoir un hôte permanent au foyer. Un soir que nous regardions tous la télévision, j'ai bien regardé l'étranger qui était parmi nous. Il était assis dans un fauteuil, replié sur lui-même, comme s'il essayait de se séparer de nous. J'ai tout à coup eu mal au cœur, comme si j'avais maltraité quelqu'un. Il savait ce que nous pensions, même si nous nous étions efforcés d'avoir l'air amical et de nous intéresser à lui.

Ce soir-là, Jed et moi avons longuement parlé. Je lui ai dit que nous devions faire quelque chose. Je ne voulais pas d'étranger dans ma maison, mais je n'allais quand même pas faire sentir à ce garçon qu'il n'était pas le bienvenu. J'ai dit à Jed que nous devions tirer le meilleur parti de la situation. J'ai proposé que nous acceptions le fait qu'il allait passer un an parmi nous, mais que ce soit la dernière fois que nous hébergions un étudiant. De cette façon, je serais capable de faire face à la situation. J'ai aussi dit que nous devions faire tout notre possible pour qu'il se sente le bienvenu sous notre toit.

Vicky savait que la seule façon de faire sentir au Suédois qu'il était le bienvenu, c'était de changer d'attitude. Le seul fait de savoir qu'il allait être le dernier étudiant étranger à habiter chez elle ne suffisait pas à Vicky. Elle s'aperçut qu'elle savait bien peu de choses sur la Suède. Maintenant elle avait l'occasion de faire des découvertes. «Voyons son séjour parmi nous comme une occasion d'apprendre. Apprenons à connaître qui sont les Suédois et ce qu'est la Suède», dit-elle à son mari.

Vicky redéfinit la situation: ce n'était plus une intrusion, mais une occasion d'apprendre. Le résultat fut inattendu: elle et Jed apprécièrent tant leur invité qu'ils choisirent de continuer leur participation au programme. Au cours des cinq dernières années, ils ont hébergé des étudiants en provenance de vingt pays.

> Notre vie familiale a changé. Nous sommes beaucoup plus conscients maintenant des gens, des événements dans le monde, des coutumes, et même de notre comportement. Nous avons appris à aimer les gens de toutes races. L'occasion a été bénéfique pour notre fille aussi. Nous sommes allés en Europe et nous avons hâte de voyager encore plus à l'étranger. Le soleil ne se couche jamais sur l'empire de nos amis; nous en avons partout.

6. APPRENEZ QU'À QUELQUE CHOSE MALHEUR EST BON

Redéfinir une situation ou un événement, c'est y jeter un nouveau regard. Dans certains cas, il se peut que vous soyez incapable de voir toute la situation sous un nouveau jour. Dans ce cas, vous devez quand même toujours vous rappeler qu'à quelque chose malheur est bon. En d'autres termes, vous devez chercher les éléments positifs de la situation que vous n'avez pas souhaitée. Todd, par exemple, trouva un autre emploi dans un État voisin, mais il se rendit vite compte qu'il s'était trompé. Après quelques années à son poste, il croyait toujours s'être trompé, mais il trouva le moyen de composer avec la situation.

> Si je ne fais que penser aux mauvais côtés de mon travail, je deviens déprimé. Alors, je pense aux bonnes choses que j'en tire. Elles sont nombreuses. J'aime ma nouvelle ville. J'ai de

nouveaux amis. Mon travail exige que je forme les autres; de cela, je tire beaucoup de satisfaction.

Quand j'étais jeune, ma mère répétait souvent le proverbe selon lequel à quelque chose malheur est bon. Je le crois fermement. C'est ce quelque chose que je m'efforce toujours de trouver. C'est là-dessus que je concentre mon attention.

Se dire qu'à quelque chose malheur est bon, ce n'est pas nier l'existence de problèmes. C'est simplement reconnaître le fait que toute situation comporte des aspects positifs, des avantages. C'est ce sur quoi vous devez concentrer votre attention, particulièrement quand il vous est impossible de changer les aspects négatifs.

Cette façon de penser est saine. Dans une étude portant sur des gens dont la maison avait été détruite ou endommagée par un incendie, la psychologue Suzanne Thompson rapporte que les victimes qui ont réussi à trouver un côté positif au sinistre ont pu mieux s'adapter et ont eu moins tendance que les autres à rejeter la faute sur les autres. Ils ont trouvé le côté positif de diverses façons. Certains ont dit que le sinistre avait resserré les liens familiaux. D'autres se sont comparés à des victimes de sinistres beaucoup plus graves. Certains se sont réjouis que les conséquences du sinistre n'aient pas été plus dramatiques, par exemple, si quelqu'un avait été blessé ou avait péri dans l'incendie. D'autres encore n'ont attaché aucune importance au sinistre et ont continué de vivre comme avant.

La pensée positive nous aide à nous adapter aux événements en favorisant notre bien-être. Penser négativement aux événements fait le contraire. Qui plus est, la pensée négative semble avoir des effets sournois à long terme. Pour une raison inconnue, les gens qui ruminent des pensées négatives se sentent moins bien, non seulement au moment de la pensée, mais aussi après que celle-ci a quitté leur esprit.

Pourtant, pouvez-vous être maîtres de vos pensées? Pouvez-vous rejeter les pensées négatives et les remplacer par des pensées positives? Avec de l'entraînement, vous le pouvez. Commencez par vous rappeler chaque jour que vous voulez concentrer votre attention sur le positif. Puis, chaque fois que vous vous surprenez à penser négativement, dites-vous *STOP*. Imaginez que vous vous donniez cet ordre d'une voix ferme. Ensuite, commencez à rechercher activement le côté positif, pour remplir le vide. Vous pouvez également recourir à d'autres méthodes comme rappels, par exemple une chiquenaude sur la joue ou sur le bras, pour vous signaler de bloquer les pensées négatives. Bien sûr, ces méthodes n'empêcheront pas les pensées négatives d'entrer dans votre esprit, mais elles y mettront fin promptement et vous permettront de vous consacrer à la pensée positive.

Par exemple, supposons que votre patron vous réprimande à la suite d'une erreur ou qu'il vous demande de faire des heures supplémentaires, alors que vous préféreriez faire autre chose. Si vous ne faites que ressasser votre interaction avec lui, ce que vous lui avez dit ou ce que vous souhaiteriez lui avoir dit, vous ne faites que revivre l'événement négatif. Mais vous pouvez apprendre à vous arrêter aussitôt que vos pensées se reportent sur votre interaction avec votre patron, et commencer à penser à quelque chose de positif, comme des vacances prochaines. Mieux encore, vous pouvez concentrer votre attention sur les côtés positifs de votre interaction avec lui, comme par exemple la façon dont vous allez utiliser l'événement pour améliorer votre relation avec lui et votre rendement au travail.

7. PERSÉVÉREZ RAISONNABLEMENT

L'histoire des réussites humaines est remplie d'exemples de persévérance. Les artistes et les savants luttent pendant des années sans progrès apparents ni récompenses, avant de finir par réussir. De même, il se peut que vous ratiez une bonne occasion de vous développer en abandonnant la partie trop tôt. «Abandonner la partie trop tôt», ce peut être ne pas essayer assez longtemps de faire marcher une relation, ne pas chercher assez longtemps le côté positif d'une expérience traumatisante, ne pas réfléchir suffisamment avant de prendre une décision ou ne pas rester assez longtemps au même endroit. De nombreux répondants nous ont dit avoir connu les conséquences positives de la persévérance, du refus d'abandonner le chemin vers la compréhension et le développement.

Le docteur Milton Erickson a été un intervenant qui a compté dans la mise au point de l'hypnose aux fins médicales que l'on connaît aujourd'hui. À dix-sept ans, il fut victime de la polio, qui le paralysa complètement. Une infirmière devait prendre soin de lui vingt-quatre heures sur vingt-quatre. Mais Erickson n'allait pas s'abandonner à ce qui semblait être un destin inéluctable. Un jour, il était seul, bien attaché à un fauteuil berçant. Il voulait regarder par la fenêtre, mais ne le pouvait pas en raison de la position du fauteuil. Il s'aperçut avec surprise que son fauteuil se balançait un peu. Il pensa qu'il avait dû faire quelque mouvement avec son corps pour provoquer ce balancement.

Par la suite, Erickson concentra son attention sur les façons dont il faisait se déplacer son corps avant sa maladie. Il s'entraîna en esprit et essaya de traduire ses pensées en gestes physiques. Finalement, il put faire quelques mouvements non coordonnés. Il observa également sa petite sœur qui était alors en train d'apprendre à marcher. Il étudia chacun de ses mouvements jusqu'au moment où il sut quoi faire pour marcher de nouveau. À force d'entraînement, il reprit le contrôle conscient des diverses parties de son corps. Par la suite, il regagna le gros de son habileté motrice. À l'aide d'une canne, il réussit même à marcher de nouveau.

Le rétablissement remarquable d'Erickson illustre l'importance de la persévérance. Cependant, nous ne devons pas vous leurrer. Nous ne voulons paß dire que quiconque peut vaincre toute maladie ou infirmité en recourant à la puissance de l'esprit. C'est pourquoi nous précisons qu'il faut persévérer, mais *raisonnablement*. La persévérance n'apporte par toujours des résultats positifs. Au moment où nous écrivons ces lignes, nous regardons un petit oiseau perché sur le toit de la maison voisine. Il tente de voler à travers une fenêtre fermée. Il s'y cogne, examine la vitre pendant un moment, puis fonce sur elle encore une fois. Pour une raison ou une autre, il veut entrer dans la maison. Il semble disposer à persévérer. Mais nous savons que sa persévérance est vaine: il ne réussira jamais à entrer.

Il n'est pas toujours sain de persévérer. Certains demeurent dans un ménage malheureux pendant de nombreuses années; d'autres dans un travail qui les mine. D'autres encore refusent les risques que présente un déménagement et choisissent de persévérer dans une situation connue et sûre.

Il importe donc de distinguer entre la persévérance malsaine et stérile et la persévérance qui donnera des résultats positifs. Pour ce faire, il faut voir si des progrès sont accomplis. Les efforts futiles de l'oiseau ne changèrent rien pour lui. Nous connaissons un physiothérapeute mécontent de son travail qui a refusé un poste dans une autre ville parce qu'il ne voulait pas déménager. Il persévère dans son travail, dans l'espoir que sa situation va s'améliorer. Il attend depuis sept ans, sans aucun signe de progrès en vue.

Inversement, Erickson pouvait voir ses efforts donner lentement des résultats. De même, Marianne, réalisatrice à la télévision, nous a raconté qu'elle avait travaillé à sa relation conjugale pendant cinq années difficiles, mais que maintenant son ménage est heureux et qu'elle vit une relation solide et enrichissante avec son mari.

> À certains moments, je voulais tout balancer par la fenêtre. Nous étions tous deux en train de lancer nos carrières, ce qui nous causait de nombreux problèmes. Certains, comme celui de décider qui allait faire quoi à la maison, furent longs à régler. D'autres se résolvaient presque d'eux-mêmes. Par exemple, nous avions convenu dès le départ que nous nous permettrions l'un à l'autre de travailler à des heures variables, ce qui voulait dire que nous ne partagerions pas toujours nos dîners. N'eût été de ces petites victoires occasionnelles, aujourd'hui nous ne serions sans doute plus ensemble. Et nous y aurions tous deux perdu.

La persévérance raisonnable, comme celle d'Erickson et de Marianne, rapporte gros. C'est l'outil nécessaire pour transformer la médiocrité en excellence.

8. ABAISSEZ VOTRE SEUIL DE CONSCIENCE

On raconte que quelqu'un demanda un jour à Helen Keller de dire ce qui, selon elle, pouvait arriver de pire à quelqu'un. Sa réponse: avoir le sens de la vue, mais ne rien voir. Celui qui regarde le monde sans voir aucune de ses merveilles est un individu démuni. Il en va de même pour celui qui écoute les sons de la vie, sans entendre rien de beau ou de significatif.

Il se peut que vous passiez à côté d'une expérience qui aurait pu devenir un grand tournant pour vous, simplement parce que votre seuil de conscience est trop élevé. Peut-être l'est-il trop parce que vous êtes absorbé par vos pensées plutôt qu'engagé dans le monde qui vous entoure. Peut-être l'est-il trop parce que vous ne vous intéressez pas suffisamment à ce qui se passe autour de vous ou que vous ne faites pas l'effort d'absorber votre environnement. En d'autres mots, pour abaisser votre seuil de conscience, vous devez vous livrer à l'écoute et à l'observation actives. Pour ce faire, il faut vous engager, dépenser votre énergie à observer et à écouter, et réfléchir à ce que vous avez vu et entendu.

Calvin, ophtalmologue, apprit l'importance d'abaisser son seuil de conscience quand il rencontra un «étranger» qui se révéla ne pas en être un. Fils de médecin, Calvin sut très tôt dans la vie que, comme son père, il ferait carrière en médecine. Homme calme et détendu, Calvin avait toujours entretenu de bons rapports avec le monde qui l'entourait. Puis, à l'âge de quarante-deux ans, alors qu'il était engagé à fond dans sa profession, satisfait de son mariage qui durait depuis dix ans et de ses deux enfants, Calvin connut le premier coup dur de sa vie: sa femme lui déclara qu'elle voulait une séparation à l'essai.

> J'étais abasourdi. Je considérais ma femme comme une combinaison d'Aphrodite et de Héra, un modèle et une protectrice de l'amour, de la beauté, du mariage et de la maternité. Je pensais qu'elle était fière de moi et de ma réussite et qu'elle avait trouvé la plénitude en s'occupant de sa famille.

Mais la femme de Calvin n'était pas satisfaite. Elle voulait découvrir son propre potentiel. Il n'y avait aucun autre homme dans sa vie. Et elle lui laisserait la garde des enfants. Calvin accepta la séparation à contrecœur. «Je croyais, nous expliqua-t-il, qu'elle se rendrait vite compte de ce qu'elle laissait derrière elle et qu'elle reviendrait au foyer. Au bout d'un an, elle a demandé le divorce et elle est partie à la conquête du monde.»

Après le divorce, Calvin s'efforça de prêter attention à son environnement. Avant, il n'avait guère fait attention aux autres, trop pris qu'il était par ses propres réflexions sur son travail. Mais maintenant, il commençait à surveiller les couples qu'il connaissait pour voir s'ils étaient heureux. Il observait les rapports qu'entretenaient les enfants avec leurs parents. «Je m'efforçais, pour le comprendre, d'observer ce monde qui, pour la première fois de ma vie, me laissait de plus en plus perplexe.» Ce fut cette plus grande conscience du monde qui mena Calvin à son grand tournant. Celui-ci se produisit un jour qu'il était allé chercher les enfants au club de tennis, après un week-end passé avec leur mère.

Comme d'habitude, l'occasion de revoir mon ex-femme me répugnait. Chaque fois que je la voyais, je revivais la douleur du divorce. J'ai décidé de m'asseoir sur un banc près du club et de l'attendre là. J'ai observé les gens qui passaient. Parmi d'autres, j'ai remarqué une joueuse de tennis d'âge moyen, légèrement grassouillette, qui venait vers moi. Elle n'était pas séduisante: rien qu'une femme moyenne, d'âge moyen, un peu grasse. Rien ne la distinguait des milliers de femmes que l'on peut voir n'importe où tous les jours.

À mesure qu'elle s'approchait, je pouvais remarquer qu'elle avait une drôle de démarche, presque masculine. Arrivée près de moi, elle m'a parlé: c'était mon ex-femme. Mon Aphrodite. Je me suis rendu compte que je n'avais pas été rejeté par une déesse, mais par une femme ordinaire, impossible à distinguer des millions d'autres femmes du monde.

Calvin avait été marié à un rêve. Sa femme avait été pour lui la projection de son idéal féminin. Être rejeté par une telle beauté, une telle vertu avait ébranlé sa confiance en lui. La voir sous un jour nouveau le libérait.

Je me demande maintenant pourquoi je l'idéalisais ainsi. Quoi qu'il en soit, cette expérience m'a libéré d'elle. Je l'ai vue comme elle était vraiment, comme un autre être, avec toutes les faiblesses et les défauts de la race humaine. Depuis ce jour-là, j'ai pu continuer d'avancer dans la vie. Et ma vie a changé. Je pense que jamais plus je ne me plongerai dans mes pensées au point d'en oublier le monde et les êtres qui le composent.

L'écoute et l'observation actives requièrent de l'énergie. Vous ne pouvez vous y livrer tout le temps. Vous pouvez quelquefois laisser votre esprit en jachère; c'est rafraîchissant et cela vous permet de vous renouveler. Mais l'esprit toujours en jachère erre dans un monde sans couleur. L'énergie que vous dépenserez pour abaisser le seuil de votre conscience vous paiera de grands dividendes.

9. RESTRUCTUREZ PÉRIODIQUEMENT VOTRE VIE

On ne pourrait enseigner de nouveaux trucs à un vieux chien? N'en croyez rien. Nous avons vu de nombreux cas où les individus ont profité d'une crise ou d'une expérience importante pour restructurer leur vie d'une façon ou d'une autre. Nous avons rencontré des gens qui ont acquis une nouvelle perspective sur ce qui est important, qui ont changé un aspect de leur personnalité ou qui ont pris la décision de changer de voie.

Se restructurer n'exige pas nécessairement une révolution totale. Vu de l'extérieur, acquérir une nouvelle perspective, par exemple, peut sembler un changement mineur. Mais ce peut être l'occasion d'enrichir toute sa vie, comme ce fut le cas pour Jesse, courtier en assurances à Philadelphie. Il ne semble plus être aussi entêté qu'il l'était au moment de son grand tournant.

L'expérience de Jesse se produisit il y a six ans, alors qu'il se promenait en Europe, avec sa femme et sa fille. De France, ils décidèrent de se rendre en Italie. Jesse examina la carte routière. Il crut avoir assez de carburant pour y arriver, même si sa femme ne voulait pas qu'il prenne le risque de tomber en panne sèche. Jesse, lui, ne voulait pas changer d'autres dollars en francs. C'était une mauvaise décision de sa part.

Mon interprétation de la carte routière était quelque peu erronée. À la tombée de la nuit, nous étions arrivés dans les montagnes qui séparent la France de l'Italie. Ma femme était très énervée. Notre réserve de caburant diminuait. Elle a commencé à se plaindre de mon entêtement. Elle m'a dit que j'étais tout à fait comme mon père: une tête de cochon. Ce n'était pas la première fois. Mais cette fois-ci, je sentais qu'elle avait raison et que mon entêtement allait me causer des difficultés. Nous avons commencé à gravir les montagnes. Un petit voyant rouge s'est allumé dans ma voiture, indiquant qu'il restait à peine un litre d'essence. Nous avons traversé un petit village, mais il n'y avait aucun poste d'essence.

C'est à ce moment que mon grand tournant s'est amorcé. Nous nous sommes soudainement retrouvés dans une purée de pois où on ne voyait pas à un mètre devant soi. J'essayais de me guider sur la ligne médiane. Au bout d'un temps, il n'y avait plus de ligne. Nous étions en difficulté. Presque plus de carburant, aucune visibilité, plus de ligne à suivre et la proximité certaine de précipices. Ce n'est pas tout. La situation a empiré. Les camions venant de France ont commencé à nous doubler. Il y en avait des douzaines. Nous pouvions les entendre avant de les voir, mais je ne savais pas si je roulais du bon côté de la route. J'ai failli faire dans mes culottes.

Après ce qui leur sembla une période interminable, ils arrivèrent à la frontière où ils dormirent dans leur voiture le reste de la nuit. Le lendemain, ils poursuivirent leur route en Italie pour faire le plein. Une fois la peur et l'irritation dissipées, Jesse réfléchit à l'incident. Il devint plus conscient de ce que sa femme et sa fille signifiaient pour lui. Il tremble encore quand il raconte son expérience: «Même maintenant, j'ai peur quand je pense à ce qui aurait pu arriver.» Il sent qu'aujourd'hui, il est moins entêté. Pour Jesse, se restructurer ne fut pas un changement radical, mais ce fut un changement. Jesse découvrit relativement jeune qu'il pouvait changer pour améliorer la qualité de sa vie.

10. FAITES PREUVE DE VIGUEUR PERSONNELLE

Un des moyens de restructurer sa vie, c'est de modifier un aspect de sa personnalité; l'un des aspects les plus importants quand il s'agit de faire face aux crises imprévues de la vie, c'est la vigueur. Le concept de vigueur dans la personnalité fut mis au point par la psychologue Suzanne Kobasa. Elle étudia un groupe de cadres supérieurs qui avaient été soumis à des exigences analogues sur une période de trois ans. Le stress rendit malades certains de ces cadres, mais pas tous. Suzanne Kobasa qualifia de «vigoureux» les cadres qui ne furent pas malades et se demanda ce qui les distinguait des cadres qui l'étaient devenus.

En bref, Kobasa découvrit trois dispositions communes aux cadres «vigoureux»: l'engagement dans la vie, le sentiment d'avoir la situation en main et l'acceptation du défi. L'individu qui s'engage dans la vie y fait face activement, plutôt que d'en être la victime passive.

Le sentiment d'avoir la situation en main, c'est sentir qu'on a une certaine puissance et de l'influence sur les événements et sur les expériences de la vie. C'est-à-dire que l'individu reconnaît qu'il y a toujours des choix et qu'il peut influencer l'aboutissement des situations. Certes, nous ne sommes pas toujours parfaitement maîtres de la situation, mais ce n'est pas nécessaire. Tout ce qu'il nous faut, c'est reconnaître que nous sommes plus que des pions déplacés par des forces occultes sur lesquelles nous n'avons aucune prise.

L'acceptation du défi, c'est l'acceptation du fait que c'est le changement, et non pas la stagnation, qui est l'essence de la vie et que nous devons l'attendre avec impatience plutôt qu'appréhension. Nous devons considérer le changement comme une stimulation, une occasion de nous développer. Les gens qui se développent ne gaspillent pas d'énergie à essayer de protéger le *statu quo:* ils sont prêts à changer et attendent avec impatience le piquant que le changement donne à la vie. Il ne s'agit pas ici de tourner le dos au passé. Nous ne changerons jamais à cent pour cent, pas plus que nous resterons intacts à cent pour cent. Être disposé à relever les défis, c'est être prêt à changer et à demeurer, c'est reconnaître que le changement et la préservation du passé sont des facteurs de bien-être.

Kobasa a trouvé que les cadres supérieurs qui faisaient l'expérience de nombreux événements stressants, mais de peu de maladies, étaient plus engagés dans la vie, avaient davantage la situation en main et acceptaient mieux les défis que les cadres qui, soumis au même stress, étaient plus souvent malades. La personnalité vigoureuse agit comme un tampon entre le bien-être et le stress des crises inattendues et des exigences imposantes. Dans une étude ultérieure, Kobasa et S. R. Maddi découvrirent que la vigueur peut s'acquérir. On peut apprendre à s'engager, à prendre en main la situation et à accepter les défis.

Une bonne façon de se forger une personnalité vigoureuse, c'est de reconnaître les principes qui la déterminent et de les mettre en pratique. Par exemple, si vous vous apercevez que vous avez tendance à vous éloigner de votre environnement, vous pouvez choisir de vous engager davantage et de vous comporter en conséquence. Si vous en êtes incapable (souvenez-vous qu'il faut du temps pour y arriver), il se peut que vous ayez besoin d'une aide extérieure. Le psychiatre Richard Formica avance que tous les patiènts sont, au fond d'eux-mêmes, terrifiés à la pensée de s'engager dans la vie et qu'ils essaient de se dérober à leurs expériences. À moins de souffrir d'un problème profondément ancré et nécessitant une thérapie, vous devriez être en mesure de vous entraîner pour finalement acquérir les dispositions particulières à la personnalité vigoureuse.

Examinons l'exemple de Rachel, trente-trois ans, acheteuse dans un grand magasin. Elle est le modèle de la femme bien habillée. Son grand tournant s'amorça quand elle avait vingt-six ans. Rachel grandit avec des parents qui la surprotégeaient.

J'étais fille unique. Mes parents m'adoraient et, sans doute, me surprotégeaient. Après avoir reçu mon diplôme universitaire, j'ai trouvé un emploi dans une autre ville. Mes parents ne voulaient pas que je quitte le foyer; ils avaient peur que je vive seule. Mais ma meilleure amie, Maxine, de qui j'étais inséparable depuis l'école primaire, avait aussi trouvé un emploi dans le même coin. Nous avons décidé de partager un appartement, ce qui a eu l'heur de plaire à mes parents.

Nous sortions toutes les deux avec des hommes, mais rien de sérieux, jusqu'à ce que Maxine rencontre Paul. Elle s'est follement éprise de lui. Nous vivions alors ensemble depuis quatre ans. Maxine a décidé d'aller passer l'été en Europe avec Paul. Après son départ, je me suis sentie perdue, j'avais peur. C'était la première fois que je me retrouvais seule. Je n'avais aucune autre relation sur qui me rabattre. Pour moi la situation était tout à fait nouvelle. Pendant un certain temps, j'ai eu peur et je me suis sentie seule.

Plutôt que de laisser cette expérience devenir un épisode douloureux dans sa vie, Rachel le transforma en un grand tournant positif en faisant preuve de vigueur. À examiner la situation, elle s'aperçut qu'elle faisait face à un défi devant lequel elle n'était pas une victime impuissante. Elle était privée de sa meilleure amie, mais elle pouvait quand même prendre la situation en main. Il lui incombait de voir les possibilités qui lui étaient offertes et d'agir. Même si elle était engagée envers Maxine, Rachel se rendit compte que leur amitié la limitait. Elle décida que le moment était venu de changer.

Mon premier geste a été de me faire des amis au travail. Je travaillais avec certaines personnes depuis quatre ans, mais je n'avais jamais eu d'activités sociales avec eux. J'ai été surprise de voir que je me faisais des amis facilement et je pense qu'ils étaient surpris de me voir soudainement m'intéresser à eux. Quand j'étais avec Maxine, je ne prenais de décisions qu'avec son accord. En fait, je suivais souvent ses décisions à elle, même si cela ne me plaisait pas. Maintenant, je commençais à prendre des décisions quotidiennes en me fondant sur ce que *moi* je voulais faire.

Avant longtemps, j'avais élargi mon champ d'intérêt. Je me sentais plus indépendante, plus sûre de moi. La conséquence de cette séparation a été que je me suis fait de nouveaux amis pour la première fois de ma vie et que j'ai élargi mes horizons. Une expérience éprouvante, négative par moments, s'est révélée être une belle occasion pour moi.

La personne vigoureuse peut connaître les expériences les plus négatives et les stress les plus éprouvants, les neutraliser et même en faire de grands tournants positifs.

Voici donc les dix principes qui constituent des armes puissantes quand vient le temps de se rendre maître de sa vie:

1. Assumez-vous.
2. Affirmez votre valeur.
3. Trouvez l'équilibre entre le souci de vous-même et le souci des autres.
4. Trouvez les ressources disponibles et profitez-en.
5. Apprenez à redéfinir la situation.
6. Apprenez qu'à quelque chose malheur est bon.

7. Persévérez raisonnablement.
8. Abaissez votre seuil de conscience.
9. Restructurez périodiquement votre vie.
10. Faites preuve de vigueur personnelle.

Le défi, c'est de passer de la connaissance de ces principes à leur mise en pratique. Nous avons entendu un homme enseigner le règlement des conflits et avouer que c'était plus facile à enseigner qu'à mettre en pratique: «Je dois me rappeler d'utiliser ces principes dans le règlement de mes propres conflits. Dans le feu de la controverse, je me suis souvent rendu compte que j'enfreignais ou que j'ignorais tout ce que j'enseigne dans ce cours.»

En général, les gens n'intègrent pas automatiquement les bons principes dans leur vie. Nous avons tendance à perpétuer les modèles auxquels nous sommes habitués. C'est-à-dire que vous devrez vous rappeler systématiquement d'utiliser les principes nécessaires pour vous rendre maître de votre vie. Nous vous les avons présentés. Passez donc à l'étape suivante: mettez-les en pratique dans les situations usuelles comme dans les situations inattendues.

Une femme, qui tenait beaucoup à un cadeau reçu d'un vieil ami, un précieux foulard de soie, y fit accidentellement une tache d'encre. Elle le montra un jour à un artiste, lui disant que le foulard était ruiné. L'artiste lui demanda s'il pouvait le prendre chez lui. Quelques semaines plus tard, il le lui renvoya. Il s'était servi de la tache d'encre comme d'un point de départ et avait dessiné sur le foulard de merveilleuses formes à l'encre de Chine. Le foulard était encore plus beau que quand cette femme l'avait reçu.

L'artiste avait utilisé ses talents pour transformer ce qui semblait être un désastre en un objet d'un charme exceptionnel. Il avait refusé qu'un accident affecte l'humeur de son amie. C'était un homme indomptable, pas parce qu'il était plus fort que les autres, mais parce qu'il tirait profit de ses talents. Les personnes de ce type ne sont pas nées comme ça, elles se sont faites. Elles se sont faites en assimilant les principes dont nous venons de parler et en les mettant en pratique. Ces dix principes vous permettront de saisir les occasions qui se présenteront à vous, de faire face avec compétence aux crises imprévisibles de la vie et de toutes les surmonter d'une façon qui vous fera connaître la joie de vous développer.

Lectures recommandées

ALLPORT, Gordon W., *Becoming*, New Haven, Yale University Press, 1955.

BALTES, Paul B. et Orville G. Brim, Jr., éd. *Life-Span Development and Behavior*, vol. 2, New York, Academic Press, 1979.

BARUCH, Grace, Rosalind Barnett et Caryl Rivers, *Lifeprints: New Patterns of Love and Work for Today's Women*, New York, McGraw-Hill, 1983.

BERGEN, Candice, *Knock Wood*, New York, Linden Press, 1984.

BERGER, Peter L. et Thomas Luckman, *The Social Construction of Reality*, New York, Anchor Press, 1966.

BORG, Bjorn, *My Life and Game*, New York, Simon and Shuster, 1980.

CAMPANELLA, Roy, *Good to Be Alive*, Boston, Little, Brown and Company, 1959.

CHEEVER, Susan, *Home Before Dark*, Boston, Houghton Mifflin Company, 1984.

COLSON, Charles W., *Born Again*, Old Tappan, N.J., Chosen Books, 1976.

FORD, Betty and Chris Chase, *The Times of My Life*, New York, Harper and Row, 1978.

FOYT, A. J. and William Neely, *A. J.*, New York, Times Books, 1983.

IACOCCA, Lee avec William Novak, *Iacocca: An Autobiography*, New York, Bantam Books, 1984.

IRWIN, James B. et William A. Emerson, Jr., *To Rule the Night*, Philadelphie, A. J. Holman Company, 1973.

JAMES, William, *The Variety of Religious Experience*, New York, Modern Library, 1902.

JORDAN, Barbara, *Barbara Jordan: A Self-Portrait*, Garden City, N. Y., Doubleday and Company, 1979.

KLAUSNER, Lawrence D., *Son of Sam*, New York, McGraw-Hill, 1981.

LAUER, Jeanette C. et Robert H. Lauer, *'Til Death Do Us Apart: How Couples Stay Together*, New York, Haworth Press, 1986.

LAUER, Robert H., Social Problems and the Quality of Life, 3ᵉ éd., Dubuque, Iowa, William C. Brown, 1986.

LAUER, Robert H. et Warren H. Handel, *Social Psychology: The Theory and Application of Symbolic Interactionism*, Englewood Cliffs, N.J., Prentice-Hall, 1983.

MADDI, S. R. et Suzanne C. Kobosa, *The Hardy Executive*, Homewood, Illinois, Dow Jones-Irwin, 1984.

MAGRUDER, Jeb Stuart, *An American Life: One Man's Road to Watergate*, New York, Atheneum, 1974.

MARRIS, Peter, *Loss and Change*, New York, Anchor Books, 1975.

MARTIN, Mary, *My Heart Belongs*, New York, Quill, 1984.

MASLOW Abraham H., *Toward a Psychology of Being*, 2ᵉ éd., New York, Van Nostrand, 1968.

MILLS, Hillary, *Mailer: An Autobiography*, New York, Empire Books, 1982.

MOOS, Rudolf H., éd., *Human Adaptation: Coping with Life Crises*, Lexington, Mass., D.C. Heath, 1976.

MOUSTAKAS, Clark E., *Turning Points*, Englewood Cliffs, N.J., Prentice-Hall, 1977.

PARKES, Colin Murray et Robert S. Weiss, *Recovery from Bereavement*, New York, Basic Books, 1983.

PECK, M. Scott, *The Road Less Traveled*, New York, Simon and Schuster, 1978.

REYNOLDS, Barbara A., *Jesse Jackson: America's David*, Washington, D.C., JFJ Associates, 1975.

RUSSELL, Diane E. H., *The Secret Trauma: Incest in the Lives of Girls and Women*, New York, Basic Books, 1986.

RYFF, Carol D., «Personality Development from the Inside: The Subjective Experience of Change in Adulthood and Aging», *in Life-Span Development and Behavior*, édité par Paul B. Baltes et Orville G. Brim, vol. 6, New York, Academic Press, 1984.

SCHERER, Klaus R., Harald G. Wallbott et Angela B. Summerfield, *Experiencing Emotion*, London, Cambridge University Press, 1986.

SCHWARZ, Ted, *The Hillside Strangler: A Murderer's Mind*, Garden City, N.J., Doubleday and Company, 1981.

SCOTT, Willard, *The Joy of Living*, New York, Coward, McCann and Geoghegan, 1982.

SELIGMAN, M. E. P., *Helplessness: On Depression, Development, and Death*, San Francisco, W. H. Freeman, 1975.

SHEEHY, Gail, *Passages: Predictable Crises of Adult Life*, New York, Bantam Books, 1976.

STEINBECK, John, *Travers with Charlie*, New York, Penguin Books, 1962.

TOURNIER, Paul, *The Meaning of Persons*, New York, Harper and Row, 1957.

TURNER, Jeffrey S. and Donald B. Helms, *Contemporary Adulthood*, 3e éd., New York, Holt, Rinehart and Winston, 1986.

WHEELIS, Allen, *How People Change*, New York, Harper and Row, 1973.

WHITEHEAD, Alfred North, *Process and Reality*, New York, Free Press, 1929.

YANKELOVICH, Daniel, *New Rules: Searching for Self-Fulfillment in a World Turned Upside Down*, New York, Bantam, 1981.

Table des matières

Ouvrages parus chez les éditeurs du groupe Sogides

* Pour l'Amérique du Nord seulement
** Pour l'Europe seulement
Sans * pour l'Europe et l'Amérique du Nord

ANIMAUX

* **Art du dressage, L'**, Chartier Gilles
Bien nourrir son chat, D'Orangeville Christianz
Cheval, Le, Leblanc Michel
Chien dans votre vie, Le, Swan Marguerite
Éducation du chien de 0 à 6 mois, L', DeBuyser Dr Colette et Dr Dehasse Joël
Encyclopédie des oiseaux, Godfrey W. Earl
Guide de l'oiseau de compagnie, Le, Dr R. Dean Axelson
Mammifère de mon pays,, Duchesnay St-Denis J. et Dumais Rolland
* **Mon chat, le soigner, le guérir**, D'Orangeville Christian
Observations sur les mammifères, Provencher Paul
Papillons du Québec, Les, Veilleux Christian et PrévostBernard
Petite ferme, T.1, Les animaux, Trait Jean-Claude

Vous et vos petits rongeurs, Eylat Martin
Vous et vos poissons d'aquarium, Ganiel Sonia
Vous et votre berger allemand, Eylat Martin
Vous et votre boxer, Herriot Sylvain
Vous et votre caniche, Shira Sav
Vous et votre chat de gouttière, Gadi Sol
Vous et votre chow-chow, Pierre Boistel
Vous et votre collie, Ethier Léon
Vous et votre doberman, Denis Paula
Vous et votre fox-terrier, Eylat Martin
Vous et votre husky, Eylat Marti
Vous et vos oiseaux de compagnie, Huard-Viau Jacqueline
Vous et votre schnauzer, Eylat Martin
Vous et votre setter anglais, Eylat Martin
Vous et votre siamois, Eylat Odette
Vous et votre teckel, Boistel Pierre
Vous et votre yorkshire, Larochelle Sandra

ARTISANAT/ARTS MÉNAGERS

Appareils électro-ménagers, Prentice-Hall du Canada
* **Art du pliage du papier**, Harbin Robert
Artisanat québécois, T.1, Simard Cyril

Artisanat québécois, T.2, Simard Cyril
Artisanat québécois, T.3, Simard Cyril
Artisanat québécois, T.4, Simard Cyril, Bouchard Jean-Louis

1

Bon Fignolage, Le, Arvisais Dolorès A.
Coffret artisanat, Simard Cyril
* **Construire des cabanes d'oiseaux,** Dion André
Construire sa maison en bois rustique, Mann D.
   et Skinulis R.
Crochet Jacquard, Le, Thérien Brigitte
Cuir, Le, Saint-Hilaire Louis et Vogt Walter
Dentelle, T.1, La, De Seve Andrée-Anne
Dentelle, T.2, La, De Seve Andrée-Anne
Dessiner et aménager son terrain, Prentice-Hall du Canada
Encyclopédie de la maison québécoise, Lessard Michel
Encyclopédie des antiquités, Lessard Michel
Entretien et réparation de la maison, Prentice-Hall du
   Canada

Guide du chauffage au bois, Flager Gordon
J'apprends à dessiner, Nassh Joanna
Je décore avec des fleurs, Bassili Mimi
J'isole mieux, Eakes Jon
Mécanique de mon auto, La, Time-Life
Outils manuels, Les, Prentice Hall du Canada
Petits appareils électriques, Prentice-Hall du Canada
Piscines, Barbecues et patio
Taxidermie, La, Labrie Jean
Terre cuite, Fortier Robert
Tissage, Le, Grisé-Allard Jeanne et Galarneau Germaine
Tout sur le macramé, Harvey Virginia L.
Trucs ménagers, Godin Lucille
Vitrail, Le, Bettinger Claude

ART CULINAIRE

À table avec soeur Angèle, Soeur Angèle
Art d'apprêter les restes, L', Lapointe Suzanne
Art de la cuisine chinoise, L', Chan Stella
Art de la table, L', Du Coffre Marguerite
Barbecue, Le, Dard Patrice
Bien manger à bon compte, Gauvin Jocelyne
Boîte à lunch, La, Lambert Lagacé Louise
Brunches & petits déjeuners en fête, Bergeron Yolande
100 recettes de pain faciles à réaliser, Saint-Pierre
   Angéline
Cheddar, Le, Clubb Angela
Cocktails & punchs au vin, Poister John
Cocktails de Jacques Normand, Normand Jacques
Coffret la cuisine
Confitures, Les, Godard Misette
Congélation de A à Z, La, Hood Joan
Congélation des aliments, Lapointe Suzanne
Conserves, Les, Sansregret Berthe
Cornichons, Ketchups et Marinades, Chesman Andrea
Cuisine au wok, Solomon Charmaine
Cuisine aux micro-ondes 1 et 2 portions, Marchand
   Marie-Paul
Cuisine chinoise, La, Gervais Lizette
* **Cuisine chinoise traditionnelle, La,** Chen Jean
* **Cuisine créative Campbell, La,** Cie Campbell
Cuisine de Pol Martin, Martin Pol
* **Cuisine du monde entier avec Weight Watchers,**
   Weight Watchers
Cuisine facile aux micro-ondes, Saint-Amour Pauline
Cuisine joyeuse de soeur Angèle, La, Soeur Angèle
Cuisine micro-ondes, La, Benoît Jehane
Cuisine santé pour les aînés, Hunter Denyse

Cuisiner avec le four à convection, Benoît Jehane
Cuisinez selon le régime Scarsdale, Corlin Judith
Cuisinier chasseur, Le, Hugueney Gérard
Entrées chaudes et froides, Dard Patrice
Faire son pain soi-même, Murray Gill Janice
Faire son vin soi-même, Beaucage André
Fine cuisine aux micro-ondes, La, Dard Patrice
Fondues & flambées de maman Lapointe, Lapointe
   Suzanne
Fondues, Les, Dard Partice
Menus pour recevoir, Letellier Julien
Muffins, Les, Clubb Angela
Nouvelle cuisine micro-ondes, La, Marchand Marie-Paul et
   Grenier Nicole
Nouvelle cuisine micro-ondes II, La, Marchand
   Marie-Paul et Grenier Nicole
Pâtés à toutes les sauces, Les, Lapointe Lucette
Patés et galantines, Dard Patrice
Pâtisserie, La, Bellot Maurice-Marie
Poissons et fruits de mer, Dard Patrice
Poissons et fruits de mer, Sansregret Berthe
Recettes au blender, Huot Juliette
Recettes canadiennes de Laura Secord, Canadian Home
   Economics Association
Recettes de gibier, Lapointe Suzanne
Recettes de maman Lapointe, Les, Lapointe Suzanne
Recettes Molson, Beaulieu Marcel
Robot culinaire, le, Martin Pol
Salades des 4 saisons et leurs
vinaigrettes, Dard Patrice
Salades, sandwichs, hors d'oeuvre, Martin Pol
Soupes, potages et veloutés, Dard Patrice

2

BIOGRAPHIES POPULAIRES

Daniel Johnson, T.1, Godin Pierre
Daniel Johnson, T.2, Godin Pierre
Daniel Johnson - Coffret, Godin Pierre
Dans la fosse aux lions, Chrétien Jean
* Dans la tempête, Lachance Micheline
Duplessis, T.1 - L'ascension, Black Conrad
Duplessis, T.2 - Le pouvoir, Black Conrad
Duplessis - Coffret, Black Conrad
Dynastie des Bronfman, La, Newman Peter C.

Establishment canadien, L', Newman Peter C.
* Maître de l'orchestre, Le, Nicholson Georges
Maurice Richard, Pellerin Jean
Mulroney, Macdonald L.I.
Nouveaux Riches, Les, Newman Peter C.
Prince de l'Église, Le, Lachance Micheline
Saga des Molson, La, Woods Shirley
* Une femme au sommet - Son excellence Jeanne Sauvé,
    Woods Shirley E.

DIÉTÉTIQUE

Combler ses besoins en calcium, Hunter Denyse
Contrôlez votre poids, Ostiguy Dr Jean-Paul
* Cuisine sage, Lambert-Lagacé Louise
* Diète rotation, La, Katahn Dr Martin
Diététique dans la vie quotidienne, Lambert-Lagacé
    Louise
Livre des vitamines, Le, Mervyn Leonard
* Maigrir en santé, Hunter Denyse
* Menu de santé, Lambert-Lagacé Louise
Oubliez vos allergies, et... bon appétit, Association de
    l'information sur les allergies

Petite & grande cuisine végétarienne, Bédard Manon
* Plan d'attaque Weight Watchers, Le, Nidetch Jean
Plan d'attaque plus Weight Watchers, Le, Nidetch Jean
Recettes pour aider à maigrir, Ostiguy Dr Jean-Paul
* Régimes pour maigrir, Beaudoin Marie-Josée
Sage bouffe de 2 à 6 ans, La, Lambert-Lagacé Louise
Weight Watchers - cuisine rapide et savoureuse,
    Weight Watchers
Weight Watchers-Agenda 85 -Français, Weight Watchers
Weight Watchers-Agenda 85 -Anglais, Weight Watchers

DIVERS

* Acheter ou vendre sa maison, Brisebois Lucille
* Acheter et vendre sa maison ou son condominium,
    Brisebois Lucille
* Acheter une franchise, Levasseur Pierre
* Bourse, La, Brown Mark
* Chaînes stéréophoniques, Les, Poirier Gilles
* Choix de carrières, T.1, Milot Guy
* Choix de carrières, T.2, Milot Guy
* Choix de carrières, T.3, Milot Guy
*   Comment rédiger son curriculum vitae, Brazeau Julie
* Comprendre le marketing, Levasseur Pierre
Conseils aux inventeurs, Robic Raymond
* Devenir exportateur, Levasseur Pierre
* Dictionnaire économique et financier, Lafond Eugène
* Faire son testament soi-même, Me Poirier Gérald,
    Lescault Nadeau Martine (notaire)
* Faites fructifier votre argent, Zimmer Henri B.
* Finances, Les, Hutzler Laurie H.
* Gérer ses ressources humaines, Levasseur Pierre
* Gestionnaire, Le, Colwell Marian
* Guide de la haute-fidélité, Le, Prin Michel
* Je cherche un emploi, Brazeau Julie
* Lancer son entreprise, Levasseur Pierre
Leadership, Le, Cribbin, James J.

Livre de l'étiquette, Le, Du Coffre Marguerite
* * Loi et vos droits, La, Marchand Me Paul-Émile
Meeting, Le, Holland Gary
Mémo, Le, Reimold Cheryl
Notre mariage (étiquette et
planification), Du Coffre, Marguerite
Patron, Le, Reimold Cheryl
Relations publiques, Les, Doin Richard, Lamarre Daniel
* Règles d'or de la vente, Les, Kahn George N.
* Roulez sans vous faire rouler, T.3, Edmonston Philippe
Savoir vivre aujourd'hui, Fortin Jacques Marcelle
Séjour dans les auberges du Québec, Cazelais Normand et
    Coulon Jacques
Stratégies de placements, Nadeau Nicole
Temps des fêtes au Québec, Le, Montpetit Raymond
Tenir maison, Gaudet-Smet Françoise
* Tout ce que vous devez savoir sur le condominium,
    Dubois Robert
Univers de l'astronomie, L', Tocquet Robert
Vente, La, Hopkins Tom
* Votre argent, Dubois Robert
Votre système vidéo, Boisvert Michel et Lafrance André A.
* Week-end à New York, Tavernier-Cartier Lise

ENFANCE

* **Aider son enfant en maternelle,** Pedneault-Pontbriand Louise
* **Aider votre enfant à lire et à écrire,** Doyon-Richard Louise
Alimentation futures mamans, Gougeon Réjeanne et Sekely Trude
Années clés de mon enfant, Les, Caplan Frank et Theresa
Art de l'allaitement maternel, L', Ligue internationale La Leche
* **Autorité des parents dans la famille,** Rosemond John K.
Avoir des enfants après 35 ans, Robert Isabelle
Bientôt maman, Whalley J., Simkin P. et Keppler A.
Comment amuser nos enfants, Stanké Louis
* **Comment nourrir son enfant,** Lambert-Lagacé Louise
Deuxième année de mon enfant, La, Caplan Frank et Theresa
* **Développement psychomoteur du bébé,** Calvet Didier
Douze premiers mois de mon enfant, Les, Caplan Frank
* **En attendant notre enfant,** Pratte-Marchessault Yvette
* **Encyclopédie de la santé de l'enfant** Feinbloom Richard
Enfant stressé, L', Elkind David
Enfant unique, L', Peck Ellen
Évoluer avec ses enfants, Gagné Pierre Paul
Femme enceinte, La, Bradley Robert A.
Fille ou garçon, Langendoen Sally et Proctor William
* **Frères-soeurs,** Mcdermott Dr. John F. Jr.

Futur Père, Pratte-Marchessault Yvette
Jouons avec les lettres, Doyon-Richard Louise
Langage de votre enfant, Le, Langevin Claude
Maman et son nouveau-né, La, Sekely Trude
Manuel Johnson et Johnson des premiers soins, Le, Dr Rosenberg Stephen N.
Massage des bébés, Le, Auckette Amédia D.
Merveilleuse histoire de la naissance, La, Gendron Dr Lionel
Mon enfant naîtra-t-il en bonne santé? Scher Jonathan et Dix Carol
Pour bébé, le sein ou le biberon? Pratte-Marchessault Yvette
Pour vous future maman, Sekely Trude
Préparez votre enfant à l'école, Doyon-Richard Louise
Psychologie de l'enfant, Cholette-Pérusse Françoise
Respirations et positions d'accouchement, Dussault Joanne
Soins de la première année de bébé, Kelly Paula
Tout se joue avant la maternelle, Ibuka Masaru
Un enfant naît dans la chambre de naissance, Fortin Nolin Louise
Viens jouer, Villeneuve Michel José
Vivez sereinement votre maternité, Vellay Dr Pierre
Vivre une grossesse sans risque, Fried Dr Peter A.

ÉSOTÉRISME

Coffret - Passé - Présent - Avenir
Graphologie, La, Santoy Claude
Hypnotisme, L', Manolesco Jean
Lire dans les lignes de la main, Morin Michel

Prévisions astrologiques 1985, Hirsig Huguette
Vos rêves sont des miroirs, Cayla Henri
* **Votre avenir par les cartes,** Stanké Louis

HISTOIRE

Arrivants, Les, Collectif

* **Civilisation chinoise, La,** Guay Michel

INFORMATIQUE

* **Découvrir son ordinateur personnel,** Faguy François

Guide d'achat des micro-ordinateurs, Le, Blanc Pierre
Informatique, L', Cone E. Paul

4

PHOTOGRAPHIE (ÉQUIPEMENT ET TECHNIQUE)

* Apprenez la photographie avec Antoine Desilets, Desilets Antoine
Chasse photographique, Coiteux Louis
8/Super 8/16, Lafrance André
Initiation à la Photographie, London Barbara
Initiation à la Photographie-Canon, London Barbara
Initiation à la Photographie-Minolta, London Barbara
Initiation à la Photographie-Nikon, London Barbara

Initiation à la Photographie-Olympus, London Barbara
Initiation à la Photographie-Pentax, London Barbara
* **Je développe mes photos**, Desilets Antoine
* **Je prends des photos**, Desilets Antoine
* **Photo à la portée de tous**, Desilets Antoine
Photo guide, Desilets Antoine

PSYCHOLOGIE

Âge démasqué, L', De Ravinel Hubert
* **Aider mon patron à m'aider**, Houde Eugène
* **Amour de l'exigence à la préférence**, Auger Lucien
Au-delà de l'intelligence humaine, Pouliot Élise
Auto-développement, L', Garneau Jean
Bonheur au travail, Le, Houde Eugène
Bonheur possible, Le, Blondin Robert
Chimie de l'amour, La, Liebowitz Michael
Coeur à l'ouvrage, Le, Lefebvre Gérald
Coffret psychologie moderne Colère, La, Tavris Carol
* **Comment animer un groupe**, Office Catéchèsse
* **Comment avoir des enfants heureux**, Azerrad Jacob
* **Comment déborder d'énergie**, Simard Jean-Paul
Comment vaincre la gêne, Catta Rene-Salvator
* **Communication dans le couple, La**, Granger Luc
* **Communication et épanouissement personnel**, Auger Lucien
Comprendre la névrose et aider les névrosés, Ellis Albert
* **Contact**, Zunin Nathalie
* **Courage de vivre, Le**, Kiev Docteur A.
Courage et discipline au travail, Houde Eugène
Dynamique des groupes, Aubry J.-M. et Saint-Arnaud Y.
Élever des enfants sans perdre la boule, Auger Lucien
* **Émotivité et efficacité au travail**, Houde Eugène
Enfant paraît... et le couple demeure, L', Dorman Marsha et Klein Diane
Enfants de l'autre, Les, Paris Erna
* **Être soi-même**, Corkille Briggs D.
* **Facteur chance, Le**, Gunther Max
* **Fantasmes créateurs, Les**, Singer Jérôme
Infidélité, L', Leigh Wendy
Intuition, L', Goldberg Philip
* **J'aime**, Saint-Arnaud Yves
Journal intime intensif, Progoff Ira
Miracle de l'amour, Un, Kaufman Barry Neil

* **Mise en forme psychologique**, Corrière Richard
* **Parle-moi... J'ai des choses à te dire**, Salome Jacques
Penser heureux, Auger Lucien
* **Personne humaine, La**, Saint-Arnaud Yves
* **Plaisirs du stress, Les**, Hanson Dr Peter G.
* **Première impression, La**, Kleinke Chris, L.
Prévenir et surmonter la déprime, Auger Lucien
* **Prévoir les belles années de la retraite**, D. Gordon Michael
* **Psychologie dans la vie quotidienne**, Blank Dr Léonard
* **Psychologie de l'amour romantique**, Braden Docteur N.
* **Qui es-tu grand-mère? Et toi grand-père?** Eylat Odette
* **S'affirmer et communiquer**, Beaudry Madeleine
* **S'aider soi-même**, Auger Lucien
* **S'aider soi-même d'avantage**, Auger Lucien
* **S'aimer pour la vie**, Wanderer Dr Zev
* **Savoir organiser, savoir décider**, Lefebvre Gérald
* **Savoir relaxer et combattre le stress**, Jacobson Dr Edmund
* **Se changer**, Mahoney Michael
* **Se comprendre soi-même par des tests**, Collectif
* **Se concentrer pour être heureux**, Simard Jean-Paul
Se connaître soi-même, Artaud Gérard
* **Se contrôler par le biofeedback**, Ligonde Paultre
Se créer par la Gestalt, Zinker Joseph
S'entraider, Limoges Jacques
* **Se guérir de la sottise**, Auger Lucien
Séparation du couple, La, Weiss Robert S.
Sexualité au bureau, La, Horn Patrice
Syndrome prémenstruel, Le, Shreeve Dr Caroline
* **Vaincre ses peurs**, Auger Lucien
Vivre à deux: plaisir ou cauchemar, Duval Jean-Marie
* **Vivre avec sa tête ou avec son coeur**, Auger Lucien
Vivre c'est vendre, Chaput Jean-Marc
* **Vivre jeune**, Waldo Myra
* **Vouloir c'est pouvoir**, Hull Raymond

5

JARDINAGE

Culture des fleurs, des fruits, Prentice-Hall du Canada
Encyclopédie du jardinier, Perron W.H.
Guide complet du jardinage, Wilson Charles
J'aime les violettes africaines, Davidson Robert

Petite ferme, T. 2 - Jardin potager, Trait Jean-Claude
Plantes d'intérieur, Les, Pouliot Paul
Techniques du jardinage, Les, Pouliot Paul
* Terrariums, Les, Kayatta Ken

JEUX/DIVERTISSEMENTS

Améliorons notre bridge, Durand Charles
* Bridge, Le, Beaulieu Viviane
Clés du scrabble, Les, Sigal Pierre A.
Collectionner les timbres, Taschereau Yves
* Dictionnaire des mots croisés, noms communs, Lasnier Paul
* Dictionnaire des mots croisés, noms propres, Piquette Robert

* Dictionnaire raisonné des mots croisés, Charron Jacqueline
Finales aux échecs, Les, Santoy Claude
Jeux de société, Stanké Louis
* Jouons ensemble, Provost Pierre
Livre des patiences, Le, Bezanovska M. et Kitchevats P.
* Ouverture aux échecs, Coudari Camille
Scrabble, Le, Gallez Daniel
Techniques du billard, Morin Pierre

LINGUISTIQUE

* Anglais par la méthode choc, L', Morgan Jean-Louis
* J'apprends l'anglais, Silicani Gino

Petit dictionnaire du joual, Turenne Auguste
Secrétaire bilingue, La, Lebel Wilfrid

LIVRES PRATIQUES

Bonnes idées de maman Lapointe, Les, Lapointe Lucette *
Chasse-taches, Le, Cassimatis Jack
* Maîtriser son doigté sur un clavier, Lemire Jean-Paul

Se protéger contre le vol, Kabundi Marcel et Normandeau André
Temps c'est de l'argent, Le, Davenport Rita

MUSIQUE ET CINÉMA

* Guitare, La, Collins Peter
Piano sans professeur, Le, Evans Roger

Wolfgang Amadeus Mozart raconté en 50 chefs-d'oeuvre, Roussel Paul

NOTRE TRADITION

Coffret notre tradition Écoles de rang au Québec, Les, Dorion Jacques
Encyclopédie du Québec, T.1, Landry Louis
Encyclopédie du Québec, T.2, Landry Louis
Histoire de la chanson québécoise, L'Herbier Benoît
Maison traditionnelle, La, Lessard Micheline

Moulins à eau de la vallée du Saint-Laurent, Adam Villeneuve
Objets familiers de nos ancêtres, Genet Nicole
* Sculpture ancienne au Québec, La, Porter John R. et Bélisle Jean
Vive la compagnie, Daigneault Pierre

6

ROMANS/ESSAIS

Adieu Québec, Bruneau André
Baie d'Hudson, La, Newman Peter C.
Bien-pensants, Les, Berton Pierre
Bousille et les justes, Gélinas Gratien
Coffret Joey
C.P., Susan Goldenberg
Commettants de Caridad, Les, Thériault Yves
Deux Innocents en Chine Rouge, Hébert Jacques
Dome, Jim Lyon
* Frères divorcés, Les, Godin Pierre
IBM, Sobel Robert
Insolences du Frère Untel, Les, Untel Frère
ITT, Sobel Robert
J'parle tout seul, Coderre Emile

Lamia, Thyraud de Vosjoli P.L.
Mensonge amoureux, Le, Blondin Robert
Nadia, Aubin Benoît
Oui, Lévesque René
Premiers sur la lune, Armstrong Neil
* Sur les ailes du temps (Air
Canada), Smith Philip
Telle est ma position, Mulroney Brian
Terrosisme québécois, Le, Morf Gustave
* Trois semaines dans le hall du Sénat, Hébert Jacques
Un doux équilibre, King Annabelle
* Un second souffle, Hébert Diane
Vrai visage de Duplessis, Le, Laporte Pierre

SANTÉ ET ESTHÉTIQUE

Allergies, Les, Delorme Dr Pierre
Art de se maquiller, L', Moizé Alain
* Bien vivre sa ménopause, Gendron Dr Lionel
Cellulite, La, Ostiguy Dr Jean-Paul
Cellulite, La, Léonard Dr Gérard J.
Être belle pour la vie, Meredith Bronwen
Exercices pour les aînés, Godfrey Dr Charles, Feldman
   Michael
Face lifting par l'exercice, Le, Runge Senta Maria
Grandir en 100 exercises, Berthelet Pierre
Hystérectomie, L', Alix Suzanne
Médecine esthétique, La, Lanctot Guylaine
Obésité et cellulite, enfin la solution, Léonard
   Dr Gérard J.
Perdre son ventre en 30 jours H-F, Burstein Nancy et
   Matthews Roy
Santé, un capital à préserver, Peeters E.G.

Travailler devant un écran, Feeley Dr Helen
Coffret 30 jours
30 jours pour avoir de beaux
cheveux, Davis Julie
30 jours pour avoir de beaux
ongles, Bozic Patricia
30 jours pour avoir de beaux seins, Larkin Régina
30 jours pour avoir un beau teint, Zizmor Dr Jonathan
30 jours pour cesser de fumer, Holland Gary et Weiss Herman
30 jours pour mieux organiser, Holland Gary
30 jours pour perdre son ventre (homme), Matthews Roy,
   Burnstein Nancy
30 jours pour redevenir un
couple amoureux, Nida Patricia K. et Cooney Kevin
30 jours pour un plus grand épanouissement sexuel,
   Schneider Alan et Laiken Deidre
* Vos yeux, Chartrand Marie et Lepage-Durand Micheline

SEXOLOGIE

Adolescente veut savoir, L', Gendron Lionel
Fais voir, Fleischhaner H.
Guide illustré du plaisir sexuel, Corey Dr Robert E.
Helg, Bender Erich F.
* Ma sexualité de 0 à 6 ans, Robert Jocelyne
* Ma sexualité de 6 à 9 ans, Robert Jocelyne
* Ma sexualité de 9 à 12 ans, Robert Jocelyne

Plaisir partagé, Le, Gary-Bishop Hélène
* Première expérience sexuelle, La, Gendron Lionel
* Sexe au féminin, Le, Kerr Carmen
* Sexualité du jeune adolescent, Gendron Lionel
* Sexualité dynamique, La, Lefort Dr Paul
* Shiatsu et sensualité, Rioux Yuki

SPORTS

100 trucs de billard, Morin Pierre
Le programme pour être en forme
Apprenez à patiner, Marcotte Gaston
Arc et la chasse, L', Guardon Greg
* Armes de chasse, Les, Petit Martinon Charles
* Badminton, Le, Corbeil Jean
* Canadiens de 1910 à nos jours, Les, Turowetz Allan et Goyens Chrystian
* Carte et boussole, Kjellstrom Bjorn
* Chasse au petit gibier, La, Paquet Yvon-Louis
Chasse et gibier du Québec, Bergeron Raymond
Chasseurs sachez chasser, Lapierre Lucie
* Comment se sortir du trou au golf, Brien Luc
* Comment vivre dans la nature, Rivière Bill
* Corrigez vos défauts au golf, Bergeron Yves
Curling, Le, Lukowich E.
Devenir gardien de but au hockey, Allair François
Encyclopédie de la chasse au Québec, Leiffet Bernard
Entraînement, poids-haltères, L', Ryan Frank
Exercices à deux, Gregor Carol
Golf au féminin, Le, Bergeron Yves
Grand livre des sports, Le, Le groupe Diagram
Guide complet du judo, Arpin Louis
* Guide complet du self-defense, Arpin Louis
Guide d'achat de l'équipement de tennis, Chevalier Richard et Gilbert Yvon
Guide de l'alpinisme, Le, Cappon Massimo
Guide de survie de l'armée américaine
Guide des jeux scouts, Association des scouts
Guide du judo au sol, Arpin Louis
Guide du self-defense, Arpin Louis
Guide du trappeur, Le, Provencher Paul
Hatha yoga, Piuze Suzanne
* J'apprends à nager, Lacoursière Réjean
* Jogging, Le, Chevalier Richard
Jouez gagnant au golf, Brien Luc
Larry Robinson, le jeu défensif, Robinson Larry
Lutte olympique, La, Sauvé Marcel
* Manuel de pilotage, Transport Canada

* Marathon pour tous, Anctil Pierre
Maxi-performance, Garfield Charles A. et Bennett Hal Zina
* Médecine sportive, Mirkin Dr Gabe
Mon coup de patin, Wild John
Musculation pour tous, Laferrière Serge
Natation de compétition, La, Lacoursière Réjean
Partons en camping, Satterfield Archie et Bauer Eddie
Partons sac au dos, Satterfield Archie et Bauer Eddie
Passes au hockey, Champleau Claude
Pêche à la mouche, La, Marleau Serge
Pêche à la mouche, Vincent Serge-J.
Pêche au Québec, La, Chamberland Michel
* Planche à voile, La, Maillefer Gérald
* Programme XBX, Aviation Royale du Canada
Provencher, le dernier coureur des bois, Provencher Paul
Racquetball, Corbeil Jean
Racquetball plus, Corbeil Jean
Raquette, La, Osgoode William
* Rivières et lacs canotables, Fédération québécoise du canot-camping
* S'améliorer au tennis, Chevalier Richard
Secrets du baseball, Les, Raymond Claude
Ski de fond, Le, Roy Benoît
Ski de randonnée, Le, Corbeil Jean
Soccer, Le, Schwartz Georges
Stratégie au hockey, Meagher John W.
Surhommes du sport, Les, Desjardins Maurice
* Taxidermie, La, Labrie Jean
Techniques du billard, Morin Pierre
* Technique du golf, Brien Luc
Techniques du hockey en URSS, Dyotte Guy
* Techniques du tennis, Ellwanger
* Tennis, Le, Roch Denis
Tous les secrets de la chasse, Chamberland Michel
Vivre en forêt, Provencher Paul
Voie du guerrier, La, Di Villadorata
Volley-ball, Le, Fédération de volley-ball
Yoga des sphères, Le, Leclerq Bruno

8

le jour,
éditeur

ANIMAUX

Guide du chat et de son maître, Laliberté Robert
Guide du chien et de son maître, Laliberté Robert

Poissons de nos eaux, Melançon Claude

ART CULINAIRE ET DIÉTÉTIQUE

Armoire aux herbes, L', Mary Jean
Breuvages pour diabétiques, Binet Suzanne
Cuisine du jour, La, Pauly Robert
Cuisine sans cholestérol, Boudreau-Pagé
Desserts pour diabétiques, Binet Suzanne
Jus de santé, Les, Brunet Jean-Marc

Mangez ce qui vous chante, Pearson Dr Leo
Mangez, réfléchissez et devenez svelte, Kothkin Leonid
Nutrition de l'athlète, Brunet Jean-Marc
Recettes Soeur Berthe - été, Sansregret soeur Berthe
Recettes Soeur Berthe - printemps, Sansregret soeur Berthe

ARTISANAT/ARTS MÉNAGERS

Diagrammes de courtepointes, Faucher Lucille
Douze cents nouveaux trucs, Grisé-Allard Jeanne
Encore des trucs, Grisé-Allard Jeanne

Mille trucs madame, Grisé-Allard Jeanne
Toujours des trucs, Grisé-Allard Jeanne

DIVERS

Administrateur de la prise de décision, Filiatreault P. et Perreault Y.G.
Administration, développement, Laflamme Marcel
Assemblées délibérantes, Béland Claude
Assoiffés du crédit, Les, Féd. des A.C.E.F.
Baie James, La, Bourassa Robert
Bien s'assurer, Boudreault Carole
Cent ans d'injustice, Hertel François
Ces mains qui vous racontent, Boucher André-Pierre
550 métiers et professions, Charneux Helmy
Coopératives d'habitation, Les, Leduc Murielle
Dangers de l'énergie nucléaire, Les, Brunet Jean-Marc

Dis papa c'est encore loin, Corpatnauy Francis
Dossier pollution, Chaput Marcel
Énergie aujourd'hui et demain, De Martigny François
Entreprise et le marketing, L', Brousseau
Forts de l'Outaouais, Les, Dunn Guillaume
Grève de l'amiante, La, Trudeau Pierre
Hiérarchie ethnique dans la grande entreprise, Rainville Jean
Impossible Québec, Brillant Jacques
Initiation au coopératisme, Béland Claude
Julius Caesar, Roux Jean-Louis
Lapokalipso, Duguay Raoul

Lune de trop, Une, Gagnon Alphonse
Manifeste de l'Infonie, Duguay Raoul
Mouvement coopératif québécois, Deschêne Gaston
Obscénité et liberté, Hébert Jacques
Philosophie du pouvoir, Blais Martin
Pourquoi le bill 60, Gérin-Lajoie P.

Stratégie et organisation, Desforges Jean et Vianney C.
Trois jours en prison, Hébert Jacques
Vers un monde coopératif, Davidovic Georges
Vivre sur la terre, St-Pierre Hélène
Voyage à Terre-Neuve, De Gébineau comte

ENFANCE

Aidez votre enfant à choisir, Simon Dr Sydney B.
Deux caresses par jour, Minden Harold
Être mère, Bombeck Erma
Parents efficaces, Gordon Thomas

Parents gagnants, Nicholson Luree
Psychologie de l'adolescent, Pérusse-Cholette Françoise
1500 prénoms et significations, Grisé Allard J.

ÉSOTÉRISME

* Astrologie et la sexualité, L', Justason Barbara
Astrologie et vous, L', Boucher André-Pierre
* Astrologie pratique, L', Reinicke Wolfgang
Faire se carte du ciel, Filbey John
Grand livre de la cartomancie, Le, Von Lentner G.
* Grand livre des horoscopes chinois, Le, Lau Theodora
Graphologie, La, Cobbert Anne
* Horoscope et énergie psychique, Hamaker-Zondag
Horoscope chinois, Del Sol Paula

Lu dans les cartes, Jones Marthy
* Pendule et baguette, Kirchner Georg
* Pratique du tarot, La, Thierens E.
Preuves de l'astrologie, Comiré André
Qui êtes-vous? L'astrologie répond, Tiphaine
Synastrie, La, Thornton Penny Traité d'astrologie, Hirsig
       Huguette
Votre destin par les cartes, Dee Nerys

HISTOIRE

Administration en Nouvelle-France, L', Lanctot Gustave
Histoire de Rougemont, Bédard Suzanne
Lutte pour l'information, La, Godin Pierre
Mémoires politiques, Chaloult René
Rébellion de 1837, Saint-Eustache, Globensky Maximillien

Relations des Jésuites T.2
Relations des Jésuites T.3
Relations des Jésuites T.4
Relations des Jésuites T.5

JEUX/DIVERTISSEMENTS

Backgammon, Lesage Denis

LINGUISTIQUE

Des mots et des phrases, T. 1,, Dagenais Gérard
Des mots et des phrases, T. 2, Dagenais Gérard

Joual de Troie, Marcel Jean

NOTRE TRADITION

Ah mes aïeux, Hébert Jacques

Lettre à un Français qui veut émigrer au Québec, Dubuc Carl

OUVRAGES DE RÉFÉRENCE

Petit répertoire des excuses, Le, Charbonneau Christine et Caron Nelson

Règles d'or de la vente, Les, Kahn George N.

PSYCHOLOGIE

* Adieu, Halpern Dr Howard
Adieu Tarzan, Frank Helen
* Agressivité créatrice, Bach Dr George
Aimer, c'est choisir d'être heureux, Kaufman Barry Neil
* Aimer son prochain comme soi-même, Murphy Joseph
* Anti-stress, L', Eylat Odette
Arrête! tu m'exaspères, Bach Dr George
Art d'engager la conversation et de se faire des amis, L', Grabor Don
* Art de convaincre, L', Ryborz Heinz
* Art d'être égoïste, L', Kirschner Joseph
* Au centre de soi, Gendlin Dr Eugène
* Auto-hypnose, L', Le Cron M. Leslie
Autre femme, L', Sevigny Hélène
Bains Flottants, Les, Hutchison Michael
* Bien dans sa peau grâce à la technique Alexander, Stransky Judith
Ces hommes qui ne communiquent pas, Naifeh S. et White S.G.
Ces vérités vont changer votre vie, Murphy Joseph
Chemin infaillible du succès, Le, Stone W. Clément
Clefs de la confiance, Les, Gibb Dr Jack
Comment aimer vivre seul, Shanon Lynn
* Comment devenir des parents doués, Lewis David
* Comment dominer et influencer les autres, Gabriel H.W.
Comment s'arrêter de fumer, McFarland J. Wayne
* Comment vaincre la timidité en amour, Weber Éric
Contacts en or avec votre clientèle, Sapin Gold Carol
* Contrôle de soi par la relaxation, Marcotte Claude
* Couple homosexuel, Le, McWhirter David P. et Mattison Andres M.
* Devenir autonome, St-Armand Yves
* Dire oui à l'amour, Buscaglia Léo
* Ennemis intimes, Bach Dr George
États d'esprit, Glasser Dr WilliamÊtre efficace, Hanot Marc
Être homme, Goldberg Dr Herb
Famille moderne et son avenir, La , Richar Lyn
Gagner le match, Gallwey Timothy
Gestalt, La, Polster Erving

Guide du succès, Le, Hopkins Tom
Harmonie, une poursuite du succès, L' Vincent Raymond
* Homme au dessert, Un, Friedman Sonya
Homme en devenir, L', Houston Jean
* Homme nouveau, L', Bodymind, Dychtwald Ken
Influence de la couleur, L', Wood Betty
* Jouer le tout pour le tout, Frederick Carl
Maigrir sans obsession, Orback Suisie
Maîtriser la douleur, Bogin Meg
Maîtriser son destin, Kirschner Joseph
Manifester son affection, Bach Dr George
* Mémoire, La, Loftus Elizabeth
* Mémoire à tout âge, La, Dereskey Ladislaus
* Mère et fille, Horwick Kathleen
* Miracle de votre esprit, Murphy Joseph
* Négocier entre vaincre et convaincre, Warschaw Dr Tessa
Nouvelles Relations entre hommes et femmes, Goldberg Herb
* On n'a rien pour rien, Vincent Raymond
* Oracle de votre subconscient, L, Murphy Joseph
Parapsychologie, La, Ryzl Milan
* Parlez pour qu'on vous écoute, Brien Micheline
* Partenaires, Bach Dr George
Pensée constructive et bon sens, Vincent Dr Raymond
Personnalité, La, Buscaglia Léo
Personne n'est parfait, Weisinger Dr H.
Pourquoi ne pleures-tu pas?, Yahraes Herbert, McKnew Donald H. Jr., Cytryn Leon
Pourquoi remettre à plus tard? Burka Jane B. et Yuen L. M.
Pouvoir de votre cerveau, Le, Brown Barbara
Prospérité, La, Roy Maurice
* Psy-jeux, Masters Robert
* Puissance de votre subconscient, La, Murphy Dr Joseph
Reconquête de soi, La, Paupst Dr James C.
* Réfléchissez et devenez riche, Hill Napoléon
* Réussir, Hanot Marc
Rythmes de votre corps, Les, Weston Lee

S'aimer ou le défi des relations humaines, Buscaglia Léo*
Se vider dans la vie et au travail, Pines Ayala M.
* Secrets de la communication, Bandler Richard
Sous le masque du succès, Harvey Joan C. et Datz Cynthia *
* Succès par la pensée constructive, Le, Hill Napoléon
Technostress, Brod Craig
* Thérapies au féminin, Les, Brunel Dominique
Tout ce qu'il y a de mieux, Vincent Raymond
Triomphez de vous-même et des autres, Murphy Dr Joseph

Univers de mon subsconscient, L', Dr Ray Vincent
Vaincre la dépression par la volonté et l'action, Marcotte Claude
Vers le succès, Kassoria Dr Irène C.
Vieillir en beauté, Oberleder Muriel
Vivre avec les imperfections de l'autre, Janda Dr Louis H.
* Vivre c'est vendre, Chaput Jean-Marc
* Vivre heureux avec le strict nécessaire, Kirschner Josef
Votre perception extra sensorielle, Milan Dr Ryzl
Votre talon d'Achille, Bloomfield Dr. Harold

ROMANS/ESSAIS

À la mort de mes 20 ans, Gagnon P.O.
Affrontement, L', Lamoureux Henri
Bois brûlé, Roux Jean-Louis
100 000e exemplaire, Le, Dufresne Jacques
C't'a ton tour Laura Cadieux, Tremblay Michel
Cité dans l'oeuf, La, Tremblay Michel
Coeur de la baleine bleue, Le Poulin Jacques
Coffret petit jour, Martucci Abbé Jean
Colin-Maillard, Hémon Louis
Contes pour buveurs attardés, Tremblay Michel
Contes érotiques indiens, Schwart Herbert
Crise d'octobre, Pelletier Gérard
Cyrille Vaillancourt, Lamarche Jacques
Desjardins Al., Homme au service, Lamarche Jacques
De Z à A, Losique Serge
Deux Millième étage, Le, CarrierRoch
D'Iberville, Pellerin Jean
Dragon d'eau, Le, Holland R.F.
Équilibre instable, L', Deniset Louis
Éternellement vôtre, Péloquin Claude
Femme d'aujourd'hui, La, Landsberg Michele
Femme de demain, Keeton Kathy
Femmes et politique, Cohen Yolande
Filles de joie et filles du roi, Lanctot Gustave
Floralie où es-tu, Carrier Roch

Fou, Le, Châtillon Pierre
Français langue du Québec, Le, Laurin Camille
Hommes forts du Québec, Weider Ben
Il est par là le soleil, Carrier Roch
J'ai le goût de vivre, Delisle Isabelle
J'avais oublié que l'amour, Doré-Joyal Yves
Jean-Paul ou les hasards de la vie, Bellier Marcel
Johnny Bungalow, Villeneuve Paul
Jolis Deuils, Carrier Roch
Lettres d'amour, Champagne Maurice
Louis Riel patriote, Bowsfield Hartwell
Louis Riel un homme à pendre, Osier E.B.
Ma chienne de vie, Labrosse Jean-Guy
Marche du bonheur, La, Gilbert Normand
Mémoires d'un Esquimau, Metayer Maurice
Mon cheval pour un royaume, Poulin J.
Neige et le feu, La, Baillargeon Pierre
N'Tsuk, Thériault Yves
Opération Orchidée, Villon Christiane
Orphelin esclave de notre monde, Labrosse Jean
Oslovik fait la bombe, Oslovik
Parlez-moi d'humour, Hudon Normand
Scandale est nécessaire, Le, Baillargeon Pierre
Vivre en amour, Delisle Lapierre

SANTÉ

Alcool et la nutrition, L', Brunet Jean-Marc
Bruit et la santé, Le, Brunet Jean-Marc
Chaleur peut vous guérir, La, Brunet Jean-Marc
Échec au vieillissement prématuré, Blais J.
Greffe des cheveux vivants, Guy Dr
Guérir votre foie, Jean-Marc Brunet
Information santé, Brunet Jean-Marc
Magie en médecine, Sylva Raymond
Maigrir naturellement, Lauzon Jean-Luc

Mort lente par le sucre, Duruisseau Jean-Paul
40 ans, âge d'or, Taylor Eric
Recettes naturistes pour arthritiques et rhumatisants, Cuillerier Luc
Santé de l'arthritique et rhumatisant, Labelle Yvan
* Tao de longue vie, Le, Soo Chee
Vaincre l'insomnie, Filion Michel,Boisvert Jean-Marie, Melanson Danielle
Vos aliments sont empoisonnés, Leduc Paul

12

SEXOLOGIE

* Aimer les hommes pour toutes sortes de bonnes raisons, Nir Dr Yehuda
* Apprentissage sexuel au féminin, L', Kassoria Irene
* Comment faire l'amour à la même personne pour le reste de votre vie, O'Connor Dagmar
* Comment faire l'amour à un homme, Penney Alexandra
* Comment faire l'amour ensemble, Penney Alexandra
  Dépression nerveuse et le corps, La, Lowen Dr Alexander
  Drogues, Les, Boutot Bruno

  Femme célibataire et la sexualité, La, Robert M.
* Jeux de nuit, Bruchez Chantal
  Magie du sexe, La, Penney Alexandra
* Massage en profondeur, Le, Bélair Michel
  Massage pour tous, Le, Morand Gilles
  Première fois, La, L'Heureux Christine
  Rapport sur l'amour et la sexualité, Brecher Edward
  Sexualité expliquée aux adolescents, La, Boudreau Yves
  Sexualité expliquée aux enfants, La, Cholette Pérusse F.

SPORTS

Baseball-Montréal, Leblanc Bertrand
Chasse au Québec, Deyglun Serge
Chasse et gibier du Québec, Guardon Greg
Exercice physique pour tous, Bohemier Guy
Grande forme, Baer Brigitte
Guide des pistes cyclables, Guy Côté
Guide des rivières du Québec, Fédération canot-kayac
Lecture des cartes, Godin Serge
Offensive rouge, L', Boulonne Gérard

Pêche et coopération au Québec, Larocque Paul
Pêche sportive au Québec, Deyglun Serge
Raquette, La, Lortie Gérard
Santé par le yoga, Piuze Suzanne
Saumon, Le, Dubé Jean-Paul
Ski nordique de randonnée, Brady Michael
Technique canadienne de ski, O'Connor Lorne
Truite et la pêche à la mouche, La, Ruel Jeannot
Voile, un jeu d'enfants, La, Brunet Mario

ROMANS/ESSAIS/THÉATRE

Andersen Marguerite,
  De mémoire de femme
Aquin Hubert,
  Blocs erratiques
Archambault Gilles,
  La fleur aux dents
  Les pins parasols
  Plaisirs de la mélancolie
Atwood Margaret,
  Les danseuses et autres nouvelles
  La femme comestible
  Marquée au corps
Audet Noël,
  Ah, L'amour l'amour

Baillie Robert,
  La couvade
  Des filles de beauté
Barcelo François,
  Agénor, Agénor, Agénor et
  Agénor
Beaudin Beaupré Aline,
  L'aventure de Blanche Morti
Beaudry Marguerite,
  Tout un été l'hiver
Beaulieu Germaine,
  Sortie d'elle(s) mutante

Marchessault Jovette,
La mère des herbes
Marcotte Gilles,
La littérature et le reste
Marteau Robert,
Entre temps
Martel Émile,
Les gants jetés
Martel Pierre,
Y'a pas de métro à Gélude-
La-Roche
Monette Madeleine,
Le double suspect
Petites violences
Monfils Nadine,
Laura Colombe, contes
La velue
Ouellette Fernand,
La mort vive
Tu regardais intensément Geneviève
Paquin Carole,
Une esclave bien payée
Paré Paul,
L'improbable autopsie
l Thomas,
Le miroir persan
rt Jean-Marie,
Bourru mouillé
t Suzanne,
Les trois soeurs de personneVulpera
tson Heat,
Beauté tragique

Ross Rolande,
Le long des paupières brunes
Roy Gabrielle,
Fragiles lumières de la terre
Saint-Georges Gérard,
1, place du Québec Paris VIe
Sansfaçon Jean-Robert,
Loft Story
Saurel Pierre,
IXE-13
Savoie Roger,
Le philosophe chat
Svirsky Grigori,
Tragédie polaire, nouvelles
Szucsany Désirée,
La passe
Thériault Yves,
Aaron
Agaguk
Le dompteur d'ours
La fille laide
Les vendeurs du temple
Turgeon Pierre,
Faire sa mort comme faire l'amour
La première personne
Prochainement sur cet écran
Un, deux, trois
Trudel Sylvain,
Le souffle de l'Harmattan
Vigneault Réjean,
Baby-boomers

COLLECTIFS DE NOUVELLES

s et poursuites
ntes et nouvelles fantastiques
velles humoristiques

Dix nouvelles de science-fiction québécoise
Aimer
Crever l'écran

LIVRES DE POCHES 10/10

t,
rratiques
stine,
isine

dat

ustes

s

Laberge Albert,
La scouine
Thériault Yves,
Aaron
Agaguk
Cul-de-sac
La fille laide
Le dernier havre
Le temps du carcajou
Tayaout

15

Turgeon Pierre,
Faire sa mort comme faire l'amour
La première personne

NOTRE TRADITION

Aucoin Gérard,
L'oiseau de la vérité
Bergeron Bertrand,
Les barbes-bleues
Deschênes Donald,
C'était la plus jolie des filles
Desjardins Philémon et Gilles Lamontagne,
Le corbeau du mont de la Jeunesse
Dupont Jean-Claude,
Contes de bûcherons

Gauthier Chassé Hélène,
À diable-vent
Laforte Conrad,
Menteries drôles et merveilleuse
Légaré Clément,
La bête à sept têtes
Pierre La Fève

DIVERS

A.S.D.E.Q.,
Québec et ses partenaires
Qui décide au Québec?
Bailey Arthur,
Pour une économie du bon sens
Bergeron Gérard,
Indépendance oui mais
Bowering George,
En eaux trouble
Boissonnault Pierre,
L'hybride abattu
Collectif Clio,
L'histoire des femmes au Québec
Clavel Maurice,
Dieu est Dieu nom de Dieu
Centre des dirigeants d'entreprise,
Relations du travail
Creighton Donald,
Canada - Les débuts
héroïques
De Lamirande Claire,
Papineau
Dupont Pierre,
15 novembre 76
Dupont Pierre et Gisèle Tremblay,
Les syndicats en crise
Fontaine Mario
Tout sur les p'tits journaux z'artistiques
Gagnon G., A. Sicotte et G. Bourrassa,
Tant que le monde s'ouvrira
Gamma groupe,

La société de conservation
Garfinkel Bernie,
Liv Ullmann Ingmar Bergman
Genuist Paul,
La faillite du Canada anglais
Haley Louise,
Le ciel de mon pays, T.1
Le ciel de mon pays, T.2
Harbron John D.,
Le Québec sans le Canada
Hébert Jacques et Maurice F. Strong,
Le grand branle-bas
Matte René,
Nouveau Canada à notre mesure
Monnet François-Mario,
Le défi québécois
Mosher Terry-Ailsin,
L'humour d'Aislin
Pichette Jean,
Guide raisonné des jurons
Powell Robert,
L'esprit libre
Roy Jean,
Montréal ville d'avenir
Sanger Clyde,
Sauver le monde
Schirm François,
Personne ne voudra savoir
Therrien Paul,
Les mémoires de J.E.Bernier

16

Achevé   Imprimerie
d'imprimer Gagné Ltée
au Canada Louiseville